屋外広告の知識

第四次改訂版

デザイン編

監修 ▶
西川　潔 ［筑波大学名誉教授］

ぎょうせい

優れた屋外広告物

01　現代の都市空間に見るモデル・タイプ

　始めに、用語上の問題で一言お断りしておきたい。それは戦後制定（1949）された「屋外広告物」という日本独自の法律用語と、ほぼ同時期から普及した外来語「サイン」の間で、語義上多少の混乱が生じる点である。例えば「公共サイン」もいわゆる「広告」なのかどうか。「屋外」とあるため「屋内」には法規は及ばない…など。その辺は認識しながらも必要上随時混用し、公共系や屋内型にも一部目を配っておいた。

■ 資生堂ザ・ギンザ：デザインの原形○△□に the GINZA と、あえて資生堂名義は外して地名を打ち出しただけ。それが逆に銀座発祥の名流企業の街との一体感を伝える。

■ つくば市センター広場の歩行者デッキに立つ4枚1組のサイン。手前は付近の風景の部分、この左は市街地案内、右はつくば市全図。

■ 東京：銀座通りの事務用品等の店。日常ありふれた物の美しさを引き出し、1988年度のサイン・コンクールの最高賞を独占した。

もともと「屋外広告物」法の対象は、２大別すると「看板」と「広告塔」であったようだ。戦後いち早く復活したネオンサインが屋外広告の花形化し始めた、ビル高度制限30m時代でもあった。一方の「看板」は、掲出主体の名称表示を原点とするだけに、時代がどのように変わっても必要不可欠性は一貫して変わらない。そして戦後の都市・建築の大きな変貌と歩調を揃えながら、技術的・形態的にもさまざまに進展してきた。

現代版「老舗の看板」と言いたい「資生堂・ザ・ギンザ」と「伊東屋」はその好例。どちらも自社ビルの顔としての独自性を、銀座という街にふさわしい景観指向性を以て打ち出したところ、オーナー・マインドという意味でも１モデルと言える。他方で近年は景観条例なども屋外広告物に大きい影響を及ぼす中で、逆に比重が増大してきたのが大規模化・複合化する都市施設の、屋内外誘導・案内の総合サイン計画である。商業サイン系でも事情は同じだが、その最先端的動向として海外建築家起用で話題の大規模複合商業施設、最近リニューアルされたアミューズメント施設で代弁させた。かつて「広告塔」を代表したネオンサインの最盛期は既に過ぎたが、ＩＴ時代に至ってまた新しい表現可能性を獲得。都市空間に提供される光のサイン・アートといった新生面を開きつつある。その一画期となった「オリンパス」（Ｄ：遠藤享）。

■ 東京：自社ビル入口空間に設置。環境とは対照的で視認性が高い。鉄板塗装のフレームの中のガラスのエッジライトが印象的である。

■ 福岡市：「キャナルシティ博多」の夜景。太陽・地球・月・川をイメージしたアイデンティティ・シンボルをネオンサインに展開。

■ オリンパスネオン：オリンパスが企業イメージPRの一環として80年代後半から展開した、「ハイテクネオン塔」シリーズのピーク期代表作・銀座「オプト・コスミックキューブ」。全国画一的CIを排した地域指向ポリシーと独創的アイデアを結んだ、情報発信基地・銀座らしさの記号論的デザイン。

■ 遠野市：「遠野物語」にちなむオリエンテーリング・コースの案内標。羽黒岩の天狗の伝説から下駄がテーマになっている。

02 地域の多様な個性を伝えるタイプ

日本民俗学発祥の地・遠野市の「郷（さと）しるべ」計画は、近年一系統を確立してきた地域おこしの誘導・案内サイン計画の中でもユニークな試みだ。柳田国男を顕彰する博物館活動の一環、観客参加型サインとして構想されたもので（企画・D：出利夫）、名著『遠野物語』ゆかりの地を辿る要所要所に地区の伝承をモチーフとするシンボル造形が現れ、説明板で遠野学習のガイドをする。土俗的モチーフながら、地元産の黒御影に石彫・版画とも地元作家を起用した造形の質は高い。代表作・天狗の下駄の紅白の鼻緒は、設置（1988）以来自

■ 東京・晴海通り沿いの築地場外市場に隣り合うホテル壁面の鯛のイラストは印象的で豪快。ビルの5階分はある。

■ 東京・築地の晴海通り沿いのオフィスビル公開空地のテナントサイン。規則正しく並べられたステンレスの四角柱が表示面。夜景も印象的。

■ 富山県井波：この町は日本一の木彫りの町。その彫刻看板には理屈抜きの迫力がある。この卓越した技術は日展作家ならではの物。

■ 中国山地の真中にある岡山県真庭市勝山はのれんの町。城下町の面影を残す表通りには一人の作家がデザイン、染色したのれんが"風の道"を作っている。平成21年度都市景観大賞「美しいまちなみ大賞」を受賞。

■ 岡山県真庭市勝山：町並保存地区には90点を超える一人の作家の暖簾が掛けられ、町の大切な景観要素に。これは元醤油屋のもの。

発的に地区住民がすげ替え始め、今では年中行事化しているという。そこまで地域に溶け込み得たのも遠野らしく、企業CIに対する地域のCIの在り方を考えさせられるものがある。

地域アイデンティティというものの特色は、各地各様の個性の多様性にある。それは大都市内の各地域でも同じで、そこでその町らしさを魅力的に伝える要素となるのが小型屋外広告物の店舗サイン。これまた優品を挙げると枚挙に暇がないが、洋風タイプで各地の特色のにじむ事例を。地方都市では北陸の由緒ある古寺の門前町として栄え、今も地場産業の木彫りでは日本随一を誇る井波町のユニークな町ぐるみの木彫りサイン運動の一端。太平洋の魚が看板にも躍る土佐の高知を例示した。

通じて、その地域らしさのサインの魅力とは、1つはヒューマン・スケールの持つ親近感。そしてフォーク・アートとも言える表現性を生む職人の手業の冴えだろう。これもいくら時代が変わっても、変わらず受け継がれて欲しい屋外広告物の特性の1つである。

■ 高知市：上の写真と同じ店の看板で"目出鯛"と"勝魚"の縁起物。高知の看板には顔（風土性）がある。そして勢いがある。

03 伝統からの発想

　結びとして、日本的伝統のサイン文化にも改めて焦点を当てておきたい。暖簾と看板が商家のしるし、つまりサインとして定着したのは室町末期頃と言われている。

　それが完成期に達し、近世商家の店構えとして一式整うのが江戸中期。同時に町並み景観としても優れて高度なサイン文化の域に達していたことは、往時の屏風絵や錦絵などに見るとおり。「看板を上げる」「表看板」「暖簾を誇る」「暖簾分け」などの成語が今も生きるように、イメージとしてはきわめて高いのもその名残だろう。

　明治初年に来日、幕末・明治の看板コレクターとしても知られるエドワード．S．モースは、「日本中どこへ行っても優れた看板職人がいて、それが解る依頼主、観賞できる大衆がいる」という意味の賛辞を残している。これはかつてのサイン文化が万人に共有されていたことを物語る。今もっとも途絶えたのがこの伝統だろう。ここでは今も各地各様に生きる暖簾・看板を、古風からモダン調まで例示した。単に和のスタイルというだけではなく、複雑多様化した現代の屋外広告物にいかにその伝統を回復するかを考える、1つの手がかりともなればと願う。

■ 宮脇賣扇庵は文政6年創業の京都・六角通りにある扇子の老舗。このような優れた伝統的サイン空間は京都でもあまり見かけられない。

■ 京都：粋で庶民的なまち・先斗町のすきやきの店。この看板を初めて見たのは35年ほど昔の事だが、今でも古さを感じさせない。

■ 金沢市：「あめの俵屋」は天保元年の創業。庇下の"さがり"に架けられた金沢独特の暖簾やその文字には、老舗の迫力がある。

■ 高知市：土佐の高知は鯨ばかりではない、魚が新鮮だ。全長5mの"がしら"は土佐鮨処のシンボル。地元アーティストの作品。

<付録>
屋外広告物における視知覚の基礎知識

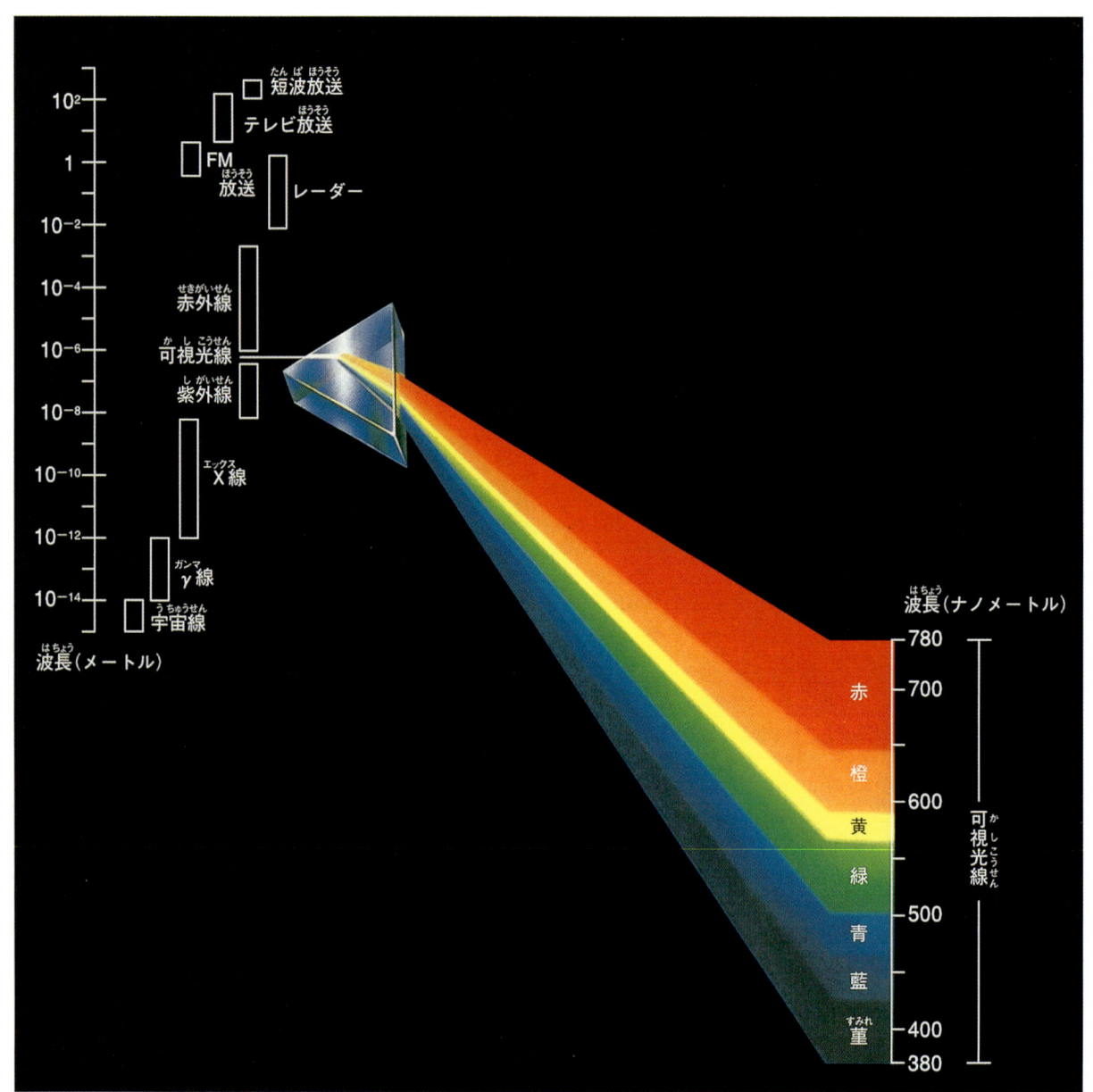

01　電磁波の分類と波長の色

■　空中を飛び回っている電磁波はさまざまな形で利用されている。その中で、人間の目は380～780ナノメートルの波長を見ることができる。これを可視光線という。

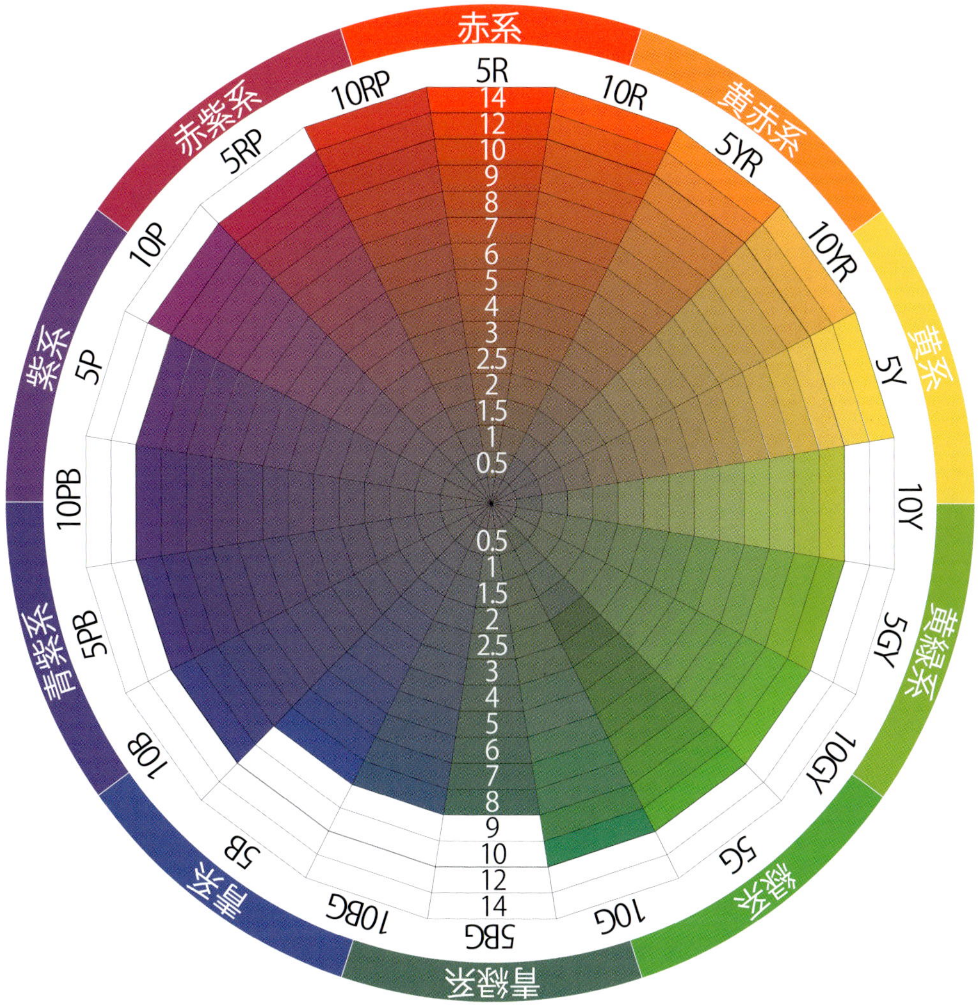

07　マンセル表色系の色相環と彩度段階の配列

■外円は純色の色相環を、その内側の彩度変化は、無彩色の灰色から各色相の純色位置（彩度14）までの彩度段階の配列を示している。

※色のイメージとして参照してください。

08　マンセル表色系（JIS 修正マンセル表色系）の色相別カラーチャート

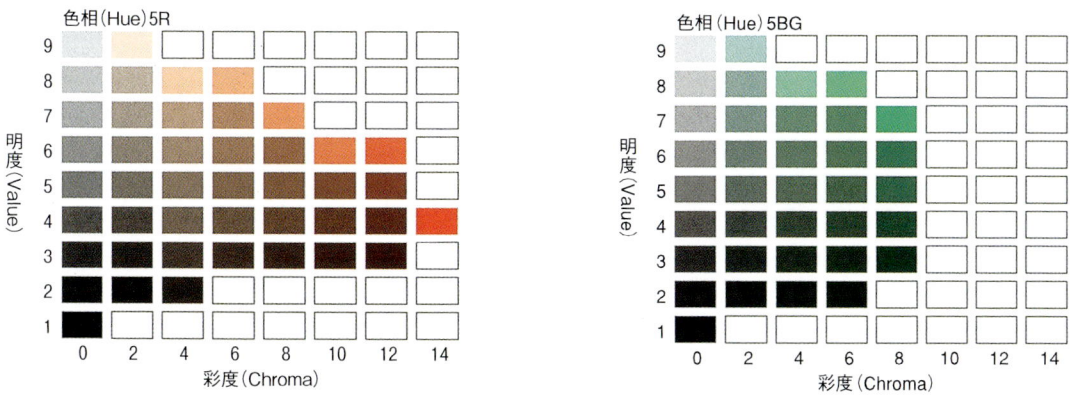

出典：JIS 標準色票

■ 同じ明るい灰色や薄い色等の図形色の場合、背景の色相が変わると見え方が変わる。例の場合、図形色には背景の色相の補色に近い色が現われ、左右で異なった色が見える。

■ 図形色の黄緑は黄を背景にすると緑みが強く見え、緑を背景にすると黄みが強く見える色相対比が働く。また、この例では、緑色を背景とする図形色のほうが明るく現われる明度対比も見ることができる。

■ 背景色が白・黒の場合や上記色相対比など明度差の伴う場合、図形色に明度対比の効果が働く。例の場合、同じ図形色の肌色は黒を背景色とした方が明るく見える。

■ 背景色の彩度が鮮やかなものと地味なものの場合、図形色に彩度対比の効果が働く。例の場合、同じ図形色の茶色は鮮やかな背景色の方が地味に見え、地味な背景色では鮮やかな茶色に見える。

06 色彩対比の例

■広告サイン表示における図形色と背景色の色の組み合わせからは、予想のつきにくいさまざまな色の見えを生み出している。図は色を三属性に基づいて対比的に扱う場合の色の見えの例を示している。

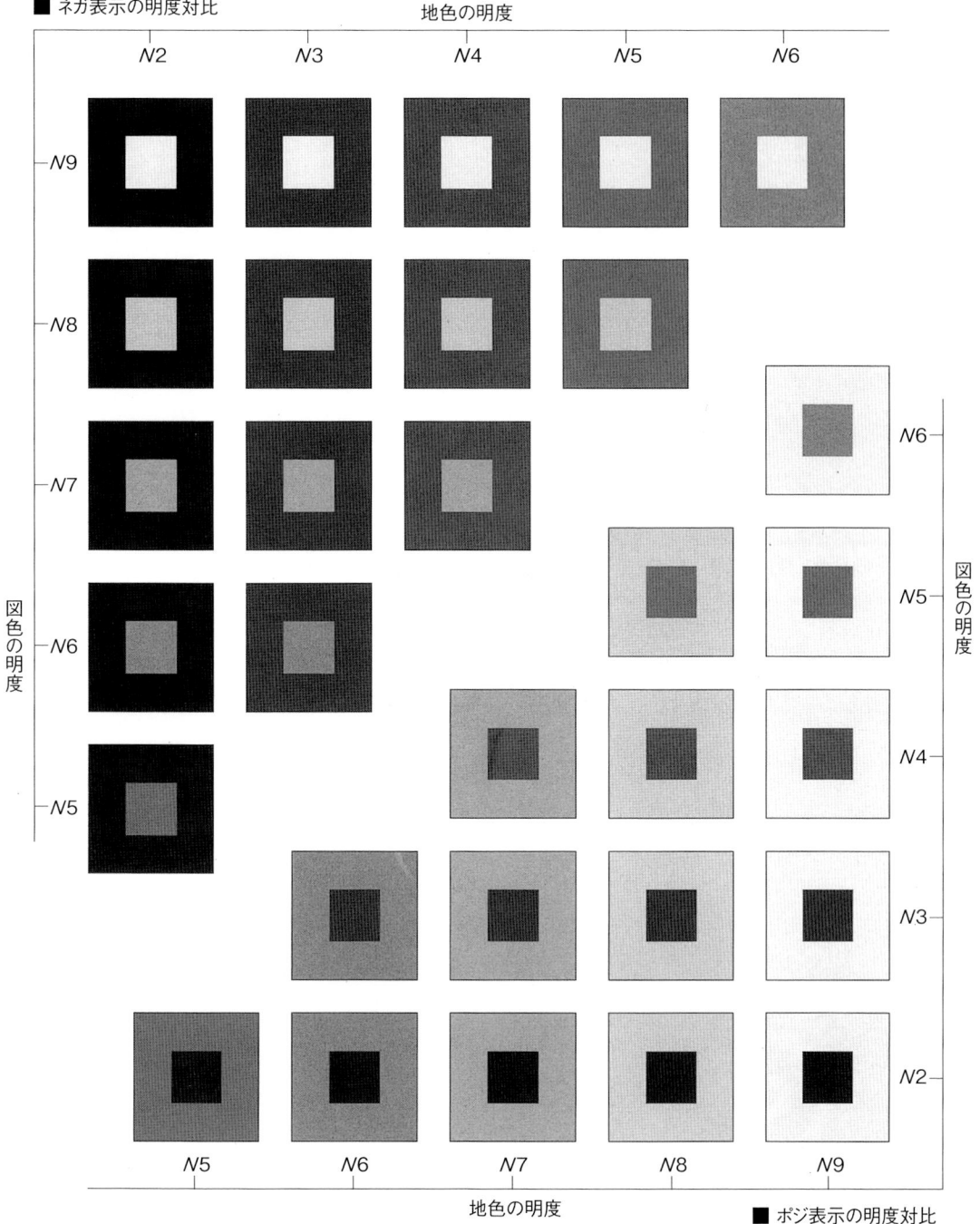

05 図（図形色）と地（背景色）の明度対比の度合い

■ 文字やロゴなどの図形を広告サインに表示する場合、ポジ表示（高明度色の背景に低明度色の図形とする表示方法）またはネガ表示（低明度色の背景に高明度色の図形を表示する方法）の図形色と背景色は、無彩色・有彩色を問わず、明度差が大きいほど識別がより容易になる。ただし、景観調和を考慮すると自然界での同じ物体の日向の明度と日陰の明度の差は3〜4以下で、明度差が大きくなくても良い場合がある。

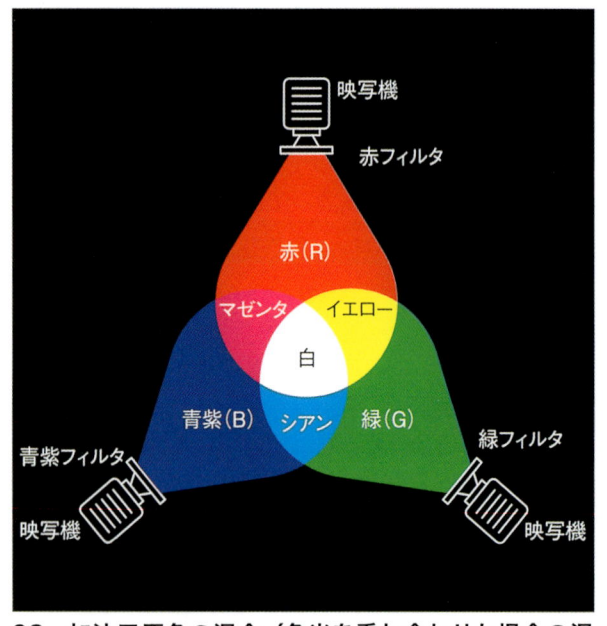

02 加法三原色の混合（色光を重ね合わせた場合の混色）

03 減法三原色の混合（絵の具やフィルムを重ね合わせた場合の混色）

■ 異なる色の光や絵の具などを混ぜ合わせたりすることによって、別の色をつくることを混色という。混色には上図のような加法混色（02）と減法混色（03）がある。

04 色の残像テスト

■ 適度な照明のもと、左図中央の点を20秒ほど見つめてから、右図の点に目を移すと色の残像（心理補色）が体験できる。

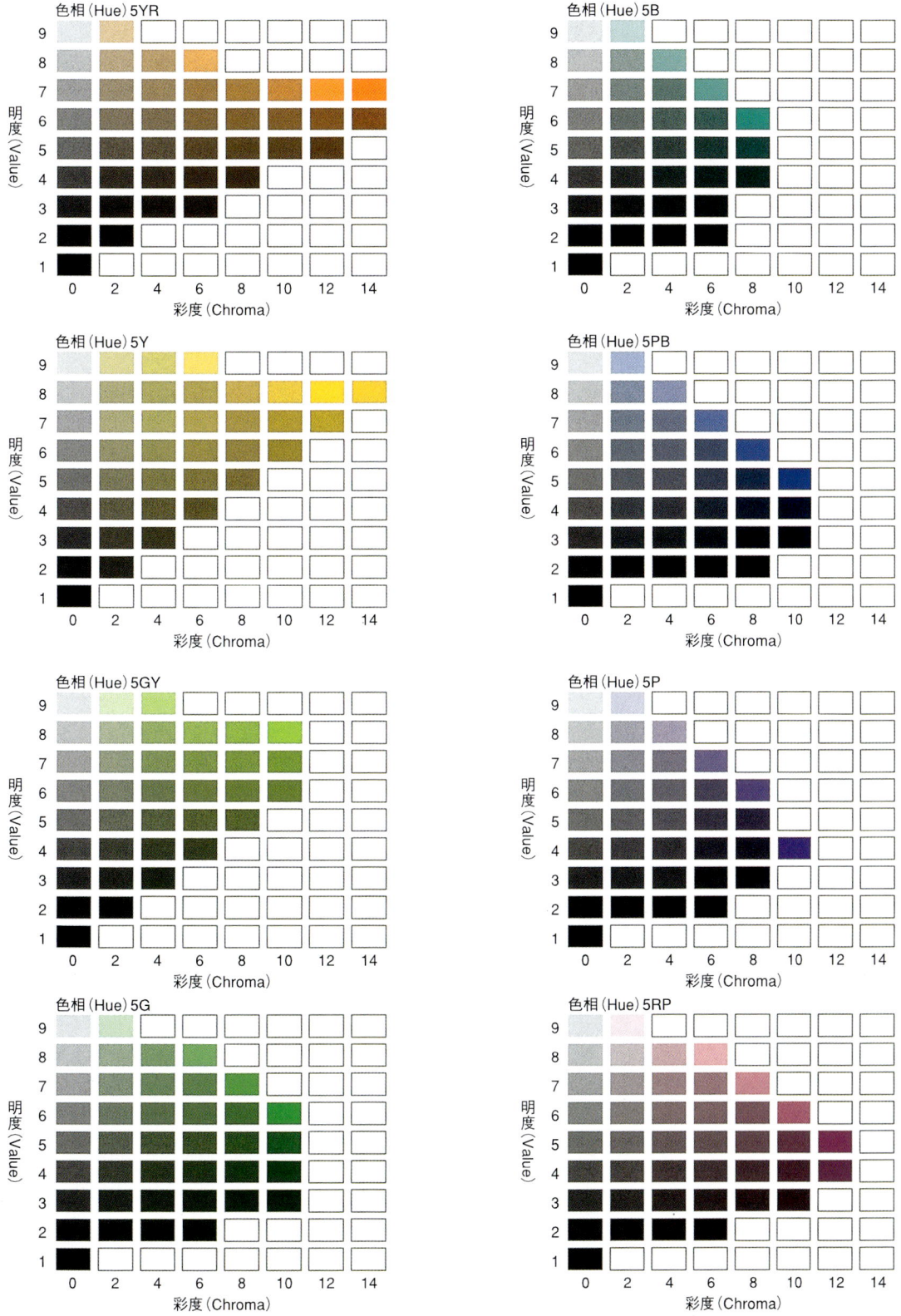

■マンセル表色系（JIS修正マンセル表色系）は、色の三属性（色相、明度、彩度）によって色を表示する体系の典型的なものである。色相（色相環）は R＝Red（赤）、Y＝Yellow（黄）、G＝Green（緑）、B＝Blue（青）、P＝Purple（紫）、とそれぞれの間の YR（黄赤）、GY（黄緑）、BG（青緑）、PB（青紫）、RP（赤紫）の10色相が基本となっている。

第4次改訂版デザイン編の発刊に当たって

　東北の震災以来、各地の活断層や新たな大地震の被害予測、その対策などが頻繁に話題にのぼる。火山の島に住む以上、当然かも知れないが、なかなか実感できない。しかし、同時に高速道路や橋梁など都市インフラの老朽化も顕在化し、先頃はトンネル内天井板が崩落し犠牲者も出た。こうなると課題を直視せざるを得ない。屋外広告に携わる皆さんに、日頃のメインテナンスと強度のさらなる向上をお願いしたい。

　さて、いわゆる景観緑三法ができて9年が経過した。「景観法」の冒頭で、良好な景観は、美しく風格のある国土の形成と潤いのある豊かな生活環境の創造に不可欠なものであり、国民共通の資産として、その整備・保全が必要、とある。最後は、景観を保全することのみならず、新たに良好な景観を創出することを含む、と結んでいる。われわれには、この結びが特に重要であることは言うまでもない。これを機に都道府県や政令指定都市以外の自治体も知事と協議し同意を得れば、「景観行政団体」として自主的活動が可能となった。2013年1月の時点で「景観行政団体」は568となっており今後も増えると予想される。行政は平等、均質を基本性格とするため、色彩や寸法など、定量化が可能な部分の規制に向かいがちだ。創造的でポジティブなアイディアは市民や事業主、そしてサインの業界、研究者等が連携してこそ生まれ、実現が可能である。そのような折に本書が少しでも役に立てば、執筆者一同、望外な喜びである。

　ところで、少し前のことだが、江戸時代後期の日本橋商店街を詳細に描いた絵巻物「熙代勝覧」がドイツで発見され話題になった（182頁参照）。家並、看板、暖簾、道行く人々が渾然一体となって、その美しさは当時の世界のどの都市にもひけをとらないと考えている。現在のまち並みとちがって、軒の高さや庇の出がほぼ揃っていて、建物の素材や色彩、形式が一定の幅に納まっている。この点では規模は異なるがパリやロンドン中心部に近い。江戸の場合、そこに布や木で作られた暖簾や看板がリズミカルに配され、華やぎを添えている。判じ物もあれば直截の造形もあって、多様で高度なデザインである。美の神は、秩序と変化が程よく調和する場所にいつも降り立つ。これは、不変の真理である。そうしたことを念頭に、かつ、軒を接する両隣との良好な関係を築ければ、広告景観は明らかに向上する。

　もう一点、「熙代勝覧」から読み取れるのは看板と道の関係である。絵に馬車や大きな荷車は出てこない。基本的に、人が徒歩で行き交う道である。大量の荷物は裏手の川や堀を船で運んだという。であるから、高さ3メートル足らずの立て看板や、1メートルに満たない屋根看板が十分に機能するのだ。美しい道ができれば、看板やサインは小さく美しくなって、まちの魅力は増す。

　最後になったが、本書はいわゆる屋外広告のデザインを通して、優れた広告景観の創出に寄与することを願って編まれたものである。今後も質を上げるべく、皆様からの、内容や構成へのご意見、ご叱正を心からお願いする次第である。

平成25年5月

筑波大学名誉教授

監修　西川　潔

目　次

優れた屋外広告物
〈付録〉屋外広告物における視知覚の基礎知識

第1章　屋外広告物の歴史と役割
1. 屋外広告物とは／2
2. 屋外広告物の歴史（日本・西洋ほか）／9
3. 屋外広告物と景観／16
4. 情報・記号としてみた屋外広告物／20
5. マスメディアとしての屋外広告物の特性／24
6. 屋外広告物と行政／28
7. 屋外広告のマネジメント／32

第2章　屋外広告物における視知覚の基礎知識
1. 視覚の構造／38
2. 色の感覚・知覚／42
3. 対比と同化／48
4. 恒常性と順応／52
5. 錯視／55
6. 色の表示方法／60
7. 色を測る／63
8. 色彩調和と配色／66

第3章　屋外広告物における光
1. 照明の歴史／72
2. 光の種類と活用／74
3. 光の演出性／76
4. サインとしての光／78

第4章　読みやすい屋外広告物のデザイン
1. 目を引く屋外広告物＝視認性と誘目性／82
2. 短時間で読める屋外広告物＝情報量と判読時間／84
3. サイン文字の可読性／86
4. 最も伝えたいことは＝情報の序列化／88
5. 誰もが読める広告物＝受け手への配慮／90

第5章　屋外広告物のデザイン基礎
1. 屋外広告物に求められる条件／94
2. 視覚を用いた遠隔通信／96
3. 家紋／シンボル／ピクトグラム／98
4. 文字／タイポグラフィ（和文）／101
5. 文字／タイポグラフィ（欧文）／104
6. 写真とイラストレーション／107
7. ＣＩ（Corporate Identity）／110
8. サイン計画／113
9. 交通機関とグラフィックデザイン／116
10. 屋外広告物の諸形式／118

第6章　広告景観のデザイン
1. 欧米の優れた広告景観創造の試み／124
2. 欧米の屋外広告物揺籃期／126
3. 屋外広告物のサイズと量のコントロール／128
4. 屋外広告物の設置場所と位置のコントロール／132
5. 自然景観に調和する屋外広告物／136
6. 光のコントロール／138
7. 色彩のコントロール／141
8. 屋外広告景観のシミュレーション／146

第7章　屋外広告物の製作
1. デザイン・製作プロセス／150
2. 画面製作／156
3. 器具製作／160
4. 文字製作／164
5. 照明製作／168
6. 新しいメディア／172
7. 環境対策／176
8. 維持管理／180

第1章

屋外広告物の歴史と役割

屋外広告物とは

01　屋外広告の定義

　屋外広告とは何か。その定義について述べる前に屋外の概念に触れておきたい。雨の多いわが国では、夜露がしのげる屋根が家屋の重要な要素であり、屋根で家屋の内と外を区別し、外側を「屋外」といっている。広大な土地を持つ中国やアメリカでは外敵から家を守る入口の戸によって内と外を区別し、家の外を「戸外（Out Door）」といっている。

　屋外広告について、屋外広告物法第2条でこのように定義している。「…「屋外広告物」とは、常時又は一定の期間継続して屋外で公衆に表示されるものであって、看板、立看板、はり紙及びはり札並びに広告塔、広告板、建物その他の工作物等に掲出され、又は表示されたもの並びにこれらに類するものをいう[1]。」

　つまり、看板、立看板、はり紙、はり札、広告塔、広告板、建物、その他の工作物等（たとえば樹木、岩石、塀、煙突等）の物件が屋外（道路認定されている地下道を含む）にあって、継続して掲出されており、スポーツや演劇施設への入場者などといった特定の人々ではなく、不特定多数に表示されるものと解釈できる。

　アメリカではOOH（Out Of Home）として、日本よりも広く捉えている。アメリカ屋外広告協会ではOOHの一部として「屋外広告（Outdoors）」があり、その中に、「ビルボード」として、ブルティン、スペクタキュラー、壁面、30シート・ポスター、8シート・ポスター、ラッピング・ポスターがあり、また、「交通広告」として、バス、鉄道、地下鉄、空港、トラック、タクシーがあり、ストリート・ファニチャーとして、バスシェルター、バス・ベンチ、ニュース・スタンド、キオスク、公衆電話、ショッピング・モール、店内を挙げている。そして、「代替メディア」として、スタジアム、空港施設、マリン施設、レクリエーション施設、休憩施設、パーキング・メーター、ガソリン・スタンド、自転車籠などがあるとしている。「OOH」の他の部分としては、「家庭外テレビ」として、学校、空港、スポーツ・バー、エレベーターなどがあり、「ラジオ」として、通勤時の乗用車内、オフィス内、店内がある。また、「非伝統媒体」として、「場の媒体」があり、これはテーブル・ナプキン、クリーナーバッグ、はがきなどであるとしている[2]。

　以上の点を踏まえて、わが国屋外広告の定義をまとめると、狭義と広義の2つになる。狭義では一般に「屋外広告」といい、「家屋や社屋の外に継続して掲出される広告」をいう。アウトドアというのは単に建物の外側というのではなく、屋外にあって公衆の目や耳に到達するところと解釈できる。このような場所に掲出される屋外広告には、広告塔、ポスターボード、ビル壁面広告、突き出し広告、懸垂幕、電柱広告、大型ビジョンなどがある。

　広義ではOOH（Out Of Home）といい、「住いの外で継続的に掲出されるあらゆる広告」をいう。これには、上記屋外広告に加えて、交通広告（中吊り、額面、駅貼り、サインボード）、施設広告（スタジアム広告、店頭店内広告（POP広告）、ストリート・ファニチャー（バスシェルター、バス・ベンチ、ニューススタンド）などが含まれる。これは、住まいから一歩外に出たときに接触する広告を指しており、駅や空港、スポーツ施設、店などの内部に掲出される広告も含まれる。

02　広告全般の定義

　ここで、広告全般の定義について述べておきたい。アメリカ・マーケティング協会（AMA）の定義は「明示された広告主によるアイディア、商品、もしくはサービスについての有料形態の非人的提示および促進活動である[3]」というものである。また、ウイリアム・ボーレン（William H. Bolen）は「広告とは明示された広告主によって、選択された市場に、アイディア、商品、あるいはサービスなどを管理可能な形態で告知し説得する非人的提示および促進活動である[4]。」と定義づけている。早稲田大学名誉教授の小林太三郎博士は「広告とは、非

人的メッセージの中に明示された広告主が所定の人々を対象にし、広告目的を達成するために行う商品・サービスさらにはアイデア（考え方、方針、意見などを意味する）についての情報伝播活動であり、その情報は広告主の管理可能な広告媒体を通じて広告市場に流されるものである。広告には企業の広告目的の遂行はもとより、消費者または利用者の満足化、さらには社会的・経済的福祉の増大化などの機能をも伴うことになるのは言うまでもない。企業の他に、非営利機関、個人などが広告主となる場合もある[5]。」と定義している。

　この中で①「広告主を明示する」ということ、②「有料形態」もしくは「管理可能な形態」、③「非人的媒体」を使うということが広告とするための3条件である。まず、「広告主を明示する」というのは、誰が広告したのかを明示して、社会的責任の所在を明らかにしなければならないからである。広告に広告主のトレードマークやロゴタイプが入っているのはそのためである。ただし、広告主の明示といっても必ずしもスポンサー名を入れなければならないという訳ではなく、パッケージやブランド名だけの提示でも一般オーディエンスに既によく知られているなど、特定の広告主が判断できる場合はよいことになっている。

　「有料形態」もしくは「管理可能」とするのは広告商品やサービスあるいは広告主のことを記事やニュースとして採り上げる「パブリシティ」と区別するためである。有料形態としているのは無料のパブリシティと区別しているのであるが、公共サービス・キャンペーンを行う公共広告が「有料形態」では厳密に捉えると該当しないことになってしまうので、契約すれば必ず掲出される「広告」を「管理可能」としている。

　「非人的媒体」は、販売促進で行う人的販売などと区別するためである。

　そこで、「広告とは企業や非営利組織または個人としての広告主が、自己の利益および社会的利益の増大化を目的とし、管理可能な非人的媒体を使って、選択された生活者や使用者に、商品、サービス、またはアイディアを、広告主を明確にして告知し説得するコミュニケーション活動である[6]。」と筆者（清水）は定義している。

　これらの定義にはさらに広告の客体、つまり、広告の内容としてアイディア、商品、サービスが唱われている。アイディアとは広告主の考えや主張であり、商品とは自動車や電気製品、化粧品や酒類などの有形財であり、サービスとは電話や鉄道、劇場やホテル、レストランなどの無形財である。屋外広告は当然この定義の中に包含されている。

03　屋外広告の社会的・経済的役割

　大都市の繁華街にはビルの屋上に必ず大きなネオンサインがあり、ビルには壁面広告や突き出し広告などがあって、街を活気付けている。したがって、これら屋外広告は都市の重要な構成要素となっている。屋外広告が創り出している都会の雰囲気に引き寄せられる人々は多く、そのような人々にとっては広告が生活の潤いとなっている。屋外広告は都市文化の重要なツールとして機能している。若者のファッションもそのような都会から生まれる。

■　若者でにぎわう渋谷駅前の屋外広告

　屋外広告、特に大きな広告塔は建築物であるから、設置するのに多額の費用がかかるので、企業規模が大きくならないと広告を掲出することができない。そこで、人々は広告塔のような屋外広告の広告主に対して、多額の費用が投じられる大規模な企業として見ることになり、企業イメージの創成に大いに役立つ。

　一方、今日の都市において屋外広告の乱立が都市景観上問題視されることも多く、都市の景観条例による規制の対象になっていることも言及しておきたい。いずれにしても屋外広告の社会的役割は大きいが、経済的役割も大きなものがある。

　屋外広告は来街者に反復露出することによって商品やサービスに親しみを持たせ、購買行動を誘引する。

　ここで、広告全体の役割についてみておくと、新商品

が出ると、広告によって人々に広く知らせるので、生活者はブランド選択の代替案に新しいブランドを加えることになり、ブランド選択の幅を広げ、生活を豊かにする。

広告は新しい欲望を創造するため、企業の売上を伸ばし、経済活動を活性化させるという一方、そのために消費者の浪費を生み出すという見方もある。

広告は流行や文化を創り、生活に潤いをもたらすという見方がある。また、広告はマスコミ媒体と一緒に情報過多の社会を作り出し、ストレスの多い社会を作り出しているという見方もある。

広告によって大量消費が可能になれば、大量生産によってコストを引き下げることになり、益々消費を拡大させ、経済を活性化させるという見方がある。

04　屋外広告の種類

⑴　広告塔

ビルの屋上等に設置された立体広告塔で、ネオンサインが多い。屋外広告の王様ともいわれるほど、大規模なものである。街で最も大きな広告塔のある場所が繁華街といわれるなど、繁華街のシンボルともなる。

■　銀座の広告塔

⑵　壁面広告

ビルの壁面に設置された広告で、イルミネーションのあるものとないものがある。広告塔に準ずる規模のものがある。

⑶　突き出し広告

歩道を歩く歩行者から良く見えるように、ビル壁面と直角に突き出している広告である。広告塔と並んで、繁華街を彩っている。

■　新宿の突出し広告

⑷　懸垂幕

百貨店や量販店、テナントビルなどの壁面に屋上から下げられた細長い広告幕である。

■　懸垂幕（ビル左側）

⑸　大型ビジョン

■　札幌の壁面広告

■　大型ビジョン（写真中央）

ビルの壁面に設置した発光ダイオードを使った大型のテレビジョンである。

(6) ポスターボード

道路脇やビルの屋上に建てられた3mから5m程度の広告看板である。日本では3m×4mのポスターボードが多いが、サイズの統一はされていない。アメリカではサイズの統一がなされ、掲出のネットワーク化が可能であり、掲出場所と期間の管理が科学的データに基づいてなされている。

■ ポスターボード

05 アメリカにおける屋外広告の種類

(1) 30シート・ポスターボード

30シート・ポスターボードはフレームの幅が22フィート8インチ、縦10フィート5インチ、ポスター部分が横21フィート7インチ、縦9フィート7インチのボードである。これにはブリード型ポスターパネルがある。

30シート・ポスターボードはブリティンに次いで多く利用されており、アメリカ9,000のコミュニティ市場に存在している。また、これには照明付きと照明なしがある。全体の70〜80％が照明付きであり、これは24時間露出が可能である。契約期間は30日が基本である。

(2) 8シート・ポスターボード

8シート・ポスターボードはジュニア・ポスターとも呼ばれており、縦5フィート、横11フィート、フレームの幅は12フィート、高さが6フィートである。これはEOAA（Eight-sheet Outdoor Advertising Association）が開発したもので、1990年代のはじめはアメリカ2,500市場に存在していたが、今日ではあらゆる市場に建てられている。EOAAでは、8シート・ポスターボードのCPM（到達1,000人当たりのコスト）は30シート・ポスターボードの2分の1であるといっている。

■ 30シート・ポスターボード（金子篤史：撮影）

■ 8シート・ポスターボード（金子篤史：撮影）

(3) ブリティン

形態やサイズは自由なものもあるが、標準化されたものは縦14フィート、横48フィートのパネルで、すべて照明付きである。

ペイント・ブリティンはペイントで描くパネルである。ブリティンには長期掲出のものと、30日、60日、90日で移動させるロータリー・ブリティンがある。こ

れらには立体的に作る立体ブリティンや3角形の柱を組み合わせ、それらを回すことによって三面の画面を提示できるトリビジョン・ブリティンがある。

■ブリティン（金子篤史：撮影）

⑷ スペクタキュラー（Spectaculars）

　スペクタキュラーは大型のネオンサインのように、色と動きのある広告塔や広告板である。コストがかかるので契約は年単位になる。アメリカやヨーロッパの都市ではニューヨークのタイムズスクエアやロンドンのピカデリー・サーカスといったごく限られた場所しか見られないが、日本やアジアの都市では都会の繁栄の象徴として、多く設置されている。銀座のネオンサインは世界で最も美しく街に調和しており、アメリカの文献にも紹介されている。また、大型ビジョン（giant television screens）もこれに入る。

■ スペクタキュラー（ニューヨーク・タイムズスクェア、金子篤史：撮影）

06　日米屋外広告の現状

⑴　アメリカ屋外広告の動向

　アメリカ屋外広告の主要な広告主は2001年の場合、自動車、小売業、航空、ホテル、カー・レンタル、映画・メディア、レストラン・ファーストフードなどである。具体的には1位がアンハイザー・ブッシュ、2位がマクドナルド、3位がAOLタイムワーナー、4位がGMである。OOHの2001年の広告費は53億ドルであり、そのうち32億ドルがポスターボード、9億ドルが交通広告である。2003年は54億ドルになり、対前年比5.2%伸びた。アメリカの屋外広告費は全広告媒体の2.2%である。

　アメリカではポスターボードのサイズが統一されており、あらゆる都市でネットワーク掲出ができるようになっている。これも統一された効果指標があって、きちんと管理されているからである。

　屋外広告の効果を管理するために、Traffic Audit Bureau, Inc.（TAB）が広告主協会と広告代理業協会、そして屋外広告協会で組織されている。TABでは、①ポスターボードとブリティンのサーキュレーション調査を行い、②調査指標の標準化を確立し、③サーキュレーション・データを提供している。

　TABでは後述するDECの数値をオーソライズし、それを基準として、GRP（Gross Rating Point）やショーイング（Showings）を出している。ショーイングとは、ネットワーク・パネルによって到達する市場内人口（18歳以上）当たりの重複オーディエンスであり、例えば、1カ月に居住者の全員が接触するようにネットワーク掲出すると、100ショーイング、その半分の場合は50ショーイングとして表される。GRPはこの新しい用い方である。アメリカではDECに基づいて計算したショーイングによって屋外広告のネットワーク取引を円滑に行っている。

　右ページ上の地図はロサンゼルスメトロポリタン地域におけるポスターボードの100ショーイング・ネットワーク図で、アメリカ、カリフォルニアのロサンゼルス市と周辺地域の住民全員が1カ月に少なくとも1回は見たといわれるようにポスターボードをネットワーク掲出するときの場所を黒丸で示したものである[7]。

　地図の左のほうに黒丸の密集した所があるが、そこがロサンゼルスの中心街であり、リトルトーキョーがある。

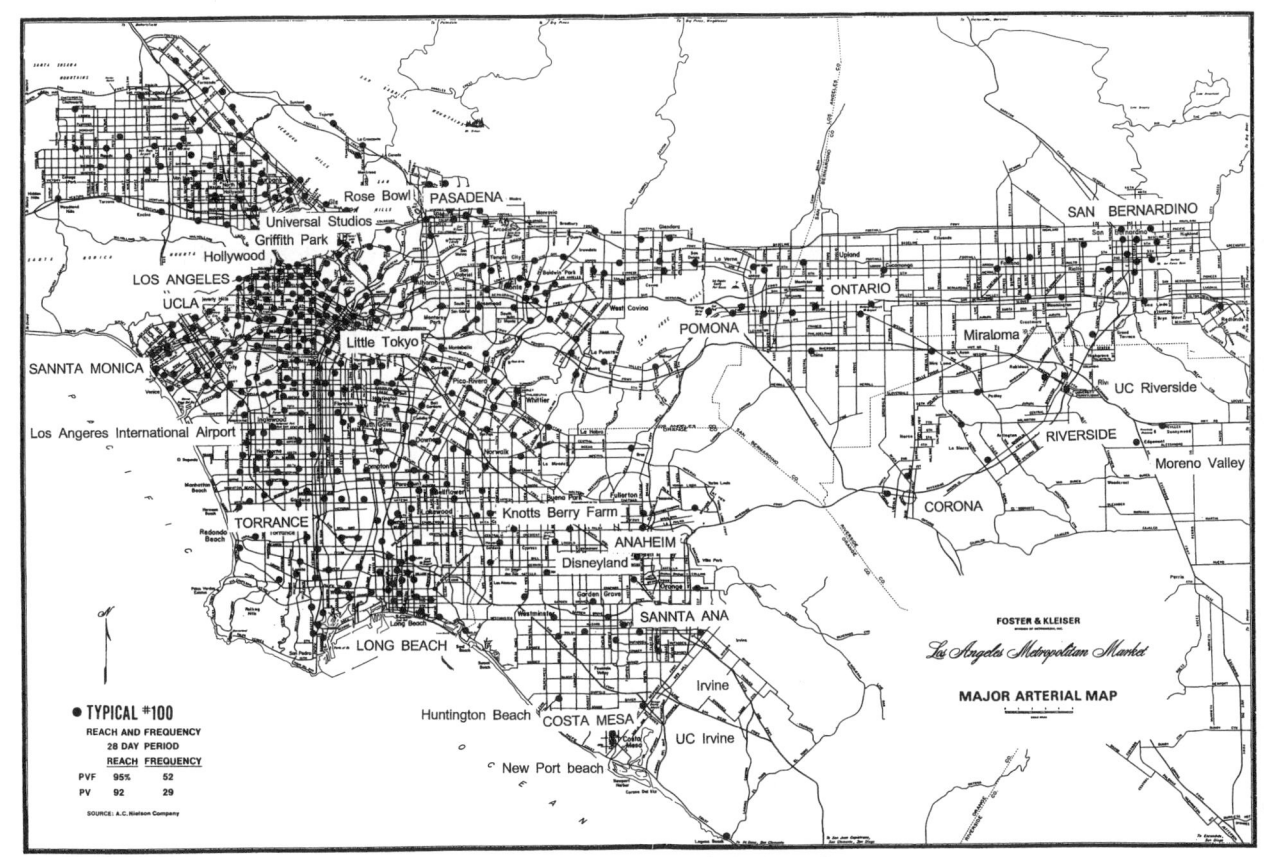

■ ロサンゼルス・メトロポリタン地域におけるポスターボードの100ショーイング・ネットワーク

その北方にハリウッドやユニバーサルスタジオがある。その他白くなっているところは丘などで、人家のない場所である。また、中心街から南東に行ったところにディズニーランドがあり、その南にはニューポートビーチなど美しい海岸がある。これをみると、ポスターボードをどこにどのように掲出すれば良いかが一目瞭然である。

なお、30シート・ポスターボードで100ショーイングになるようにネットワークするのに、ロサンゼルス郡北部では48基で、1か月のコストが24,000ドル、シカゴ郊外では63基で60,844ドル、ピッツバーグ・メトロエリアは169基で160,952ドル必要であるといわれている[8]。

また、アメリカでは、8シート・ポスターボードで50ショーイングになるようにネットワークするのに、ロサンゼルスで500基、1か月のコストが105,000ドル、ニューヨークで300基40,500ドル、シカゴが200基で35,000ドル、フィラデルフィアが200基で35,000、デトロイトが140基で21,700ドルが必要といったようなデータによって取引されている[9]。

(2) わが国における屋外広告の現状

わが国の屋外広告はアメリカやヨーロッパのそれとは状況が大きく異なる。わが国には東京の新宿、渋谷、銀座、大阪の道頓堀、札幌のすすきの、福岡の中洲など、多くの大都市には繁華街があり、そこにはスペキュタキュラーといわれる大型のネオンやLEDが輝いている。日本の場合、屋外広告の多くは都市の中心部にある。わが国の屋外広告は2011年で2,885億円で媒体構成比は5.1%である。日本経済の低迷とともに、屋外広告も低迷している。

このようなことから、広告主は屋外広告をマーケティング戦略に使用するメディアとしてみることはできなかった。そこで、日本の屋外広告をマネジメントすることを支援する団体として1999年に「屋外広告調査フォーラム」が設立されたが、これに関しては07屋外広告のマネジメントに譲ることにしたい。

【注】
1) 東京都都市計画局建築指導部監理課監修、東京都屋外広告物研究会編著『東京都屋外広告物条例の解説』改訂5版、大成出版社、2000年、pp.3-5。
2) W. Ronald Lane, Karen Whitehill King, J.Thomas Russel, 2005, "Kleppner's Advertising Procedure,"

Sixteenth Edition, Pearson, Prentice-Hall, p.357.
3) "Report of the Definition Committee," Journal of Marketing, XII, No. 2 (October 1948), p.202.
4) William H. Bolen, 1981, "Advertising," John Wiley & Sons, pp.4-7.
5) 小林太三郎著『現代広告入門』第2版、ダイヤモンド社、昭和58年、pp.10-12。
6) 清水公一著『広告の理論と戦略』第17版、創成社、2012年、p.9。
7) Maurice I. Mandell, "Advertising," 4th ed. Prentice-Hall, Inc. p.386.
8) William F. Arens, David H. Schaefer, "Essentials of Contemporary Advertising," McGraw-Hill, Irwin, p.386.
9) Courtland L. Bovee, John V. Thill, George P. Dovel, Marian Burk Wood "Advertising Exellence," McGraw-Hill, Inc. p.447.

ラスベガス

　屋外広告に関わる人なら多くが訪ねているだろうが、ラスベガスは不思議なところである。ラスベガスの環境や建築的特異性あるいはその文化的意義については、ロバート・ベンチューリ等が1972年にMITから刊行した『ラスベガスから学ぶこと―建築の形態における忘れられた象徴主義―』（日本語訳は1978年鹿島出版会から『ラスベガス』として刊行）で初めて学問的見地から検証された。それまでキッチュなもの、今風にいえばサブカルチャーとして捉えられていた巨大看板建築群が、実は実態から乖離した記号の集積と化しかねない現代都市の予兆であり、美学的価値においても、大衆のエネルギーを肯定的に反映していると分析した。その視座はモダニズムを超えて、やがてポストモダンの様式に繋がることになる。

　理屈はともかくラスベガスには、人を理屈抜きで引き付けるファクターが満ちている。溢れる色彩、威圧する巨大さ、まばゆい明るさ、目まぐるしく変化するイルミネーション、時空を越えた世界の名所のリアルな再現、特に夜間の公的空間に向けてホテルが提供する様々な演出は、しばし現実を忘れるに十分である。ラスベガスの目抜き通りは、意外性とアメニティの固まりである。サインやディスプレイを学ぶための「副読本」として読みがいのある街である。（西川潔）

第1章　屋外広告物の歴史と役割―02

屋外広告物の歴史（日本・西洋ほか）

01　屋外広告の起源

(1)　古代の広告

　屋外広告の起源を辿ることは難しい。紀元前1700年頃、古代バビロニアでは楔形文字を刻んで日干し煉瓦にしており、その中に王の偉業を称えた戦勝碑などがあったといわれている。この時代に屋外広告があったという明確な証拠はないが、これらの中には屋外に掲出されたお知らせがあったかもしれない。現存するといわれている世界最古の広告は、紀元前1000年頃に古代エジプトの首都とされた「テーベ」の街角に張り出された広告であるとされている。これはＢ５判大の薄茶色のパピルス紙に書かれたもので、大英博物館に保管されているといわれている。その広告文は、「セムという名の奴隷の男が善良な市民である織物師ハプーの店から逃げ出しました。テーベのすべての善良なる市民の皆様、彼を連れ戻してください。その方にはお礼をさせていただきます。彼はヒッタイト人で、身長は１メートル57センチ、赤ら顔で目は茶色。彼の居所を知らせてくれた方には金貨半分のお礼をいたします。そして、ご希望通りに最良の衣服を織ることができる織物師のハプーの店に彼を連れて来てくれた方には金貨１個のお礼をさせていただきます[1]。」というものである。これは、紙の大きさを考えればチラシ広告ともいえるが、屋外に貼られたともいわれており、屋外広告と捉えてもよい。

　紀元前136年にはエジプトで「ロゼッタ・ストーン（The Rosetta Stone）」と呼ばれる標石が街角に建てられていた。これは玄武岩でできている１メートル位の銘板であり、上下に３つの言語が刻まれていた。いちばん上が象形文字で書かれた神聖文字（ヒエログリフ）、その次がコプト語で書かれた民衆文字（デモティック）、いちばん下がギリシア文字で書かれている。1822年にフランスのシャンポリオン（Jean Francois Champollion）はギリシア語から辿ることによってヒエログリフを解読した。この銘板はプトレマイオス王の偉業を称えた屋外広告であることがわかった。この屋外広告ともいえる銘板はその後のエジプト文化を解明するキーストーンとなったのである。

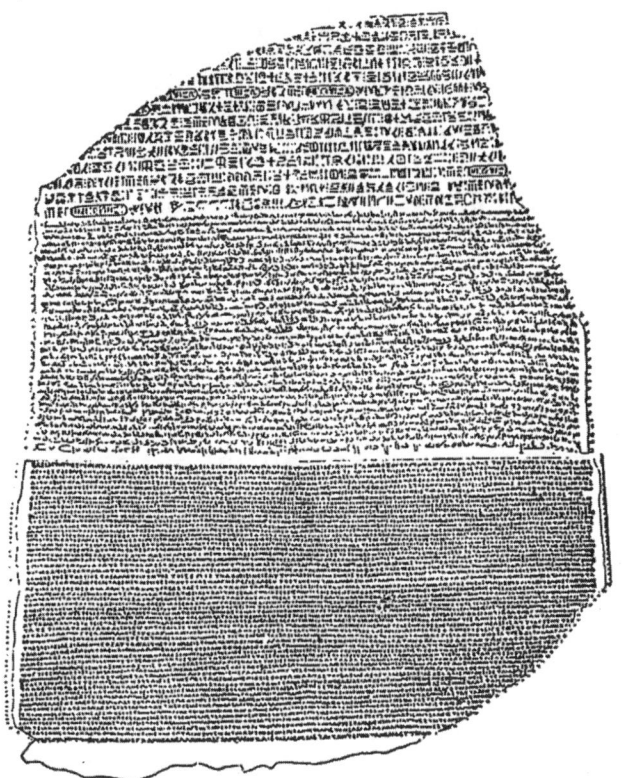

■ ロゼッタストーン

(2)　古代ギリシア・ローマの広告

　古代ギリシアやローマでは店先に屋外看板がぶらさげられ、壁面には広告が描かれていた。それが証明できるのは、紀元後79年、古代ローマのポンペイの街がベスビオス火山の大噴火で一瞬にして埋まってしまい、そこにあった広告などが、多く発見されているからである。

■ ポンペイの靴屋の看板

牛の絵の屋外看板は酪農場、粉をひくラバの看板はパン屋を、そして靴を持ったエンゼルは靴屋を表していた。

また、ツタのつるの屋外看板はワインの店を表わし、ワインをかつぐ人の絵は居酒屋を表していた。

■ ポンペイの居酒屋の看板

表通りの店の白い壁をアルブム（Album）というが、これはアルプスと同様、白いという意味で、写真を貼る白い紙をアルバムというのと同義である。この壁面広告には次のようなものがあった。「アリアンにあるポリアン住宅街。グナエウス・アリフス・ニギディウス氏の不動産を7月15日からお貸しします。住宅付きの店舗と騎士向きの部屋です。お借りになりたい方はグナエウス・アリフス・ニギディウス氏の奴隷にお申し出ください。」、「造営官の剣闘士の一隊が5月31日に試合を行います。野獣とも闘うことになっています。また日除け用の天幕もあります。」このように、今から2000年前に日付まで判る不動産広告や、興行広告があった[2]。

(3) 日本における広告の起源

日本では大化の改新の後、律令国家が形成されてゆき、藤原京に遷都して6年後の701年に大宝律令ができるが、710年に平城京に遷都して8年後の718（養老2）年の養老律令の解説版である「令義解（りょうのぎげ）」の中に「関市令」として「凡市毎肆立標題行名（およそ市は店ごとに標を立て行名をしるせ）[3]」という一文がある。

当時、平城京には唐の都を模した東西両市が置かれ、その市においては店ごとに販売商品を示した屋外看板が立てられたり、ぶらさげられており、これが日本における文献で確認された屋外広告の第1号に近いものであるといわれている。

794年に平安京に遷都した後の旧平城京に屋外広告があった。平城京東市東三坊大路東側溝跡から、天長5（828）年のものと思われる木簡が、昭和45年8月に発見された。それは、99.3cm×7.3cm×0.9cmの屋外立札であり、平城京の辻に立てられていた。それには次のように書かれてあった。「告知　往還諸人　走失黒鹿毛牡馬一匹　在験片目白　額少白　件馬以今月六日申時山階寺南花園池邊而走失也　若有見捉者可告来山階寺中室自南端第三房□　九月八日」、意味は「往還の諸人に告知する。走り失せた黒鹿毛の牡馬を探してほしい。特徴は片目白で、額が少しばかり白い。この馬は、今月六日申時（午後4時、または前後2時間）に、山階寺（興福寺）の南花園池の辺から走失した。若し見捉える人があれば、山階寺中室の南端から第三房の□に知らせてほしい。九月八日」というものである[4]。

■ 平城京の屋外広告
出典：大伏肇『資料が語る日本の広告表現千年の歩み』日経広告研究所 1988 p7

つまり、馬が逃げたので捜してくださいという、この屋外立札はわが国で現存する最初の屋外広告といってよい。これらの屋外広告は平安京や鎌倉時代の街へと受け継がれていったといってよい。

02　中世及び近世の広告

(1) 室町・江戸時代の日本の屋外広告

■ 舟木本（洛中洛外図屏風絵）　薬種袋をあしらった薬種屋の看板
出典：大伏肇『資料が語る日本の広告表現千年の歩み』日経広告研究所 1988 p39

鎌倉時代には多くの商座、工座が置かれ、平城京や平安京の東西両市に置かれた屋外広告らしきものもより発展していったと思われる。室町時代になると商店に屋号が現れ、1371（応安4）年、3代将軍足利義満の時代には元来日除けのために用いられた暖簾に屋号の表示が加わった[5]。洛中洛外図には、トレードマークの入った暖簾が描かれている。

■ 舟木本 三条大橋のたもと，床屋の吊り下げ看板
出典：大伏肇『資料が語る日本の広告表現千年の歩み』日経広告研究所 1988 p39

1673（寛文13）年、徳川4代将軍家綱の時代、三井高利は江戸駿河町（現在の日本橋）に三越の前身「三井越後屋」を創立した。そこでは、正札販売を行い「現金売り、掛値なし」の広告宣伝を展開した。媒体としては屋外看板と「引札」を利用していた。暖簾には三に井桁の三井家のマークが染められ、屋外には現金売り掛け値なしを知らせた三井越後屋の看板が立てられていた。

■ 三井越後屋の看板　出典：林美一監修、中田節子著『広告で見る江戸時代』角川書店 1999 p27

江戸時代には時折丸に越の越後屋のマークが併用されたときがあったが、明治になって、三越呉服店になると丸に越のマークに統一され、今日に至っている。

5代将軍綱吉の時代、江戸の街では商店が増え、繁盛

■ 江戸時代の豪華な看板（オイレンブルク遠征図録）　出典：林美一監修、中田節子著『広告で見る江戸時代』角川書店 1999 p27

しており、屋外看板が次第に派手になってきた。

中には技巧を凝らした看板まで出てきた。そこで、江戸幕府は1682（天和2）年2月に技巧を凝らした屋外看板の禁令を出した。しかし、元禄時代になると江戸の繁華街は絶頂期の賑わいをみせ、屋外広告は益々豪華になっていったと推測できる。

江戸時代の後期には外来語の看板が現れる。最近は横文字が増えて困るという高齢者の声もあるが、外来語に特別のイメージを感じたのは江戸時代の人々も同様であったといえる。1824年に「ウルユス」という薬の看板が出されていた。

■ 江戸時代の横文字イメージの看板

ローマ字でも表示されており、オランダからきた新しい薬のイメージが出来上がった。このカタカナの看板はイメージアップに一役買ったものと思われる。実は、これは外来語ではなく、「空」という字をカタカナに分解し、下の「エ」を「ユス」にしてそれらしくしたものと考えられる。

1842（天保13）年頃、街の看板はまたまた派手になり、幕府はまた、技巧を凝らした看板の禁令を出してい

る。

(2) 印刷機の発明と印刷広告の出現

　1445年にドイツのグーテンベルグ（Johannes Gutenberg）が、金属活字を発明し、印刷広告が出てきた。1480年頃、ウイリアム・カクストン（William Caxton）は、英語による最初の印刷広告をロンドンの教会のドアに貼った。それは縦12.5cm、横17.5cmの屋外広告で、次のように書かれている。

　「ソールズベリーの記念礼拝規則をご希望の僧侶や世俗の方々、それはこのような現代文字の書体で、きれいに、そして、正確に印刷されたものです。もしご入り用の方はウェストミンスターにある赤い縦筋の入った楯の看板を出した施物所にお越しください。お安くしております。（ラテン語で）このお知らせは貼ったままにしておいて下さい。」というものである[6]。ラテン語で貼ったままにしておいてほしいと書いたのは、当時、教会の僧侶はラテン語を使っていたので、その広告を見て迷惑に思った僧侶の気持ちを逆手に取ったのではないかと思う。

■　ロンドンの教会に貼られた世界最初の印刷広告

(3) イギリスの屋外広告

　ヨーロッパでは18世紀中頃、ホガースやクラークソン（Clarkson）といった有名広告画家が現れ、屋外看板を描いた。次図は1730年代にウイリアム・ホガース（William Hogarth）がロンドンの居酒屋の屋外看板として描いたものである。中央の男の肩に猿とカササギと女房が乗っており、その左側には猫と水差しが、そして右側には質屋が描かれている。女房はワイングラスを持ち、着飾っている。当時、イギリスでは猿とカササギと女房は戦いの象徴であった。そこで、この絵は次のようなことを言っているらしい。「猫のようにシット深く、水差しのように壊れそうで弱々しく、人にだまされて質屋通いをするくせに、ワイングラスを持ってうまいものを食べたがり、きれいな服を着て浪費癖のある馬鹿な女どものために、あくせく一生を働き通さなきゃならない馬鹿な男たちよ、酒でも飲もうじゃないか[7]……」と。

■　ホガースが描いたロンドンの居酒屋の看板

　1830年頃には屋外広告が盛んになる。建物の壁には壁面広告が掲出され、サンドイッチマンが街を練り歩き、広告馬車が走るなど、街は広告で賑わっていた。1712年に課せられた新聞の広告税を逃れて屋外広告ビラが氾濫するようになったので、1851年のロンドン大博覧会を機会に広告税が廃止された。

■　ロンドンの屋外広告ビラ

⑷ アメリカにおける広告の発展

1830年頃、アメリカーの興行師、バーナム (Phineas Taylor Barnum) が、多くの象をアメリカの街に連れてきて見せたり、巡回動物園を国内の各地で開いたり、ハドソン川に蒸気船を走らせたり、ニューヨークで博物館を開設したりした。

■ バーナムの博物館（ニューヨーク）

バーナムは彼の事業のために派手な広告宣伝を次々と繰り広げていた。バーナムの経営する「アメリカ博物館」では、ポンプで循環させるわずか18インチのナイアガラの滝の模型を大きそうに展示をして、それをセリングポイントにして広告したり、ヴァイオリンを弾いている人を描いた大きな広告を博物館のビルに逆さに貼って人を集めたりした[8]。

ニューヨークは、はじめニューアムステルダムと呼ばれていた。

■ 1679年のニューヨーク最初のレストランの看板

上図は1679年のニューヨーク最初のレストランの屋外広告である。手前の木の枝にぶら下がっている看板がそれである。やがて、1927年頃には、次図のようにイルミネーションがつき、今日に至っている。

■ 1927年のニューヨークのネオンサイン

⑸ 近代日本の屋外広告

江戸から明治に変わり、街には広告も増えてきた。1872（明治5）年に、理髪店の看板標識が出現し、1875（明治8）年には、東京神田の時計店に時計塔が建てられ、評判を呼んだ。また、1901（明治34）年に、東京新橋駅前に麒麟麦酒の電球による点滅式広告塔が建てられた[9]。

1903（明治36）年3月1日〜7月31日、大阪で第5回内国勧業博覧会が開催され、イルミネーションが評判となった。

■ 第5回内国勧業博覧会

1903（明治36）年に、村井商会や森永等の電飾塔が建てられ、評判を呼ぶ。明治の後期には、売薬広告が急激な増加をみせ、書籍広告を抜いて1位になった。当時、売薬広告のトップ広告主は「宝丹」の守田治兵衛と「精錡水」の岸田吟香であった。

この頃になると売薬は新薬に変わり、今日の大手製薬会社の前身の広告主が現われている。また、化粧品広告が当時3大広告のひとつとされた。その中に含まれていた歯磨、石鹸の広告が多かったからである。

このように広告が増え、無秩序に氾濫してきたため、1911（明治44）年に広告物取締法が公布された。

時代は大正になり、1913（大正2）年5月、中山太

■ 岸田吟香・楽善堂の店構え『東京商工博覧絵』より　出典：谷峯蔵『日本屋外広告史』岩崎美術社 1989 p320

陽堂が、東京で初めてアドバルーンを揚げた。1917（大正6）年6月、東京府警視庁が屋外広告取締通牒を出し、屋外広告規制をした。各府県も同様の規制を実施した。翌1918（大正7）年、最初のネオン広告が銀座に出現し、話題となった。

1920（大正9）年6月、ライオン歯磨が大阪にネオン広告塔を建て、評判になった。

1926（大正15）年7月5日に、日比谷の納涼会にマツダランプが、初めて国産ネオンサインを出展した。

1932（昭和7）年には、森下仁丹が、浅草に大広告塔を建設した。1933（昭和8）年6月には、ビクターが新橋駅そばに犬のマークのネオン塔を建て、コロンビアが、大阪南海駅前に大ネオン塔を建てた。

■ 大正9年当時の大阪の初代通天閣『日本のネオン』より　出典：谷峯蔵『日本屋外広告史』岩崎美術社 1989 p320

やがて戦時色が強くなり、1940（昭和15）年2月10日、電力調整令が発動され、ネオンサインが禁止となった。

(6) 戦後日本の屋外広告

第二次世界大戦後、1947（昭和22）年9月25日、東京屋外広告研究会が設立し、12月19日に東京屋外広告協会と改称した。この頃から、ネオン広告も復活した。1949（昭和24）年6月3日、屋外広告物法が公布された。その概要は、第1条・目的、第2条・定義、第3条～第6条・広告物等の制限、第7条・違反に対する措置、第8条・屋外広告業の届出制度、第9条・講習会修了者の設置義務、第10条・屋外広告業者に対する指導、第11条・助言及び勧告の制度、第12条・特別区の特例、第13条・大都市等の特例、第14条・罰則、第15条・適用上の注意というものである。これに基づいて、各都道府県で条例を制定した。

1949（昭和24）年11月に、GHQは広告にアドバルーンを使用することを許可した。1951（昭和26）年1～2月、東京都・警視庁が広告物取締を行い、屋外広告物12,000件を撤去した。1958（昭和33）年には、ネオン広告に代わってシネサイン方式を利用するようになった。

1958（昭和33）年12月、全日本看板広告業組合連合会が発足し、1965（昭和40）年12月、全日本屋外広告業団体連合会に改組・改称した。1966（昭和41）年4月、東京銀座数寄屋橋のソニービル壁面のビデオサインが話題となり、以後、ビル利用のビデオ、アニメーションサイン等の大型広告が多数現れ、大型ビジョンへとつながっていった。

1968（昭和43）年10月、全日本ネオン協会が誕生した。前身は1951（昭和26）年7月に結成された全日本ネオン業組合連合会である。1979（昭和54）年4月19日に、イラン革命に基づいた第二次オイルショックが起こり、資源エネルギー庁が広告業界に「広告用、装飾用照明等に関する当面の使用節減対策について」という通達を出した。1980（昭和55）年1月11日、政府はネオンの夜10時消灯を促し、翌12日、全日本ネオン協会が協力方針を決定した。

1999（平成11）年9月、屋外広告調査フォーラムが設立され、2年後の2001（平成13）年6月、屋外広告

効果指標の日本標準として、「DEC（物件前の１日の有効通行量）」を策定した。

【注】1) Maurice I. Mandell, Advertising, second edition, Prentice-Hall, Inc ., 1974, p. 20.
2) Frank Presbrey,The History and Development of Advertising, 1929, reprinted by Greenwood Press Publishers, 1968, pp. 3-8.
3) 内川芳美編『日本広告発達史（上）』電通、昭和51年、p. 4。
4) 大伏肇『日本の広告表現千年の歩み』日経広告研究所、昭和63年、pp. 6-7。
5) 内川芳美編「前掲書」p.5。
6) T. R. Nevett, "Advertising in Britain a History," Heinemann, 1982, pp. 18-19.
7) Frank Presbrey, op.cit., pp. 70-72, pp. 20-21, pp.110-112.
8) ibid., pp.211-226.
清水公一『広告の理論と戦略』第17版、創成社、2012年、pp. 36-38。
9) 桑田忠親、村上直監修『日本史分類表』東京書籍、1989、pp.524-528。

サインに関する本①

『CHINA IN SIGN AND SYMBOL』（Louise Crane, KELLY&WALSH,LTD. Shanghai 1926）
（日本語版　井上たて信訳「支那の幌子と風習」朝日新聞社　大陸叢書第３巻1940年）

　原書には、20世紀初頭の中国で見られた看板のイラスト102点、商店ファサードの写真７点、ほかにシンボルに関する図が数点収められている。図はいずれも端正に描かれ、カラー印刷である。北京で撮影された写真も鮮明である。活版の文字組、余白、紙質、見返しや扉のデザインいずれも美しく丁寧につくられた300頁に及ぶ上製本である。イントロダクションではE.MORGANによるサインとシンボルの定義が実例を挙げながら平易に解説され、本文では著者による綿密な調査に基づく解説がそれぞれの図版に記されている。著者はアフリカに関する本なども執筆しており、イントロダクションでもミセス・クレインと述べられるのみで、もう一つ輪郭が定まらない。しかし、1940年朝日新聞社から、同書の翻訳が出ているので、それを見れば分かるかもしれない。友人に頂いた宝物である。（西川潔）

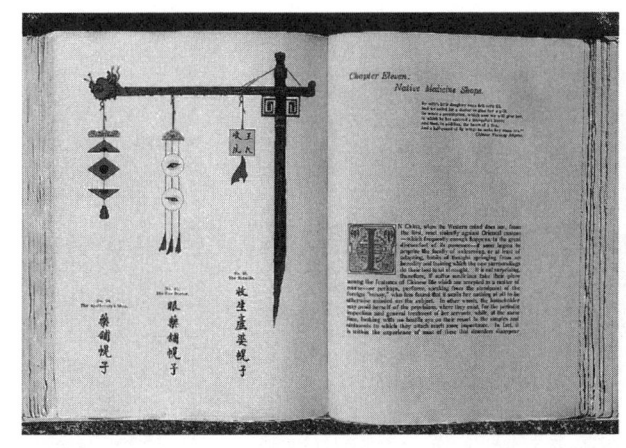

第1章　屋外広告物の歴史と役割—03

屋外広告物と景観

01　景観の考え方

　景観問題は、1970年代を境として、主に交通問題、ランドスケープ、そしてデザインの3つの観点から捉えられてきた。日本では1970年代に、乱雑でうるさい都市が生活の場として敬遠されるようになり、都心の空洞化が進んだ。日本の都市景観問題は、都心に魅力がなくなっていく中で、まず歩行者空間の確保という形で出てきた。世界が共通の課題に直面し、OECDが1974年に歩行者のための街づくり"Streets for People"日本語訳「楽しく歩ける街」というレポートをまとめた。

　一方、ランドスケープの分野でも同時期に名著がたくさん出ている。都市の構造的な構成要素を見直し、そのデザインを検討しているものが多い。ガレット・エクボの『Urban Landscape Design』が1964年に出版され、その序には「そこには連続性とアクセント、ま とまりの中の変化、予期せぬ驚きがなければならない……」と述べている。また、今でも重要なテキストのひとつになっているケヴィン・リンチの『Managing the Sense of a Region』は1976年に出版され、「環境の質は地域の尺度で計画するべきだ」と主張している。場所の外観、音、匂い、感触が人間にとって重要であるとして、その計画とマネジメントを論じた。

　例としてあげた2つの書は、今日にも通じる景観への2つの観点を示している。すなわち、「連続性」と「地域の感覚」である。景観の問題は、人間が造ったものと人間自身がどのように関係していくか、あるいはそれらをどのように感知していくかという問題である。

■　自然が街の中に息づいている柳川の景観。武者幟がほほえましい。

02　景観を構成する要素

　屋外広告物は、景観を構成する要素のひとつである。景観は、山や川や海などの自然、田畑や植林された山などの二次的自然、公園や街路樹や庭などの生活に取り込んだ自然素材、建築や道路や橋梁などの建造物、屋外広告物、信号や照明や彫刻などのストリートファニチュア、鉄道やバス、自動車、自転車などの交通、そして都市や農村で活動する人々などで構成される。これらが相互に関係しあいながら、人々の感覚と呼応して景観をつくりだしている。

　地域の景観を構成している要素について、項目、割合、四季の変化、関係者、観光客、活動などについて調査すると、地域の特徴や魅力を発見できる。このような調査は専門家やコンサルタントに依頼することが一般的だが、市町村の企画のもとで、自治会や小中学校の社会活動の一環としてとらえることもできる。

■　1970年代の屋外広告物で埋め尽くされた渋谷。舗装面も乱雑。

03　場所に応じた屋外広告物

　屋外広告物は、自己の存在を示す記名と、その活動を他者に伝える情報伝達の役割を担っている。これは景観を構成するほかの要素と異なる特徴である。屋外広告物は利益を受けることを目的とした私的な媒体である。お互いにできるだけ目立たせたいと考えるにちがいないので、主張の強いものと背景になるものとの比率や屋外広告物の表現方法によって景観の印象が大きく変わる。

　目的に応じて地区の分類を行い、それぞれの地区をどのように育てたいのかを検討し明確にすれば、共通の目標を設定できる。従来は企業等による自由な活動が先行して市町村や住民の意向を反映しにくかったが、地域主導、住民主導のガイドラインを設けることによって、地域を意図した方向に導くことができる。

　商業優先の地区では屋外広告物の集積が繁栄の証になり、伝統的な景観地区では新しい媒体を抑制することが個性を守ることになる。自然が美しい地区では、私的な活動を禁止することが多くの人々の希望に応えることにつながる。ある場所では屋外広告物が有意義であり、ある場所では屋外広告物があってはならない。地域にとって最も大切にしたいことが何であるのかを見きわめる必要がある。

　どのような屋外広告物がどこにどのように表示されているかを確認し、地区の特性にふさわしい配置や表現のガイドラインを設けることによって、それぞれの個性が育ってくる。

04　私的な活動と公共の秩序

　私的な活動と地域の目標は必ずしも一致せず、各地で論争が絶えない。その大半は、私的な利益と公共の利益との対立である。人が集まるところは広告効果も大きい。しかし、観光名所の魅力が屋外広告物によって損なわれている例が少なくないように、場所によっては反感を買う。屋外広告物は、人々の目的や楽しみと一致した場合には歓迎され、地域の本来の価値が失われる場合には制限される。景観法の制定によって地域にふさわしい方法を地域で判断できるようになった。地域の個性を守るのは、地域住民のコンセンサスである。

■　連続性と個性／モンサンミッシェルの魅力的な屋外広告物

■　シャンゼリゼの空間区分／商業活動・二次自然・建物

■　地域の自然や産業と、地域の喜びが伝わる五月の節句飾り／呼子

■ 地域のシンボルである美しい山々を大切に思わない屋外広告物群

■ 大胆で美しいラッピングバス

　私的な利益を追求する企業と公共の利益を追求する市町村とは対立しやすい宿命にあるが、相互に共通の利益を追求する方法について理解し合わなければならない。地域に歓迎されない広告物は効果が低く、広告物を活用しなければ地域の活力が生まれない。地域として主張するべきことは、地域として大切にしているものを屋外広告物によって損壊しないようにすることと、地域の表情に似合った表現にすることである。後者の場合にしばしば議論になることが、企業のアイデンティティとの関係であり、全国統一のデザインにするべきか、地域の要請に応えるべきかである。一般的な商業地区では企業のアイデンティティを通し、特別に配慮を要する伝統的な地区や市街地等では公益性を優先させることが望ましい。地区別の誘導方針を明示する必要がある。

05　広告媒体の多様化と課題

　屋外広告物とその他の景観構成要素との区別があいまいになりつつある。たとえば光の壁は建築なのか屋外広告物なのか。最近の派手な建築は、外観そのものが広告のように見える。

　ネオンサインは、戦後日本の復興を象徴し、夜空を鮮やかに彩ってきた。すぐれたネオンサインは、都市のにぎわいの代名詞のように一世を風靡した。近年はコンピュータ出力やLEDなどの技術の発達によって表現の可能性が広がった。大型ビジョンが一気に流布し、さながら街がモニター化しているかのようである。その一方で屋外広告物の広告費に占める割合は減る一方であり、最盛期の1／4程度である。しかし、屋外広告物が著しく減ったという実感はなく、相変わらず多い。新しい大

■ 地域と共存しながら個性を主張しているハイデルベルクの店舗

型の屋外広告物が少なくなっているだけで、総量が激減している訳ではない。表現形態が多様化し、従来の屋外広告業の枠には収まらない。新しい技術への対応と体質変換が求められている。

06　屋外広告物における民活

　これまでの公共的な活動を民間に移行させる傾向が顕著になってきた。公共的な媒体への広告の活用も盛んになっている。ストリートファニチュアを企業協賛でつく

るとか、バス全体を広告で包むラッピングバスのように、屋外広告物は、看板などの独立した媒体だけではなく、本来の機能に広告の機能を付加した複合的な媒体や、さらには本来の機能が広告によって差し替えられてしまった媒体に至るまで、多面的な顔を持つようになった。これはうまく運用されれば納税者の負担を軽くするが、新たな問題も発生し、さらに自己増殖する力が働き、公共事業の目的が経済的な理由で疎かにされる危険性も含んでいる。

公共事業に広告を導入するにあたっては、提案業者に委ねるのではなく、本来の機能を失わずに両立させる基準づくりが不可欠である。

人々の基本的な安全や行動にかかわるものには、広告を入れてはいけない。例えば、信号機や交通標識や非常口誘導や避難場所表示や非常ベルなどに、誘目性が高く広告価値があるとして広告を付けることは考えられない。本来の機能が広告によって妨げられる可能性があることと、人命にかかわることを広告収入に頼ることの是非が問われるからである。

緊急性がなく、選択可能であるものについては、広告を入れることを検討してもいいが、美観や快適性を含めて利用者の利益を損ねることがないよう十分に配慮し、採用する場合でもチェック体制を明確にして暴走することがないように監視しなければならない。

■ 地域の産業や風土と似合う風格のある看板／唐津

■ 協賛広告のあり方を見直す必要がある。

■ 場所によるメリハリも大切／エネルギーを感じるソウルの店舗

■ ポスター掲示板を組み込んだバスシェルター（川崎市）

第1章　屋外広告物の歴史と役割—04

情報・記号として
みた屋外広告物

屋外広告物は、ことばや絵や色などの様々な記号によって成り立っている。これらが組み合わされてひとつの屋外広告物になる。屋外広告物を見る状況は、家の中で本をゆっくりと見るのとちがって、自動車を運転しながらあわただしく、あるいは歩きながら、必要なものだけを選択的に見る。そのような状況の中で的確に情報を伝えるためには、様々なノウハウが必要である。

屋外広告物は誰に対してアピールしようとしているのか。その人はどのような条件で屋外広告物を見るのか。この２つをしっかりとおさえることが、まずは設計の基本になる。

01　情報の送り手と受け手

人間は、様々な記号によってコミュニケーションを行っている。ことばは普通に使うコミュニケーションの道具だが、しぐさや服の色などもことばと同様に、時にはことば以上に気持ちを伝える道具となる。

コミュニケーションの基本的なプロセスは、「A君からBさんに、Cというメッセージを、Dという方法で伝える」ということである。A君は情報の「送り手」である。Bさんは情報の「受け手」である。Cという伝えたい情報を「メッセージ」、Dという「媒体」を介して伝達する。

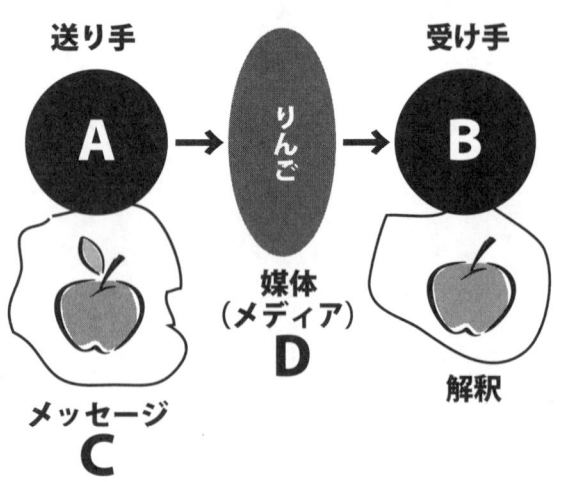

02　バーバルとノンバーバルコミュニケーション

ことばによるコミュニケーションを「バーバルコミュニケーション」と言い、ことばによらないコミュニケーションを「ノンバーバルコミュニケーション」と言う。バーバルコミュニケーションは、一般的には、情報の送り手が受け手にできるだけ共通の理解が得られるように、ことばを媒体として伝達するコミュニケーションの方法である。

数式や科学記号などは限定された意味で用いられる。人々は、「気温X」という規定によって共通の概念を共有することができる。しかしことばは、しばしば異なって解釈されることがある。背景としての歴史や文化の蓄

■　送り手・メッセージ・媒体・受け手

■　ことばによらないノンバーバルコミュニケーション

積によって成り立っているために、辞書的な意味以上の深い意味が隠されている場合が少なくない。

ノンバーバルコミュニケーションは、絵や目に見えるものや音や匂いなどによる、ことば以外のものによるコミュニケーションのことで、ピクトグラム（図記号）やジェスチャーなど、様々な表現方法がある。「目は口ほどにものを言う」という諺通り、ことばよりも的確に言いたいことを伝えることがある。うなぎ屋の匂いや閉店時の「蛍の光」などもノンバーバルコミュニケーションであり、それぞれがことばで言うよりも確かなメッセージを伝える。

■ 交通標識はバーバルコミュニケーションの典型的な例だが、図記号も効果的に用いられることがある／ナショナルトラスト

■ 花は何より雄弁な歓迎の意思表示／ロンドンのホテル

03　明示的意味と暗示的意味

ことばは、A君が伝えたい内容をBさんに1対1の関係でそのまま伝えるための媒体であるが、ことばではない表現、例えば腕を組むしぐさは、困っている状態を表したり、相手の意見に対する反対の意思表示を示す。これは特定の情報を伝える手段ではなく、相手の解釈によって受け取る意味が変わってくる。送り手の方は無意識に動作をしていることがあるが、受け手の方は相手のことを観察していて、「いらいらしている時には指を動かす」などのパターンを読み取り、「指を動かしている時には近寄らないようにしよう」ということになる。

1対1に対応しているものを一義的と言い、様々な解釈ができる場合を多義的と言う。また、表に出ている第一義的な意味を「明示的（または表示的）意味（デノテーション）」と言い、隠れた意味や第二義的な意味を「暗示的（または伴示的）意味（コノテーション）」と言う。

これらはさらに深い意味を持っている場合があり、例えば「嫌いだ」ということばも、1対1の明示的な意味では「嫌い」ということになるが、実は「深く愛している」という意味である場合もある。失敗をした部下や学生を大きな声で叱っている時にも、目は優しく思いやりを湛えている場合がある。記号の意味は深くて難しい。

■ LOUIS VUITTON の落ち着いた店舗。権威を暗示している。

04　記号の3つの見方

記号は、「記号そのもの」、「記号が指し示す対象」、「記号の解釈」の3つの側面から成り立っている。

(1)　記号そのもの

汽笛の音、図記号、しぐさ、文字などの記号そのもの。

(2)　記号が指し示す対象

記号が指し示す対象との関係。例えば「本」は、本という特定の対象を指すのではなく、一定の特徴を持った「本」という「概念」を表す。また、天気予報における「傘」は「雨」のしるしとして用いられている。

(3)　記号の解釈

記号を解釈する志向性。辞書的な解釈から論理的な解釈まで様々な解釈の段階がある。「熱があるから風邪だろう」などといった解釈の志向性を表す。

空気は、いつもは気がつかないが、「空気」という記号をつけることによってそれを意識することができる。また、空気の成分を分析的に言う場合がある。また、「熱があるから風邪だろう」と同様に、「湿度が高いから雨になるだろう」といった具合に、空気の性質とそこから導かれる状態との関係を類推する場合もある。

05　象徴

記号そのものと、記号が指し示す対象と、記号の解釈の、3つの関係が成り立っているものを記号と言う。例えば、「富士山」は、誰もが類似した特徴を持つ山の絵を描いて「富士山」だと言うにちがいない。記号が指し示す対象は言うまでもなく富士山そのものであるが、富士山の絵はほとんどは山頂に雪を冠した絵であるにちがいない。どうしてだろう。どこで学んでこのように類似した絵を描くのだろう。この事実は、記号が学ぶことによって共通化するものであることを物語っている。対象が象徴化されて社会的に共通の認識が確立してくる。数式は社会的な約束が成立した象徴的な記号であるが、「富士山は日本のシンボルだ」と言う場合も同様に高度な象徴化された記号である。

記号の象徴化の程度は、拘束力の弱いものから富士山のように強いものまで段階的である。その中には、ある地域で常識と思われているものが他の地域に行くとまったく違うといった「しきたり」のようなものもある。屋

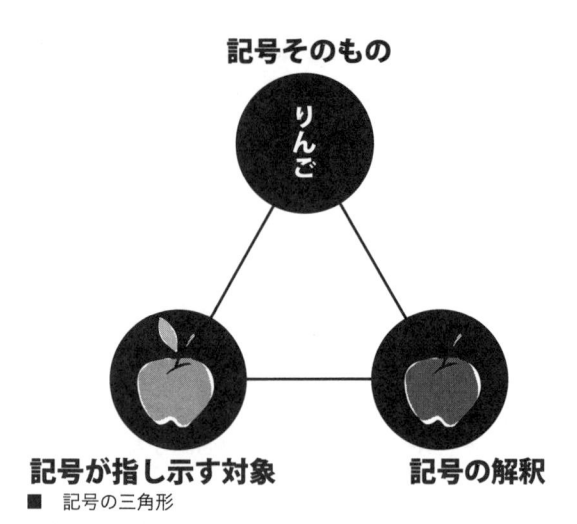

■　記号の三角形

外広告物の設計にあたっては、記号としての関係を理解すると同時に、地域で成り立っている共通の解釈について理解しなければならない。

06　記号としての屋外広告物

記号の考え方は、様々な分野に応用できる。屋外広告物は一般的に「サイン」や「看板」と言うことが多い。ここで言うサインは、記号（sign）とは異なり、媒体としてのサイン（signage）を指している。

屋外広告物の計画や設計は、記号の応用分野である。屋外広告物を記号の観点から整理し直してみると次のようになる。

(1)　記号そのものとしての屋外広告物

屋外広告物は媒体であり、どのような情報をどのように記号化（表現）しようとしているのかを確認する。

①文字：文字や文章で表す場合の適正な情報量、言いたい内容に似合ったフォント、レイアウトなど。

②色彩：内容にふさわしい色彩、企業のアイデンティティ、地域に調和する色彩、差別化する色彩、印象に残りやすい色彩など。

③図：内容と直結する図、簡潔でわかりやすい図、深く考えなくても直感的にわかる図など。

④写真：象徴的な写真、的確なトリミング、公序良俗に反しない写真、質の高い写真など。

(2)　屋外広告物が指し示す対象との関係

屋外広告物は何を指し示しているのか。広告する物や企業イメージとともに、そこに含まれている社会的に共感を得ようとするものにも注目する。

①意図：広告の意図を限定する。
②商品：企業か商品か活動か、伝えたいものを明確にする。あいまいな表現を避ける。
③イメージ：現在のイメージは何か、屋外広告物によって創り出そうとするイメージは何かを考える。

(3) 屋外広告物を解釈する人々

屋外広告物はどのように解釈されるのか。屋外広告物の解釈のされ方と、屋外広告物をつくった時の意図とは合致しているのか。人々の反応はどうか、明示的な意味と暗示的な意味は的確に伝わっているのか、などを検証する。

①ターゲット：訴求対象は誰なのか。その人々に情報を伝えるためにはどうしたら効果的なのかを考える。
②解釈：1対1の関係なのか。できるだけシンプルに表現することが望ましいが、暗示的・多義的・象徴的な意味についても深く検討する。

■ 赤い尖がり屋根を象徴的に30年間使い続けて定着させた店舗

■ 一義的に簡潔に伝える交通標識。よく見える位置も大切。

■ フォント、色が内容を表す明快なロゴタイプ

■ イラストレーションが効果的に使われているロンドンの地下鉄

■ ピーターラビットの絵本の世界がそのまま残されているポターの家。ナショナルトラストや絵本との関連で意味がわかる。

第1章　屋外広告物の歴史と役割―05

マスメディアとしての屋外広告物の特性

01　屋外広告物の場

　屋外広告物は、不特定多数の人々を対象とするマスメディアのひとつである。しかし、テレビや印刷媒体などの一般的なマスメディアとは異なり、掲出する場所が特定される。そこで、場所の特性をいかに把握するかが、重要なポイントになる。テレビや印刷媒体の場合は、年齢層や職種や趣味などが訴求対象の分類の根拠になるが、屋外広告物の場合は「場所」が大きな根拠になる。地域の特性、道路の特性、見る人の特性、時間の特性、周辺の特性などを詳しく分析しなければ効果的な屋外広告物はつくれない。地域の人々に反対されるような屋外広告物は、このような場所の特性を理解していないものである。

⑴　地域の特性
　地域がどのような性格を持っているか、自然環境、歴史的な要素、文化的な要素、住民の特性、感覚、好みなどを分析する。

⑵　道路の特性
　幹線道路か歩行者中心の道路か、などの道路の特性を見極めなければならない。どこからどのような状態で誰が屋外広告物を見るのか、見る距離や角度はどうか、などを確認する。

⑶　見る人の特性
　見る人は誰か、通勤者が見るのか観光客が見るのか、その人々は急いでいるのか、滞留しているのか、通行する人の目的は何か、動線はどうか、などをできるだけ詳細に観察する。

⑷　時間の特性
　季節や時期などによって利用者は変化するのか、時間帯によって利用者に偏りはあるのか、昼の顔と夜の顔の違いはどうか、などを確認する。

■　京都の「場」にふさわしい屋外広告物

⑸　周辺の特性
　周辺はどのような業種が多いのか、集積度は、住民の職住の状態は、どのような屋外広告物が多いのか、色彩の傾向、デザインの傾向などを調査する。
　テレビや印刷媒体は、見るか見ないかを選択できるが、屋外広告物は選択できない。また、掲出する期間が長い。人々の生活への影響が大きく、環境への負荷も大きい。したがって屋外広告物にかかわる人は、上記の特性をよく考え、強い責任意識を持って計画設計しなければならない。

02　屋外広告物の減少

　広告費の中で屋外広告物が占める割合が急速に減少している。その反面でインターネット広告が顕著に増加している。これは、不特定多数を対象とする広告から、より個人的に訴求する広告へと、広告の質が変化してきていることを物語っている。日本の屋外広告物は、かつて

■ 地域と連帯する伝統的な広告スタイル

■ 錦天満宮の提灯と似て非なる自分の店のためだけの広告

■ どこから見てもネオンが見えるように覆い尽くした店舗

はいたるところに氾濫して顰蹙をかっていた時期もあるが、次第に欧米の割合に近づいてきており、局地的な集積が進む傾向にある。この現実は、屋外広告物業界の縮小も促しており、屋外広告物の集積地で競争に勝てる者だけが生き残り、個性化、大企業化が進んでいる。

ほかのマスメディアの世界でも、メディアを掌握する少数の企業への集約と体系化が進んでいて、その一方で営業、企画、デザイン、製作、流通の分業化も進んでいる。製造中心のハードウェアを重視してきた社会から、知的財産が生産をリードするソフトウェアに比重が移ってきた。それに伴って、ソフトウェア主体の企業がいわゆる川上に位置するようになり、そのマネージメントの下で川下産業が構成されるようになってきている。

さて、屋外広告物業界はどうなのか。残念ながらまだ体系化の過程であり、どちらかというと川下的な色あいが強い。しかし、屋外広告物は生活環境にとって重要な要素であり、経済の論理だけで判断されたり、一方的に規制されたりすることを許してはいけない。独自の分野を築き、調査分析、計画、設計、製造、技術開発、効果の検証などの産業としての体系化を促進しなければならない。企業にあっては、計画設計能力の向上と業態の個性化が求められる。

03 メディアの変革

戦争中の灯火管制から解放された戦後、都市の輝きへの強い願望から、ネオンが急速に復権した。日本は、世

■ 夜の街を彩るネオンの楽しさ

界でも有数の高いネオン技術を持ち、現在までの都市景観を彩ってきた。その反面で、やや強引な普及から反発を招いた側面もあり、都市景観を乱す代名詞のようにも言われてきた。しかし、当然のことながらネオンの技術にその責任はない。それを使って広告をしてきた産業と、歓迎されないものを許してきた民意にも責任がある。さらに言えば、ゆっくり考える時間もなく、がむしゃらに復興してきたこれまでの価値観に原因がある。

しかし、これからはこのような強引な手法は許されない。ネオンについても、適切な場において、効果的に表現する計画をし、しっかりと手続きを踏んで実現しなければならない。「時間がない」ということばが免罪符のように使われてきた日本だが、時間がなければやらなければいい。ゆっくりと時間をかけて蓄積型の社会へと発想を変えていく必要がある。

現在は、コンピュータと発光技術の進歩によって、屋外広告物の表現方法が変わりつつある。大型の映像メディアが都市に増え、建物にも面的な発光体が使われるようになってきた。力道山のテレビ放送を街頭で見た世

■ 粋で上品な内照式サイン

代にとっては、この技術の発展は想像を超えるものである。しかしその一方で、人々の着想はさほど変わっていないのではないか。昔の街頭テレビと今の大型ビジョンとの違いは見出し難い。むしろ、小さな画面に熱心に見入っていた頃と比較すれば今の映像は背景として流れていて、より強い刺激を求め、それでも注目されないジレンマに陥っている。このまま刺激だけを求めていけば、かつてのネオンと同様の道を進むことになる。

屋外広告物の変化の一翼は、コンピュータが担っている。コンピュータは、フルカラーの映像、リアルタイム

の映像、双方向の通信を可能にし、屋外広告物を臨場感豊かに、より精緻に、より美しく、より早くした。ネオンの制御もコンピュータが行い、日常生活に密着した場面でさえモニターで情報が伝えられる。しかし、表現の手段や通信がいかにコンピュータ化されようと、屋外広告物の現場性は変わることはなく、そのリアリティと一層のグローバル化が屋外広告物の未来を支えていくことになるだろう。

■ 城下町風の町並みに合わせた銀行／掛川

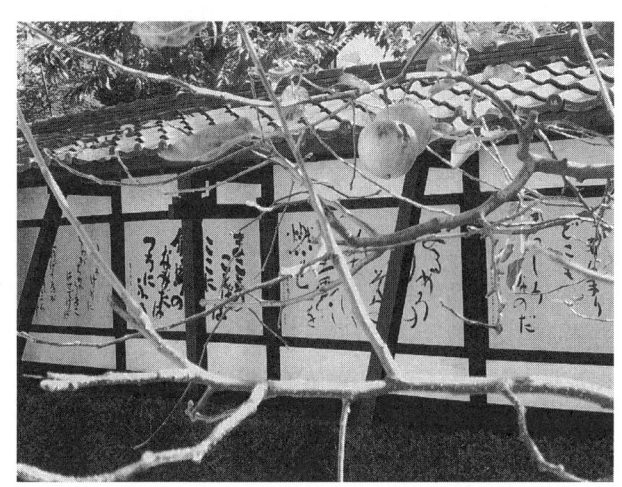

■ 地域の文化とともに生きる宮沢賢治ゆかりの光原舎／盛岡

■ 小さくても丁寧につくったサインが愛着を呼ぶ

屋外広告物と行政

01　基本的な規則と地域の価値

　例えば、都心に近いある地域に大型商業施設と屋外広告物が計画されているとしよう。これが適正なものであるかどうかは、①許可できる範疇であるか、②安全か、③公序良俗に反しないか、④大きさや配置や表現方法が適切か、などの基本的な視点からチェックされ、さらに、⑤地域の景観と調和するか、⑥地域の発展に貢献するか、などの公益性の視点から判断される。

　機械的に判断できる部分が①から④であり、議論して共通の目安を設けなければならないのが⑤と⑥である。ただし、①から④までの数値で判断できる部分についても全国一律の基準では不適切である。観光地や名産地までの沿道に屋外広告物が立ち並んだり、郊外型店舗の大型広告物が繊細な民家や田園の魅力をかき消してしまったり、通学路にふさわしくない屋外広告物が出されるなど、屋外広告物の問題が各地で見受けられる。誰もが望んでいない状況を誰も止められない原因のひとつは、画一的な基準を深く考えることなく適用しているからである。地域にふさわしい基準が必要である。この度の景観法の意図のひとつは、地域の個性を大切にして、きめ細かな基準をそれぞれの判断で制定することを可能にしたところにある。この意図を有効に活用できるかどうかは、行政の熱意如何にかかっている。

　⑤の、屋外広告物が地域の景観と調和するかについては、以下のような目的、対象者、大きさ、配置、形、素材、色彩、表現の観点から確認する。

1）施設や屋外広告物の目的が、地域の秩序を乱していないか。
2）大きさは逸脱していないか。
3）アイストップを占拠していないか。
4）町並みを乱していないか。
5）形や素材が、地域が共有している統一性を乱していないか。
6）地域の基調色を尊重しているか。
7）地域が大切にしている季節の変化や歴史・文化財等の障害になっていないか。
8）表現が協調的であるか。
9）地域住民や来訪者に好感を持たせるか。

　⑥の地域の発展に貢献するかは、より抽象的な概念であるが、地域にとっては欠かせない視点である。屋外広告物は、施設の耐久性よりも短いとは言え、相当期間掲出される。経費もかかるので、できた後で不適切であるから撤去しろとはなかなか言えない。したがって、屋外広告物が設置される前にあらかじめチェックする体制づくりが重要である。

　このため行政は、より緻密な景観誘導方針を定めて地域の個性化を推進するガイドラインをまとめることと、審査制度を設けて景観アドバイザーなどの専門家グループを任命し、関係者との意見交換を経て個別の対応をはかる仕組みをつくる必要がある。

　専門家のグループは、一般的には２段階の構成がある。ひとつは上位機関として基本方針を定め重要事項を審議する審議会と、具体的な指導助言を行うアドバイザー会議である。審議会のメンバーは、議員、学識経験者、業界代表、法律の専門家、市民代表、警察および行政の担当者等によって構成される。一方アドバイザーは、屋外広告物の専門家として、景観、サイン、建築、土木、ランドスケープ、色彩、照明、インダストリアルデザイン等の専門家が任命され、対象に応じて複数でアドバイスを行う。近くに適切な大学等がなく専門家がいない場合には、県に相談をしたり大学や協会等に相談をして、自分のまちのことを親身になって考えてくれる専門家をさがすことも行政の仕事である。

　これまでは、自治体に熱心な首長や担当者がいて大学等の関連分野のサポートがある市町村が突出して注目されてきた。昭和63年から始まった「ふるさと創生資金１億円」も、日本各地に地域を見直すきっかけを与え、受動的だった地方行政に新しい風を吹き込んだ。今後は、景観の魅力を積極的に創造していく時代である。

02　管理と企画

　行政にとって屋外広告物は、管理と企画の2つの側面から捉えることができる。条例等の規則に基づいてそれを正しく執行することと、どのような景観に導くかを考えて誘導することである。この2つの役割を全うするためには、異なる能力が必要である。これが景観行政の難しいところで、担当を組織のどこに置くかということと、担当者の職能をどうするかで、性格が大きく異なる。規則を守るというだけでは不十分であることは自明のことで、市町村の個性をつくっていく使命がある。

　横浜はいち早く都市づくりの基幹に景観行政を置き、京都と金沢は伝統的な景観を守る観点から都市景観に取り組み、福岡は一般市街地の景観向上をめざしてきた。地方都市では、盛岡、倉敷、小布施、湯布院などが個性的な方法で注目されてきた。これらの多くでは、大学との連携や熱心な指導者の存在が際立つ。重要なことは熱意のある人の存在であり、さらにそれを組織として持続可能にすることである。

■ 京都が守り続けて、愛されている風景

03　行政の力と民間の力

　景観の企画については、古いところではローマや日本の中世のまちづくりに遡るが、現代の都市を考える上では田園調布や札幌、名古屋などが明確なビジョンを持ったまちづくりとして知られている。屋外広告物の観点からは、紡績を基点としてアイデンティティを創造した倉敷のまちづくりは、意図と方法が明快で、近年の代表的な成功例と言える。また、あたりまえ過ぎて注目されないが、賑やかでありながらほどよく自制された銀座の景観づくりは日本を代表する街路として健闘している。景観百景や道路百選など、景観づくりを推進するすぐれた施策がいくつかあり、景観破壊を食い止め、地域の誇りづくりを促している。これらは自然発生的に育ってきたのではなく、強い意志の下で育ち、それが共感を広げてきた成果である。小さな芽を発見し、他にない個性にまで育てていくためには、将来を見据えた企画力と持続力が必要である。各地に自慢の景観が増えていくことを望みたい。

■ 金沢が守り、継承し、創っている景観

　湯布院のまちづくりは、3人の話し合いから始まったと聞く。大学が関与し、そのうち注目されてくると行政が加わり、大きな輪に発展していった。大温泉地である

■ 富山市八尾町が風の盆で注目され、再認識された小さな町並みの風情

別府の陰に隠れた存在であった湯布院が、温泉ブームの火付け役となり全国でも最も人気のある温泉地のひとつにまでなった背景には、民間主導でやってきたことへの自負が見え隠れする。しかし最近の湯布院は、観光地化し過ぎて昔の落ち着いた風情を懐かしむ声が聞こえるようにもなっている。民間主導の限界であるのか、あるいは新しい解決方法を見つけるのかが注目される。

一方、行政主導で成功している例はあまり聞かない。バブル期の再開発の失敗例もよく聞く。原因は、担当者が異動して一貫性がなくなることと、専門家でもない担当者が企画や運営に口出しをすることである。行政は民を支援し、問題が出始めた時の解決策を考える役割の方が向いているように思われる。しかし、民間だけではできない問題もある。屋外広告物の基準づくりのように無秩序に拡張しようとする私的な欲求を抑えたり、異なる理念の調整や公益的事業への有効な補助金、基盤整備、顕彰や広報などは、民間の活動を促進させる。海外では、市内に自動車が入ることを禁止したり、派手な色彩の屋外広告物を公費で入れ替えさせるなどの、行政ならではの大胆な事例もある。行政が陥りやすい問題があると同時に、行政でしかできない役割もあり、その両面を考えていかなければならない。

04 屋外広告物に関する実際の取り組みの例

景観法の制定によって全国の景観づくりで注目されているのは、歴史的な景観地区の保全である。京都や金沢や奈良今井町などは、成熟した方法を用い、定評のあるところである。歴史的な景観地区を守る場合には、このような事例を参考にすれば、大きな間違いはない。ここでは、一般市街地を対象とした屋外広告物行政のあり方を、福岡市の事例をもとに紹介する。

福岡市の景観対策の充実は、1986年に都市景観室が設置されたところに始まる。同年に制定された都市景観条例に基づいて景観アドバイザー制度ができ、都市景観賞が発足した。大型建造物は建築申請以前に都市景観の観点からのチェックを受けることになっており、専門家との協議を行わなければならない。

福岡市では、一部指定地域を除いて屋外広告物を含めて通常の規定以上には数字上の基準を設けずに、話し合いで解決する方法を採ってきた。それは、基準に合わせることが目的ではなく、そこの場所にふさわしい質的な向上をめざすことが目的であるからである。これには関係者の相当の努力が不可欠で、理想を掲げて粘り強く取り組まなければならない。また、大学の協力や地域のさまざまな分野の専門家の協力があってこそ成り立つ方法である。

屋外広告物はその中でチェックされ、大きさ、場所、色彩、さらにはデザインにまで意見交換や助言が行われる。市民の目を持った代弁者としての役割と、専門家としてより良いものにするための提案とがある。この意見交換は大変に厳しく、施主の意向や設計者の資質までもが問われる。

福岡市では、色相の制限はしていない。ただし、建物の場合には季節の変化を大切にするために彩度6以下を目安にしている。屋外広告物の色は規制していないが、低層部を賑やかに、高層部を控えめにするように指導をしている。また、都心部の屋上広告を制限する方向であり、その反対に中洲などの繁華街は屋外広告物の活用を推進する地域として捉え、質の問題だけを論じている。画一的にするのではなく、場所の特性に応じた対応をしていこうというものである。

シーサイドももちや香椎や都心部の天神地区では、それぞれにふさわしい基準を設けている。シーサイドももちは埋立地で、分譲後10年間の転売禁止とガイドラインの遵守を条件とした。屋外広告物のゾーン別基準と高さによるコントロールを行った。多摩ニュータウンの最初の頃の厳しい景観規制を現実に合わせて緩和した経験をもとに、計画的市街地の理想を追求した。先駆的な事

■ シーサイドももちの海からの景観

例として内外の注目を集め、市民から毎年募集する景観エッセーでも気持ちのいい空間として取り上げられることが多い。

大型建造物の計画は、景観アドバイザー会議にかけられ、施主、設計者、景観アドバイザーと都市景観室職員によってその内容が検討される。まず、基本的な条件に適合しているかどうかを都市景観室で確認し、会議では施主と設計者からプレゼンテーションが行われ、都市景観への貢献、具体的なデザインの良し悪しなどがチェックされる。景観アドバイザーの共通した視点は、規制することではなくより良いものをつくるところにあり、また設計者の意図も尊重されるので、概ね望ましい結論が導かれる。

屋外広告物については、かなり厳しい討論が行われる。営業上の観点を押す企業側と、都市の快適さや賑わいのバランスが人が集まる原動力であると考える公益的な観点との戦いである。営業補償をするのかと威圧する企業もあるが、地域の共感を得ようとする意思のない企業は歓迎できない。

大型の屋外広告物対策の一方で、違反屋外広告物対策にも追われている。福岡市は九州で最も屋外広告物も違反広告物も多い都市であり、規制に対する反発も強い都市である。除去活動は、苦戦しているが、青少年の健全な育成をはかる基本でもあり、ボランティア制度の導入や個別の条例の制定などによって顕著な成果をあげている。

顕彰制度としては、都市景観賞を1986年から続けており、市民からの推薦が年間700通から1000通程度と、全国でも最大規模の権威ある景観賞になっている。年間6件から8件程度の贈賞を行っており、これまでの受賞件数が約150件となり、すぐれた事例の蓄積が周囲に影響を及ぼしてきている。最近では、市民とともに景観ウォッチングを行うなど、活動を広げている。

屋外広告物行政は、適切にコントロールしていくための制度の充実（誘導）、すぐれたものの顕彰（顕彰）、業者の育成（教育）の3本柱によって成り立つ。福岡市では、独自の講習会の他、福岡県や北九州市との協力によって業者を育成するための講習会を行い、また、九州全体の官民連絡協議会に参加して情報交換を行っている。一般市街地のアジアに似合った景観誘導方法として韓国でも注目され、講演に招かれたり学会発表を行うなど、積極的な交流を行っている。

以上のような活動はめずらしいものではないが、福岡市は景観アドバイザーの層の厚さに特徴があり、設計者や施主に対して批判的または事務的な対応ではなく、常に建設的に助言を行ってきた。

ラッピングバスへの対応でも独自の方法をつくり、1年間の試行期間の後に本格導入をする慎重なやり方をし、さらに、専門家3人、行政1人、バス協会1人の公平な審査委員会をつくり、合格したものしか走らせない方法を確立した。市民に歓迎され景観の品位を落とさないことと同時に、審査を通じて媒体価値の向上をはかることを意図し、厳しい審査をすることが相互の利益につながることをアピールした。

以上のように屋外広告物行政は、景観行政と相互に関係しながら多角的に展開される。ただし、この事例も普遍化が可能であるわけではなく、地域の特性や価値観に応じた方法が確立されるべきである。

■ 民間の活力が市民に受け入れられている大阪の夜景

■ 大胆に都市の軸線を通して行政ならではの力を誇るパリ

屋外広告の
マネジメント

01　日米屋外広告のマネジメント

　屋外広告はマスコミ４媒体、インターネットに次ぐ重要な広告メディアであり、世界の多くの広告主が利用し、広告出稿のマネジメントを行っている。

　マネジメントを行う上で重要なことは、屋外広告の効果測定が可能で、その費用対効果が明確になることである。

⑴　アメリカにおける屋外広告の管理
アメリカには屋外広告を管理する機関としてTAB（Traffic Audit Bureau）があるが[1]、そこのDEC算出監査基準概要を紹介しておく。これは1日の有効通行量を出すための手法である。

　①監査対象は長期契約物件を除くブルティン（14×48f）、30シートポスター（12×25f）、8シートポスター（6×12f）、バスシェルター等25万件で、全米の70％以上をカバーしている。

　②監査手順として、まず媒体所有社は政府や州が車の24時間交通量を調査した公式データを用いてその広告物のDECを計算する。その際、データは３年以内のものを使用する。次に、上記データが無い場合や歩行者数が必要な場合はカウント調査を実施する。さらに、TABによって現場における物件の有無や計算のチェックが行われる。カウント分は必ず一部を再カウントしてチェックする。そしてTABの認証とTABステートメントを発行している。

　③指標の基準として、次の要素が加味されている。

　a．照明の有無については、照明無しの場合、12時間視認可能としてその時間のDECを算出する。照明有りの場合18時間と24時間の２つのタイプに分類されて算出している。

　b．車一台の人数換算であるが、車種にかかわらず1.38人としている。

　c．カウント調査の方法であるが、車の場合は9時〜12時と1時〜4時に各15分のみカウントし、歩行者の場合は上記時間帯に異なった場所でそれぞれ30分カウントしている。

⑵　日本における屋外広告の管理

　10年前までの日本には屋外広告のプランニングやセールス上、次のような問題点があった。①普及、媒体接触、広告接触のどのレベルにおいても、標準となる広告効果指標が提供されていない。②あくまで個別サイト・媒体のよしあしを経験的に評価しているため、マス媒体との比較はもちろんのこと、屋外広告媒体間相互の比較もできない。③広告主の要望にもとづき、事後的に広告効果の測定を行っているが、手法や様式もまちまちで、統一的な評価ができない。④屋外広告のプランニングおよび効果測定が困難。⑤マス媒体と屋外媒体を組み合わせたトータルプランニングが困難、というものであった。

　このような問題を解決するため、わが国でも屋外広告の効果を研究し、管理する団体の設立が待たれた。1998年に屋外広告の効果性・独自性について研究レポートを発表した関東ネオン業協同組合主宰「屋外広告効果調査委員会」の後を受け、業界標準の「広告効果管理データ策定」を主目的とし、今後の屋外広告業界の発展に寄与するため、1999年9月に「屋外広告調査フォーラム」が、主要屋外媒体社、広告会社など会員13社で設立された。事務局はビデオリサーチである。

　「屋外広告調査フォーラム」は、1999年度に海外事例研究としてイギリス・アメリカの既存資料研究をし、データの整備状況についての会員社のアンケートを実施した。平成2000年度に、第一分科会として「効果指標研究」、第二分科会として「ネットワークボード構築研究」を行った。そして、2001年に業界標準の効果指標としての「DEC」を策定した。

　対象としたものは、広告塔、ビルボード、ポスターボード、ビル壁面広告（シート広告、懸垂幕）、大型ビジョンである。対象外のものは、交通広告（中づり、窓上、駅貼り、サインボード）、施設広告（スタジアム）、流通メディア（店舗内ポスター、店舗内ビジョン）、スト

リート・ファニチャー（バスシェルター）である。

屋外広告調査フォーラムでは①「DEC」の業界浸透のための啓蒙活動、②「DEC」の信頼性確保のための監査システム検討、③「DEC」を基礎とした広告認知レベルの効果指標研究、④ポスターボードのネットワーク化推進を活動目標にし、活動を行っている。

02　わが国DECデータの策定

屋外広告業界では、屋外広告を新聞やテレビのようなマスコミ媒体と肩を並べるような広告媒体に高めていくために、わが国でも効果指標の統一化が必要であるという気運が高まってきた。

屋外広告調査フォーラムでは業界標準となる日本独自の方法による効果指標「DEC（Daily Effective Circulation）」を策定した。これは「広告物件前の一日の有効通行量、あるいはその屋外広告を見る可能性のある、一日あたりの通行量）」を指すものである。

屋外広告調査フォーラムでは「DEC」データ作成方法について、次のように提案している。

DECデータ作成対象は、平成14年1月以降竣工したポスターボード、ビルボード、屋上広告塔、大型映像ビジョンであるとした。「DEC」データ作成の基本パターンは、①国土交通省「道路交通センサス」データを利用、②ハンドカウントによる実測値を利用、③主要エリアの屋外広告調査フォーラム認定データを利用するという三つとした。

(1)　道路交通センサス・データを利用する方法

道路交通センサス・データを利用する方法は、自動車（8車種）・自動二輪車・自転車・歩行者別に測定されているものを使う。道路交通センサスの計測時間は平日、休日の2日間であり、午前7時～午後7時の12時間の他に、24時間測定データもある。利用地点は、特定サイトに最も近い地点のデータを利用する。「DEC」の算出基準時間は、照明の有無にかかわらず朝7時から夜7時までとする。データの更新は「道路交通センサス」と同様3年で更新するとした。

通過自動車台数の人数換算は、上り・下りが一緒になっているので、上記人数に更に「0.5」を掛ける。通過人数に直す場合、アメリカでは「1.38」であるが、日本ではこれらの裏づけデータがないことから当面「1.00」（平均乗車人数1人）にするとした。

(2)　ハンドカウント調査データを利用する方法

ハンドカウント調査データを利用する方法の基本取り決め事項は、次のとおりとした。測定時間は朝7時～夕方7時（平日1日・休日1日の計2日間）であり、各時間帯区分（朝時間帯：7時～9時台、午前時間帯：10時～12時台、午後時間帯：13時～15時台、夕方時間帯：16時～18時台）でそれぞれ任意の15分のみ計測する。計測の対象は、歩行者・自転車・自動二輪車・四輪自動車（各移動手段別）であり、四輪自動車は上り・下りのうち当該広告が見える方向のもののみとする。

DEC計算方法は次のとおりである。

DEC＝朝時間帯計測結果×4×3＋午前時間帯×4×3
　　　＋午後時間帯×4×3＋夕方時間帯×4×3

1週間の平均DEC

平日DEC×5＋休日DEC×2÷7＝1週間の平均DEC

計測場所は、当該屋外広告が最も効果的に見える1箇所であり、歩行者と自動車類の計測地点が異なっても構わないとした。複数箇所を調査する場合は地点毎に作成する。

03　広告認知レベルの効果指標

20世紀の屋外メディアにおいては、商取引における確立された指標が存在しなかったが、2001年に屋外広告調査フォーラム[1]によってDEC（Daily Effective Circulations）という効果指標が策定されたが、欧米のようにポスターボードを数十基、数百基とネットワーク掲出する場合と異なり、わが国では屋外広告サイトを単体で取引することが多いため、サーキュレーションレベルではクライアントが満足できず、認知レベルの指標が待たれていた。

その後、2008年に起こったリーマンショックによる世界同時恐慌は、広告主がアカウンタビリティ（説明責任）を求める流れを一気に加速させた。広告効果の説明データが豊富に存在するインターネット広告が台頭してきたこともその背景にあると考えられるが、広告効果を説明できないメディアは選ばれなくなり、メディア市場から退場を命じられる運命にあるという認識が強まり、屋外メディア業界には強い危機感が生まれた。

このような流れを受け、ROI（Return On Investment）

つまり費用対効果の観点から、屋外メディアにも客観的に広告効果を説明するための認知レベルの「モノサシ」が必要との機運が急速に高まり、屋外広告調査フォーラムが中心となって指標整備のためのプロジェクトとして「屋外広告指標調査研究プロジェクト」を立ち上げた。このプロジェクトは約60社の屋外広告関連企業が賛同し（同フォーラム会員社含む）、業界を挙げての活動となった。

(1) 屋外広告指標調査研究プロジェクト

欧米には、既にVAI（Visibility Adjusted Impacts）という指標が存在する。この指標は、英国の業界団体「POSTAR」によって整備されたもので(1)人々の行動パターン、(2)車と歩行者の通行量、(3)視認率実測調査、(4)屋外広告ごとの属性データの４つの調査結果から屋外広告それぞれの推定視認者数を算出する。

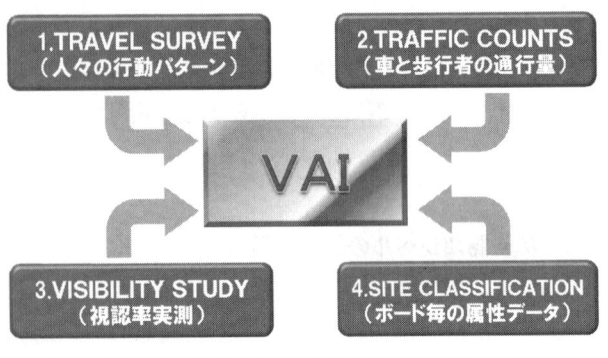

■ 英国の業界団体「POSTAR」における統一指標「VAI」の仕組み

このVAIの導入によりイギリスでは全広告費における屋外広告のシェアが1996年から2006年の10年間で5.9％から9.7％に上昇したと言われている。また、世界各国で屋外広告を展開しているフランスのJCドゥコー、アメリカのクリアチャネルの両社が中心になってこのシステムの導入を推進し、現在ではヨーロッパのみならず米国、中国、オーストラリアにも導入されている。

欧米の屋外広告といえば、幹線道路沿いに設置された、ドライバーを対象としたものが中心であるが、東京のように歩行者を対象とし、繁華街のビル壁面・屋上に屋外広告が乱立する状況は世界的に見ても稀である。そのような環境の特殊性を考慮に入れ、指標整備の方向性を同プロジェクトにて吟味した結果、日本では、独自に広告視認者数を推定する仕組みを開発することとし、まずは2011年度の活動として繁華街にある歩行者向けの媒体について指標を整備することとした。

(2) ２つの調査概要について

2011年度は歩行者対象の繁華街ポスターボードの指標整備を目的に、２つの調査を実施した。銀座・渋谷・新宿・原宿・表参道・六本木の６街にある96の媒体を選定し、①2011年９月21日から28日に前述の６街の調査対象エリアを訪れた人に対し視認率を測定するインターネットリサーチによる調査を10月に実施、また、②調査対象媒体それぞれのサイズ・高さ・角度・照明の有無などの可視状況、障害物の程度、接続道路本数、連貼り枚数など、多岐に渡る項目を調査員が目視確認する媒体属性調査を実施した。

(3) 調査結果の分析について

実施した２つの調査結果を合わせて分析することで、ビル壁面よりも屋上に設置された媒体の方が視認率が高いこと、交差点に設置された媒体の方が道路に平行に設置されたものより視認率が高いことなど、様々な事象を実際のスコアで確認することが出来た。

また、統計解析の手法として数量化Ⅰ類を使用し、実測視認率と各種媒体属性の関係を考察し、どの媒体属性がどの程度視認率に影響を与えているのかを分析した。

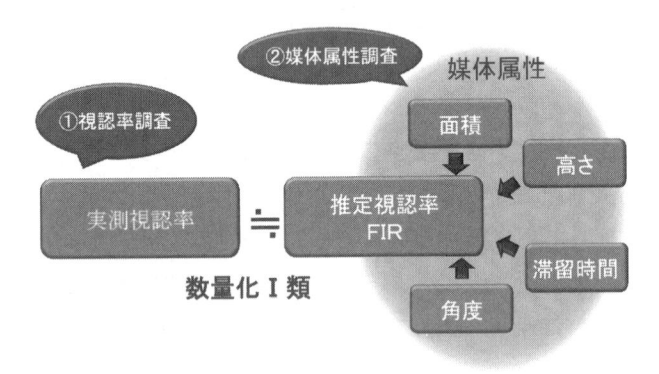

■ 推定視認率算出の概念図

そしてこの分析の結果を「2011年度版 歩行者用屋外広告推定視認率算定表」として取り纏め、2012年３月末に屋外広告指標調査研究プロジェクト全体会議で報告した。視認率の実測値がない媒体でも、この算定表を使用することで、看板の面積、設置位置および設置角度、設置高さ、クラッター、照明の有無と程度、という５つの媒体属性から推定視認率を算出することが可能である。この表から算出した推定視認率に媒体付近の通行量や来街者数を掛け合わせれば、推定視認者

数を算出することができる。

```
渋谷ハチ公前広場にある看板Aの推定視認者数を算出する場合
・通行人数
    渋谷ハチ公前広場周辺の1日の通行量  平日25.8万人、土日27.7万人
・看板Aの推定視認率
    面積              : 150㎡                    (14.9ポイント)
    設置位置および角度 : 交差点にあり単方向        (9.0ポイント)
    設置高さ           : 9階以上                   (10.5ポイント)
    クラッター         : 無し                      (9.8ポイント)
    照明有無と程度     : 周囲も広告面も明るい       (8.1ポイント)

    合計52.3ポイント=推定視認率

・看板Aの1週間の推定延べ視認者数
    (25.8万人×5日+27.7万人×2日)×52.3%=約96.4万人
```

■ 推定視認率/推定視認者数算出の例

(4) 調査結果の利用方法について

また、この「2011年度版 歩行者用屋外広告推定視認率算定表」を基にしたシステムを構築し、「屋外広告指標推定システム」として2012年5月18日にリリースした。このシステムには前出の算定表データのみならず、首都圏・関西・名古屋・北部九州・札幌各地区の合計200街以上の来街者数データ[2]を搭載しており、推定視認率、および推定視認者数が簡単に集計できる。

このように、2011年度に作成された歩行者用屋外広告

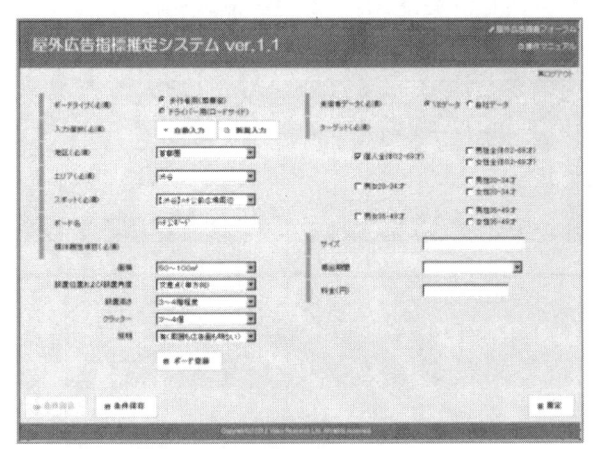

■ 屋外広告指標推定システムの画面イメージ

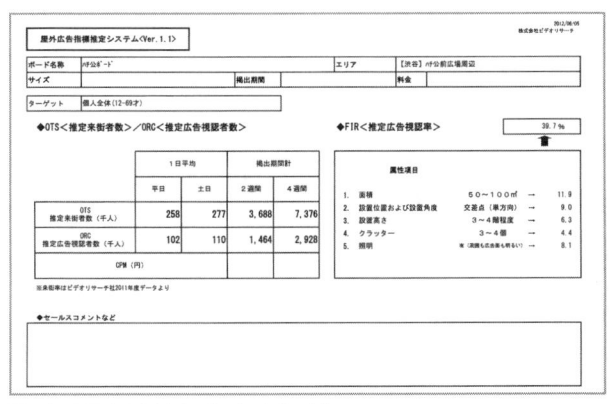

■ システムのアウトプットイメージ

における指標は、システムの形にまとめられ、普及を目指し、現在プロジェクト参加各社に広く利用を開始してもらっている。業界の各社が共通のシステム、共通の指標を使っていくことが最も重要で、同じものを使うことで広告主からの信頼獲得につながるものと期待している。

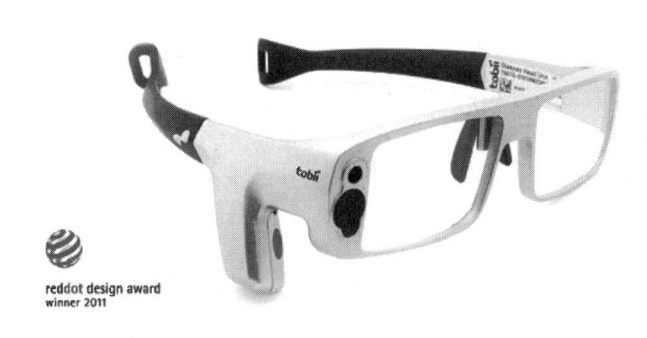

■ グラス型アイトラッカー

(5) 今後の課題

2年目となる2012年度はドライバー対象のロードサイドボードの指標化に取り組んだ。2012年8月に予備調査として図のようなグラス型アイトラッカー[3]を利用したアイトラッキング調査を実施した。基礎情報として、運転中のドライバーの視野範囲などを確認した。また首都高や幹線道路(一般道)沿いの約120のボードを調査対象に選定し、同8月に媒体属性調査を実施、9月にはインターネットリサーチにて視認率の実測調査を行った。

現在、調査結果を分析している。また、2013年度以降については、2011年度に整備した歩行者ボードに関して、精度向上を意図し、広告クリエイティブが視認率に与える影響や掲出期間における他媒体出稿の影響など、検証作業を進めていく予定である。

【注】

1) W.Ronald Lane, Karen Whitehill King, J.Thomas Russel,"Kleppner's Advertising Procedure," Sixteenth Edition, Pearson, Prentice-Hall, 2005, p.356,p.370.

2) 来街者数データ:ビデオリサーチが年1回調査を実施しているSOTO(首都圏)、およびACR(関西以降)の来街率データを基にプロジェクトにて推計。有料にて提供。

3) グラス型アイトラッカー:トビー・テクノロジー社製(本社スウェーデン)。

サインに関する本②

『**看板の歴史**』（J. ローウッド＋J.C. ホッテン著、ジョン・カムデン・ホッテン出版、1866年、ロンドン）

　『看板の歴史』はJ. ローウッドと出版社主だろうかJ.C. ホッテンの共著である。100点のイラストレーションはローウッドによる。第1章看板の概史から始まり、以下看板のモチーフ別に第16章まで、本文536頁におよぶ大著である。判型はほぼA5であるが、8ポイントの小さな活字でタイトに組まれ、布張りのカバーには金の箔押しがされた上製本である。表紙には首から上のない女性が描かれ、絵の下には「いい女」と書かれているインサインが載っている。ユーモア看板として知られたものである。肝心の中身であるが、読破するにはルーペと共に相当の研究心が必要である。多数の引用があるから、もちろん教養も必要である。紹介している小生も恥ずかしながら読んでいない。ただ愉快なのは日本の江戸末期の本はほとんど読めないのに、この本は辞書片手に拾い読みができることである。ともあれ、多くのインやパブのサイン関連書籍の原典であることは間違いない。
（西川潔）

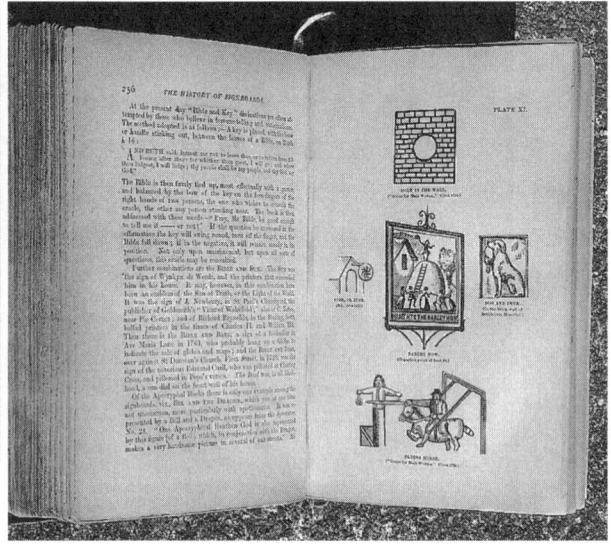

第 2 章

屋外広告物における視知覚の基礎知識

第2章 屋外広告物における視知覚の基礎知識—01

02 視覚の構造

01　見ることの理解

　日常の生活において感覚は大変大きな役割を果たしている。私たちが外界から受け取る情報の多くは感覚である視覚（眼）、聴覚（耳）、嗅覚（鼻）、味覚（舌）、触覚（皮膚）の五感（五官）を通して受け取られる。

　外界にはいろいろなものが存在するが、それが何であり、また誰なのかを知る主な手がかりは、眼であり耳を通してである。取り巻く周囲の状況からその場の雰囲気や人の所作・表情、感情などを受け止めたり、文字や言葉などに結びついて理解させるように働くコミュニケーションは、主としてこの視覚と聴覚を通してなされる。景観的好例として、ヨーロッパの地方の町や村で良く見かける塔（視覚）と鐘（聴覚）のサイン効果があげられる。ヨーロッパの町や村はこの高い塔が視覚的に見通せる範囲をもって町のエリアと決められていた。同時に聴覚的な塔の鐘の音の聞こえる範囲と合わせて、町のまとまりや印象をより強固なイメージや記憶となるように、効果的に働かせている。

　他の感覚もときに大きな役割を果たしているが、中心的に最も情報量が多く関わるのが視覚である。広告サインは視覚により情報処理されている。街角を歩いていてショーウインドーの陳列商品や広告サインに視線を向け、このなにげなく"見る"という人にとって当たり前な視覚作用の舞台裏はどうなっているのだろうか。概観してみよう。

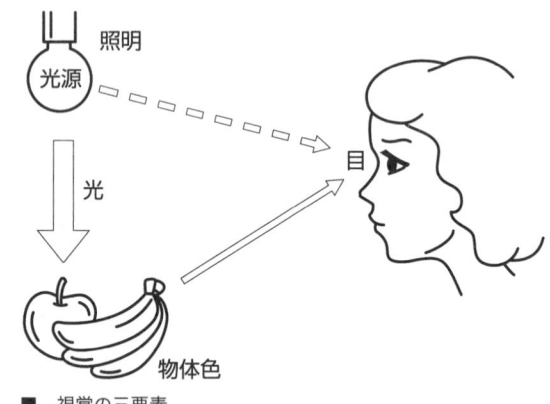

■　視覚の三要素

　私たちが視覚対象とするモノを眺めたり、広告サインを見るためには、3つの要素が必要となる。

　私たちは、街並の街頭に限らず、毎日朝起きてから夜眠るまで、様々なモノを目にして生活している。言い換えると「目が開いている時にモノが見え、目を閉じているとモノが見えない」ということになる。つまり、目の機能が、モノを見るために必要なひとつの要素ということになる。

　また、私たちは、目が開いていても夜の暗闇や真っ暗な中では何も見ることができない。何も見えないということは、広告サインも見えないということで、明かり（照明）をつけることを考える。これは、言い換えれば明るさ（光）があることが、モノを見るために必要な2つ目の要素ということになる。

　そして、3つ目の要素は、見る対象の広告サイン等「モノ」があるということが必要となる。

　モノに光が当たる。反射した光が目に飛び込んでくる。光がモノの色や形を目に運んでくれて、色が見えモノが見える。目、光、モノがそろってはじめて、私たちはモノを見、その存在を知ることができる。

02　目の構造と働き

　目の構造は、カメラに例えるとわかりやすい。

　人間の目は、次頁図に示すように直径約24mmの球体である。眼球は一種の暗箱で、前面にあるまぶたがカ

■　ヨーロッパの地方の町と塔の風景

メラのシャッターに相当する。目を正面から見て、俗に黒目と言う部分が角膜で、乾燥から守るためいつもまばたきをして、涙腺からの涙で眼面を濡らしている。まぶたは外界の光量の変化に応じて開閉し、虹彩と共に入ってくる光の量を調節するカメラの絞りに相当する。その調節によって、中央の穴である瞳孔の大きさをコントロールする。水晶体は目のレンズであり、モノをはっきり見せる働きの実質を担っている。毛様体筋の弛緩によって水晶体は引っ張られて平になり、遠方に焦点が合う。逆に、毛様体筋が収縮すると水晶体自身の弾性によって丸みを増し、近くに焦点が合うことになる。これにより網膜の中心にある中心窩に的確な像を結ぶ。

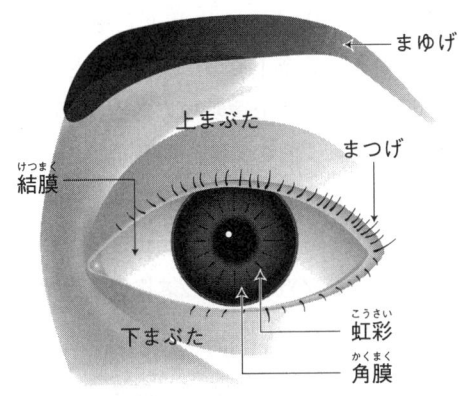

■ 目とそのまわりの名前

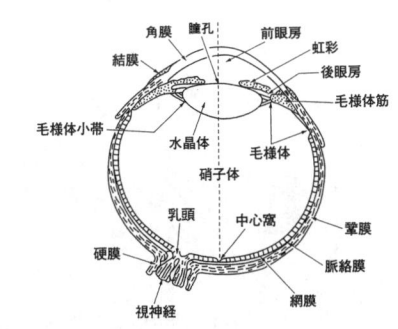

■ 目の構造（右目の水平断面図）

ところで、これらの働きに異常をきたすと近視や遠視の原因となる。また、加齢に伴って細胞の働きは弱まり、弾性が失われ、老眼へと導く。さらに水晶体での色素沈着が起こり、光の透過が妨げられると白内障を患うこととなる。

最も内側にある網膜は、結像した外界の光情報を映しとるフィルムに相当するが、フィルムのように平面ではなく眼球内面を半球以上に渡って覆っており、視野は広い。下図はその視野の広がりを示している。片眼で上下、左右とも150°にも達する。中央白色部分で両眼の視野が重なる。実際の見え方は鼻や顔面等の影響で横長に狭められている。

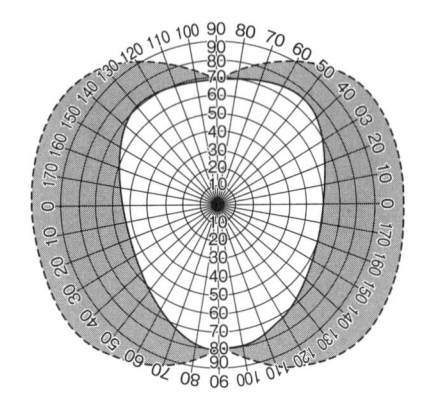

■ 両眼視野（Gibson, 1950）

またこのフィルムは、網膜の中央部で色の区別を分担するカラーフィルムと周辺部で色の区別ができない白黒フィルムの2つに例えることができる。網膜には錐体視細胞と桿体視細胞の2種類がそれぞれ役割分担をしている。

ところで視細胞はモノの像を光情報としてとらえる受容体で、これに含まれる視物質（感光色素）がそれぞれ異なる光を吸収して生化学反応を生じ、視神経細胞で信号化され脳へ送り出される。大脳がこの信号を受け取ると、モノが見えたことになる。

乳頭に位置する盲点（盲斑）は、この信号の通り道である神経が集まってケーブルとしてここから出発するところで、視細胞が無い。像を結んでも光の情報が感知できない。これが盲点である。"盲点をつく"という言葉は、「人が気付かないところを指摘する」ということに由来している。

左目をつぶり、右目でAを見つめたまま、本を前後に動かすと、縦縞は残るが、Bが消えてしまうところがある。Bが右目の盲点に入ったのである。

03 視のメカニズム

(1) 中心視と周辺視

網膜の構造は均質ではない。網膜の中心約2度（中心窩と呼ばれる）は錐体（錐体視細胞）のみで満たされ最も高い識別能力を持つが、鼻側でも耳側でも錐体数は周辺にかけて急速に減少し、能力は低下する。かわって桿体（桿体視細胞）は周辺において多く存在する。この2種の視細胞は、視機能に大きな影響を与えている。

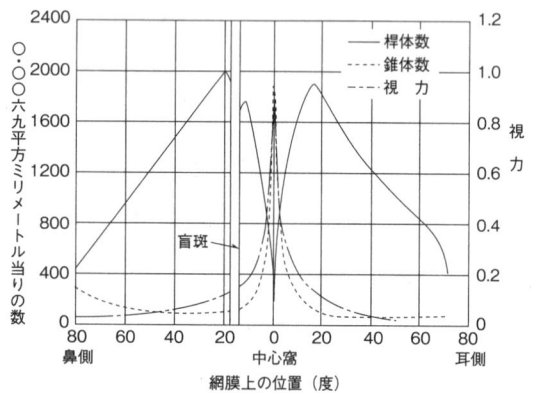

■ 網膜上の錐体・桿体分布と視力（Woodson, 1954）

上図は右目の網膜の中心を通る水平分布を表している。途中、鼻側（網膜像は反転投影される）の15度付近に盲点がある。

どの程度の大きさまで見えるのかは、広告を扱う上での基本のひとつである。これを規定するのが視力（対象を識別する能力）である。視力測定でお馴染みだが、視力1.0とは、適度な照明下で視角1分（1度の60分の1）の間隔が見分けられることを示す。しかしながらこの精度の良さも周辺視で見る視力は大きく低下する。20度以上離れると0.1以下となる。我々が広告を見るとき、広告物像は視力で示されるように中心窩を真ん中に自動的に結像調整されなければならない。このときの広告物像は明るくはっきりと見える。これを中心視という。

これに対し、網膜の周辺部を使って見る場合を周辺視と呼んでいる。両者は、心理学の立場から対立する視覚作用区分としてとらえられ、その働きは、中心視が対象の形態、色彩、テクスチャーを細かく理解させるように働く。一方、周辺視は対象の位置や運動、明暗による雰囲気や空間状況の把握、感情として働く。円筒を目に当てて中心視だけに頼っては日常街中を歩くことができないように、日常の生活視においてこの両者は協調的に遂行されなければならない。

街中の広告物で例えれば、まず広告物を見つけ街の雰囲気を感じるのは周辺視で、その後中心視で広告の内容や表示を細かく観察していることになる。中心視だけでとらえる広告物も良いが街の雰囲気にも調和させたいものである。

(2) 明所視と暗所視

視細胞の錐体と桿体の働きのもうひとつは、明るいところで働く錐体による明所視（昼間視、錐体視）と暗いところで働く暗所視（夜間視、桿体視）である。明所視は色や形の区別が明確であるが、暗所視は色のついた広告や明るさを持った色光も灰色として見える。下図は明所視、暗所視下でのいろいろな場面とその明るさ（照度）を示している。星空下で暗所視、通常昼の戸外で明所視、暗い照明や満月下で薄明視である。薄明視とは戸外の光量が減って、夕方の時間、明所視から暗所視に移行するとき、錐体と桿体の働きの切り換え途中として、それぞれの作用が十分に効かないどっちつかずの状態をいう。自動車事故が夕方に多いのはこの薄明視に原因のひとつがあるといわれている。

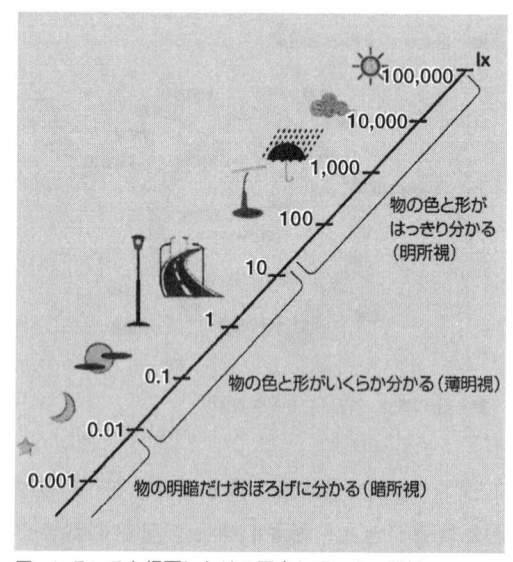

■ いろいろな場面における照度と明るさの関係
（資料）（社）照明学会、『あたらしい明視論』

薄明視を移行時の色の見えの違いに着目し、現れる現象に、プルキンエ現象がある。例えば黒字の上、描かれた赤い文字等は暗くなると、黒字とさほど違わない明るさに見え、非常に見えにくくなる。夕暮れ時等桿体が働き出す薄明視では、明るい昼間と比較して橙や赤いもの

の明るさが減少する。逆に青や緑は減少が少なく、赤や橙との相対的明るさはかえって明るくなる。

夕暮れ時に限らずとも昼間、明るい戸外から映画館に入ると、その暗さに困惑する。歩くことすらままならない。しかし数分たつと、まわりが見え出して暗い状態に順応（暗順応）することになる。今度は館内から戸外に出る時はどうだろう。いくぶん光は眩しいがすぐ慣れる。明順応という。この明暗の順応も錐体と桿体の働きによる二重作用によるもので、昼型から夜型へライフスタイルが変化してきている社会世相を考えれば、これら日常生活での見えへの影響を理解しておく必要がありそうである。

市民参加のまちづくり

まちづくりは、そこに住む人々が信頼の和で結ばれる社会づくりを目指して、まちや公共空間で当面する社会問題を解決するための取り決めや、場所場所での生活の質が景観やアメニティ豊かに成立するように住民・商工業者らが自ら行う行為として位置づけられている。

まちづくりには「市民参加」に加えて、「協働」、「持続」の３つのキーワードがある。市民参加とは住民・商工業者ら自らが住むところの身近な環境を考えるため、市民参加の姿勢が前提となる。協働のまちづくりでは、参加する全ての人が同じことをするのではなく、一個人にはそれぞれ得手不得手があるように得意とするものを役割分担し、まとめて効果的な活動となるように協力態勢のもとで行うパートナーシップが基本となっている。まちづくりの対象となる街並や公共空間は、そこに住む人やその孫というような持続的に生活を営むもので、まちづくりは持続可能（サスティナブル）な魅力づくりとして、計画づくり、整備の実施、その後の維持管理などが繰り返し行われる。

ここで写真の看板を見ていただきたい。これは、決して良いデザインといえるものではないが、里人の思いと汗のこもった手作りの案内看板である。

ここは兵庫県の山間、棚田百選のひとつに選ばれた懐かしい日本の原風景がある村里である。自らが住む生活の場を楽しく、自慢げに誇らしく語れるそんな風景を目指し、里づくりの実践として里に有り余っている間伐材で看板を製作した。構想からデザイン案、間伐材の切り出し、製作まで里人自らが仕上げた宝物である。この看板の設置で棚田の里に風景のもてなしの暖かさと厚みが加わった。まちづくりではこの事例のように、結論として完成されたデザインの良さが決して求められるものではない。市民参加による協働の過程が大事であり、その結果、より良いものができることに越したことは無いが、それよりも行為の持続性を大切にしている。それと同時にまちづくりは、個々の生活者や商工業者らが共同生活を営む上での身に付けておくべき公共の礼儀作法、挨拶の仕方、言葉使い、物事をすすめるためのルールなど、公的で社会的な場面における生活の作法づくりの一面を持っているといわれている。

この社会的場面において巷で看板といわれる屋外広告物は、まちの作法を乱している元凶とまでいわれている。"看板をまちづくりの主役に"とまではいかないまでも、マイナスイメージの払拭とまちづくりへの積極的参加が今こそ求められている。屋外広告物によるまちの魅力づくりは、視覚表現による判りやすさと、豊かな感情表現で未来への創造物として今後ますます期待されている。

（澤一寛）

第2章　屋外広告物における視知覚の基礎知識—02

色の感覚・知覚

01　光から生まれる色

　電磁波は、人間の生活に様々な形で利用されている（巻頭付録01参照）。その中で太陽光は直接見ることのできるモノとして人間の目に入り、様々な色としての感覚を引き起こす。人が見ることのできる波長は、380nmから780nmの範囲においてで、可視光線と呼ばれている。1nm（ナノメートル）は10億分の1mと、非常に短い長さである。

　「万有引力」を発見したニュートンは、有名な色光の実験を行った。そのスケッチが下図である。実験は、暗い部屋の壁に小さい穴を1つあけて光を通す。光線の途中に三角形のプリズムを置くと、壁が白く照らされる位置に、美しい虹の色が並んだ。短い波長の青や菫の光は大きく曲げられてスケッチでは上の方へ、長い波長の赤い光はそれほど大きく曲げられないので下の方へ、上から順に菫（バイオレット）、藍（インディゴ）、青、緑、黄、橙（オレンジ）、赤の順序で色が振り分けられた（これをスペクトルという）。結果、太陽の光は、いろいろな波長の光（色）を含んでいることがわかった。

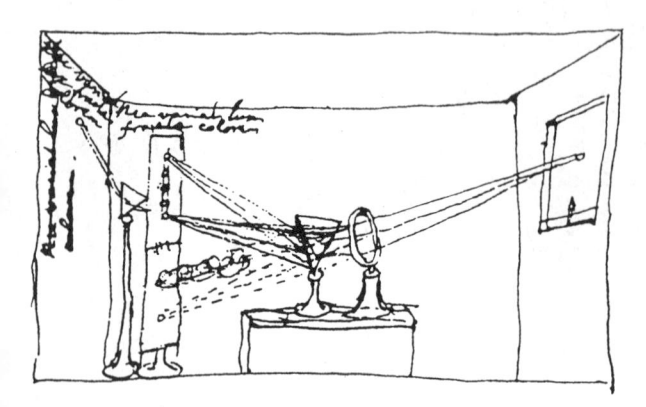

　空にできる虹はガラスのプリズムの代わりの空中に無数にある水滴に太陽光が差し込むことで現れる雨上がりの現象。

　私たちはあたかもモノそのものに色があるように思っている。しかし、ニュートンの実験でわかるように太陽光には全ての可視光の波長が含まれているため、光がある物体に当たるとその一部の波長は物体に吸収される。

　そして、その残りの波長が反射、または透過して、私たちの目に色としての（色が見える）感覚を引き起こす。

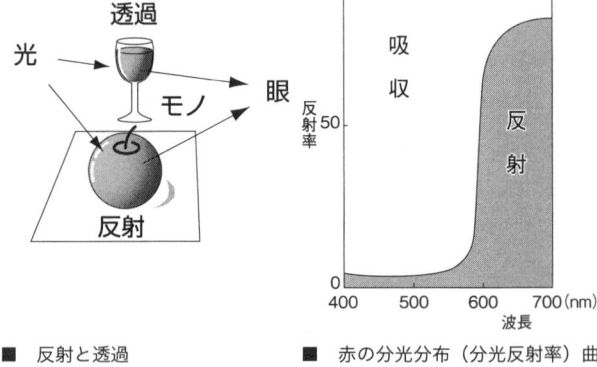

■　反射と透過　　　　■　赤の分光分布（分光反射率）曲線

　上記左図にある赤い物体（りんご）の反射光赤は、波長別に反射光の割合でスペクトルのように、上記右図で表すことができる。赤の割合が大きく、結果として目で受け止めて赤く見えることになる。

　もう少し詳しく反射と吸収について見てみよう。紙の上に赤い色の印刷インキが乗った例である。下図のインキは、色素の粒である顔料が、顔料を固定する働きをもつビヒクル（展色材）のなかに、分散した物質である。

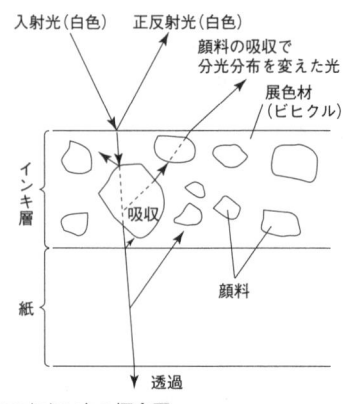

■　ニュートンのスケッチ

■　インキの光のすすみ方の概念図
　　（資料）『カラーコーディネーションの基礎』（東京商工会議所）

そのインキの表面に当たった光の一部がインキの内部に潜り込む。光は屈折し方向を変えながらインキに入り込み赤の顔料に当たる。今度は空気とインキ表面で起ったのと同様に、顔料内部に一部の光が入る。その顔料に入った光の赤以外の波長の成分が、赤色顔料で吸収され、残った赤色光が顔料から出て、直接または別の赤い顔料や紙の表面で反射され、インキの外に出てきて目に到達する。

02 色覚理論

人間の目の視細胞には桿体もたくさんあるが、色の識別で主な働きをするのは、明るい場所を得意とする錐体である。この錐体には長錐体、中錐体、短錐体の3種類がある。長錐体は可視光線の中の長い波長の光に良く反応し、目の中に長い波長の光がたくさん入ってくると、長錐体は大きな電気的信号を脳に向け発射する。同様に中錐体は中間の長さの波長の光に、短錐体は短い波長の光に良く反応する。波長の長さに応じて役割分担をしている。そして、網膜の視細胞から送られてくる電気的信号が脳に伝わるとそれぞれ赤、緑、青の色が見える。

また、長錐体と中錐体からの信号が同じ大きさだと黄色が、そして、3つの錐体からの信号が同じくらいだと白や灰色が見える。先のニュートンのスペクトルや虹の場合も3種類の錐体がいろいろの度合いで反応して、いろいろの色が見えて、全体として虹の色が見えるというわけである。

この視細胞レベルでのたった3種類の錐体だけであらゆる光が受け取れて色を見ることから色覚理論で3色説と呼ばれている。

【混色】

長、中、短各錐体から得られる色を代表する赤（R = RED）、緑（G = GREEN）、青（B = BLUE）は、その分量を適当に変えることによって、この3色だけであらゆる色がつくり出されることから 光の3原色と呼ばれている。色を混ぜ合わせることによって別の色をつくることを混色という。混色の主なものには光の3原色で得られる色光を重ねあわせた場合のように、光（エネルギー）量が加算され、もとの色よりも明るく見える加法混色（巻頭付録02）の方法と絵の具や塗料、フィルムを重ね合わせた場合のように光の吸収により透過や反射量が減少し、暗くなる減法混色（巻頭付録03）の方法がある。この場合の3原色にはイエロー（Y = YELLOW）、シアン（C = CYAN）、マゼンタ（M = MAGENTA）が用いられ、色光とは別に色料の3原色と呼ばれている。

3原色は、光の色とモノの色に振り分けられると考えればよい。その他、主にモノの色の混色に中間混色がある。

次頁上図は物理的にはその場で併置しているが、小さな点が集合しているため目で見ると混色して見える併置混色を示し、その下の図は、こまのように回転させることにより、時間的な変化の速さが眼で見分けられなくなり、混色させる継時混色を示している。そのどちらもは混色した時、混色に用いたもとの色（白・赤・黄）の中間の明るさになることから中間混色と呼ばれている。

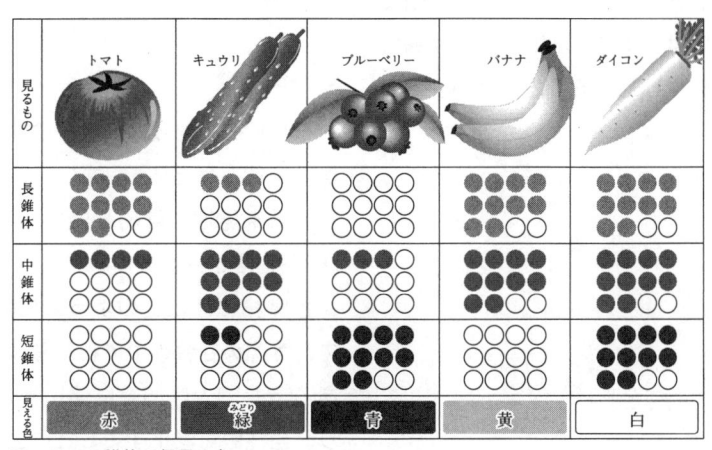

見るもの	トマト	キュウリ	ブルーベリー	バナナ	ダイコン
長錐体	●●●●● ●●●●● ●●●●○	○○○○○ ○○○○○ ○○○○○	○○○○○ ○○○○○ ○○○○○	●●●●● ●●●●● ●●●●●	●●●●● ●●●●● ●●●●●
中錐体	●●●●● ●○○○○ ○○○○○	●●●●● ●●●●● ●●●●●	○○○○○ ○○○○○ ○○○○○	●●●●● ●●●●● ●●●●●	●●●●● ●●●●● ●●●●●
短錐体	○○○○○ ○○○○○ ○○○○○	●●●●● ●○○○○ ○○○○○	●●●●● ●●●●● ●●●●●	○○○○○ ○○○○○ ○○○○○	●●●●● ●●●●● ●●●●●
見える色	赤	緑	青	黄	白

■ 3つの錐体の信号の色
出典：『月刊はてなクラブ』朝日新聞社　1994　11月号「色、どうして見えるの」

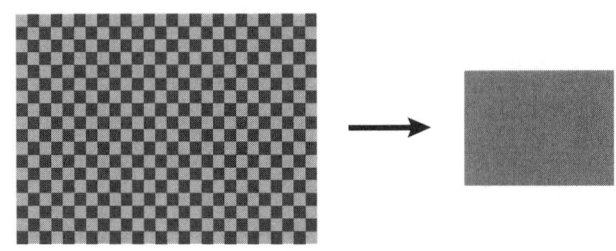

■ 併置混色の例

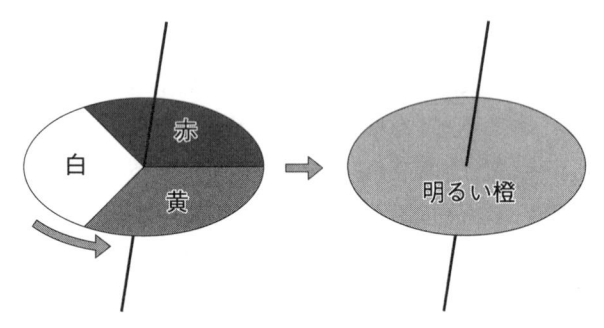

■ 回転円盤による継時混色の例

3種類の錐体が働く視細胞レベルでの3色説に対して、心理的な色の見えを重視すると、色料の3原色の混色にもあるような赤と緑の反応（混色）から黄が生まれるイメージは得られにくく、黄色を含めて赤黄緑青の4原色が色覚の基本とする考えが生まれた。さらにこの4原色は、赤と緑、青と黄、白と黒のそれぞれの両極で相対する3つの系列の一方の色の興奮と他方の色の抑制の過程で見える色が決まると考えられた。例えば赤が興奮して見えるときに緑は抑制され見ることができない。橙が見えるときには、赤と黄が興奮して（混色して）見えて、反対側の緑や青は抑制され見えないというように色の見えが決まる。この色覚説を反対色説という。実際にも両極の赤と緑は同時に見ることができないし、赤っぽい緑、緑っぽい赤が無いことからもうなずける。この反対色による色の見えの感覚は、眼の視細胞以降、大脳に向けての神経及び脳内で成立していることがわかり、そのことから人間の色の見えは、視細胞で3色説が、それ以降反対色説が、脳に向けて段階的に働くという段階説が色覚説の通説となってきた。

03　多様な色覚をもつ人間世界

人の網膜には3種類の錐体があって、数百万もの色の区別ができ、いろいろな色を見ることができる。この色覚の基本に基づけば、錐体の種類が2つに減るとどうだろうか。見える色の数がうんと減るに違いない。3種類の錐体では簡単に色分けのできた赤と緑が同じ色になり、区別できなくなるのでは？という考えに至る。また、錐体の種類がひとつになるとどうだろう。色の違いはわからずに明るいか暗いかだけの白黒の世界になってしまうのではないだろうか。さらにその錐体も無くなったらどうなるか。残った桿体だけでは昼間は働かず、夜になるとなんとかモノを見ることができるようになる。

人間社会はこの3種類の錐体の働きの恩恵により成り立っている。そのような色覚の考えに基づいて主に遺伝子の先天的原因によって3種類の錐体のうちのいくつかの欠損または働きが弱まることで色覚が異常となっているものを色覚異常という。その分類が下図である。

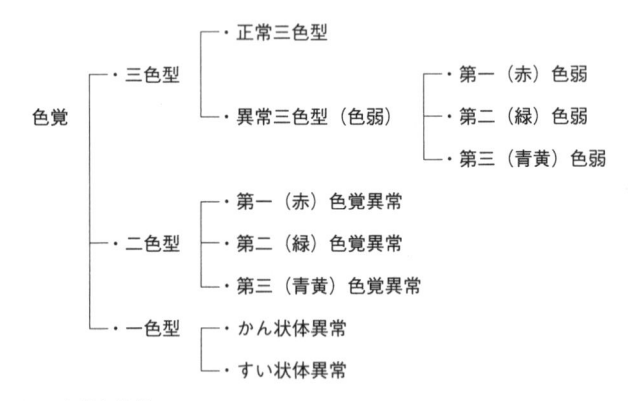

■　多様な色覚

そしてその総数は遺伝子の性質上男性に多く、日本人男性で約5％と20人に1人の割合でみられている。また、欧米男性では約8％である。これに対し女性は約0.2％程度とされている。

色覚論では以上のように位置づけられているが、さて、実際の社会の中で私たちはどのように考えるべきであろうか。人は加齢に伴い老化現象が表れるものであり、当然眼も老化することによって色の見え方に影響を及ぼす。影響の大きなものとしては、目の水晶体が黄色

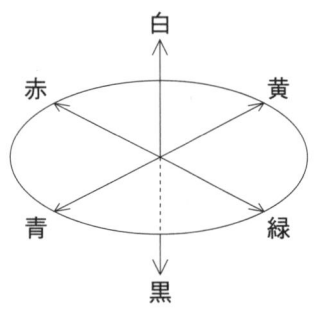

■　色を決める3つの系列（心理4原色と白黒）

く濁ること（白濁化）により起こる異常な光の散乱やグレア（まぶしさ）の増大など黄変化した白内障による見えの変化である。この他、視野が狭くなり最悪の場合失明する緑内障、影響の軽いものでも明暗空間への対応の遅れや老視など高齢者独特の色覚がある。高齢者はこのような色覚の変化のみならず他の身体的な老化現象もあわせもつが、それらは障害というのでなく、高齢者特有の身体的視覚的個性として社会で理解され、不自由さを軽減するために様々な場所でバリアフリー（生活環境での障壁をなくすことの）対策が進められている。色覚異常者もまた高齢者と同様、ひとつの色覚上の個性をもつ人たちとして認識することが求められていると考えたい。

　私たちの暮らす人間世界は、高齢者の個性ある色覚をもつ多くの人々、色覚異常の個性ある色覚をもつ多くの人々、そして俗にいう一般の人々がいて、その誰もが分け隔てなく生活できるような社会をめざす必要があり、広告サイン業界においても理解と努力が求められている。

04　色の三属性

(1)　色相

　ニュートンのスペクトル虹の色光は、波長に従って菫から赤まで変化する。このような色みの違いを色相と呼ぶ。たとえば青という色がある。青といっても「あざやかな青」「くすんだ青」「暗い青」などいろいろな青がある。これらの青の仲間は青という色み、すなわち「色相」が青で共通している。ところでスペクトルの両端の菫と赤からその中間の紫を想像することは容易にできる。紫はスペクトル中にない色で、色光の3原色の青と赤の混合量を変えることで青みの紫から赤みの紫までの色相をつくることができる色である。スペクトルの7色を色相の変化に従って円環に沿って並べ、端の菫と赤の間に紫を挿入してつなぐと色相環（カラーサークル）または色円と呼ばれるものができる。色相環は配色を考えるときの基準となる。

(2)　明度

　先に記述したいろいろな青のようにどの色相でも、色相そのものは変わらないが光の強さに応じてその明るさが変化した色が存在する。物体の色の場合、たとえばブラックコーヒーにミルクを入れていくとミルクの量が増えるとともに茶褐色から徐々にベージュに変わり、さらに白っぽく変化していく。これが明るさが変化していく状態である。色のもつ明るさのことを明度といい、明るい色は明度が高い、暗い色は明度が低いという。水色は明るい青（明度が高い青）、藍色は暗い青（明度が低い青）ということになる。

(3)　彩度

　彩度とは、青や赤などの色みがどのくらい強く含まれているかという色の鮮やかさを指す。たとえばトマトソースをたくさん入れて真っ赤に染まったパスタは彩度が高いといい、トマトソースが少ししか入っていないパスタはうっすらと赤い色になりこれは彩度が低いという。

　なお、白灰黒だけはこの彩度の性質がなく、彩度のない色という意味の、無彩色という。また、彩度がないということは同時に色相もないということになる。

　この無彩色に対して色相、明度、彩度をもつ色を有彩色という。一般に色は以上述べた色相、明度、彩度の3つの属性に沿って変化する。これを色の3属性という。

　一方、有彩色のカラーの世界に対して無彩色だけで構成される世界がある。それは白黒写真や白黒映画であるが、これはもともと有彩色のものを色のもつ明るさが自動的に元の色の明るさと同じ白灰黒、いわゆるモノトーンに置き換えられたものである。

05　色の心理的効果

　色は鉄道や道路の路線図のように単に区分けの記号に使われることもあるが、記号以上の意味をもっている。色は暖色、寒色に象徴されるような手など肌で触れてわかる「暖かい」「冷たい」という温度感覚的な印象や感情の問題とも関連している。

　色の心理的効果の現れは色の三属性のいずれかか、そ

■　スペクトルに紫を加えた色相環

の組み合わせに大きく依存している。

(1) 色相に関係する心理的効果

① 暖色と寒色

　暖色、寒色は色相との関係が非常に深い。視覚的に色を与えただけで温度判断がなされてしまう。一般に波長の長い赤、橙、黄などは暖かく、青を中心とした短波長の色は冷たく感じる。前者のような色を暖色、後者のような色を寒色と呼び、中間の緑、紫を中性色という。

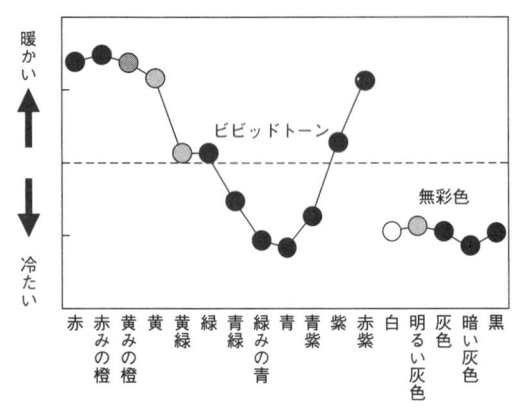

■ 色相による寒暖感の変化
出典：AFT対策テキスト改訂編集委員会編『ファッションコーディネート色彩能力検定対策テキスト3級』2005　P67

(2) 明度に関係する心理的効果

① 重い色と軽い色（みかけの重さ）

　明度に関係する代表的な効果に見かけの重さがある。下図のように同じ大きさの円でバランスのとれる視覚的感覚は色の軽重感とも呼ばれ、一般に明るいものほど軽く、暗いものほど重い印象がある。

　天井を明るく、床を暗くした室内配色は安定感を得ることのできるわかりやすい例である。上部ほど明るくするという考え方は、人間にとって極めて自然な配色の秩序であることを示している。

(3) 彩度に関係する心理的な効果

① 派手な色と地味な色

■ 見かけの重さ

　彩度に関係する代表的な効果に派手、地味感がある。彩度の高い色ほど派手な色、彩度の低い色で無彩色に近づくほど地味な色になる。例えば彩度の高い赤は派手であり、人々の注目を集める。したがって危険信号に用いられたり、刺激的な広告に使われることが多い。

■ 看板の目立つ街並景観

(4) その他の心理的効果

① 進出色と後退色

　色によって観察者に向かって近くにあるように見える進出色と遠くにあるように見える後退色がある。この距離感に関わる効果は一般に赤、橙、黄などの長波長の色が進出色、青、菫などの短波長の色が後退色である。

　この効果は明度とも関係があり、周りの色や背景となる色との明度差が大きいほど効果が高くなると言われている。

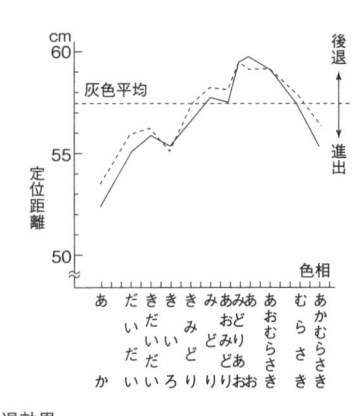

■ 進出・後退効果
出典：大山正著『色彩心理学入門』中央公論新社　1994　P203

② 膨張色と収縮色

　同じ大きさの黒文字を白地に印刷した場合と黒字で白抜きとした場合とを比較すると、後者の文字の方が膨張して少し大きく見える。また、白いボールと黒いボール

46

の見えも同様である。囲碁の碁石の白は、黒よりも小さくつくられ同じ大きさに見せている。見かけの大きさは明度との関係が深いが、抽象絵画などの世界では、赤が青より大きく見えるなど暖色と寒色との関係を指摘するものも見られる。

■ 膨張・収縮効果

③ 柔らかい色と硬い色

石や鉄は硬く暗い感じがする。色にも硬さの度合いの心理的効果がある。

明度が低いほど硬く、明度が高いほど柔らかな印象が強まる。また、明るく淡い色は柔らかい色であり、暗く濁った色は硬い色という印象がある。

ベビー用品に見られる明るく淡い色は赤ん坊の肌の柔らかさに合わせたものであり、福祉用具も人にやさしいという意味合いを込めたものであろう。

(5) 連想と象徴

赤い色を見て火や夕焼けを思い出したり、単に火や夕焼けにとどまらず、火祭りの思い出や観光地での印象などがつながり、連想することによって、色彩のイメージが形付けられる。

連想には下図に示すような赤に太陽、青に水のような現実の事物（現象）につながる具象的連想と赤に熱情、青に沈静など精神的概念につながる抽象的連想がある。

色の連想イメージが人々に受け入れられ、色が慣習や制度に用いられてひとつの概念、行事、事物、服飾などの象徴となって社会に影響を与えている例がある。色彩象徴と呼ばれているものである。それは祝い事の紅白、弔事の白黒、朱や丹塗りの社寺、ストライキの赤旗、降伏の白旗、赤十字や緑十字などで、言葉によらないコミュニケーションの役割を果たすもので、現代でもそれらの色は決まり事として使われ続けている。また、企業のロゴマークやCIカラーなどに用いられる色は同じ色彩象徴でも色のイメージ効果に企業理念を託したコミュニケーション手段として利用されている。

	抽象的連想（概念）			具象的連想（現象）		
赤	熱情・活力	危険・革命	火	太陽	リンゴ	血
橙	温情・陽気	注意・疑惑	橙	みかん	柿	毛虫
黄	希望・明朗	野心・横暴	レモン	菜の花	ひまわり	バナナ
緑	休息・平和	無難・安逸	田園	草木	森林	山
青	沈静・理知	冷淡・警戒	空	水	海	背広
紫	優雅・高貴	夢想・病弱	あやめ	すみれ	ワイン	女性
白	清純・明快	冷酷・不信	雪	ミルク	綿	紙
灰	中性・平凡	陰うつ・失意	ねずみ	灰	雲	鉛
黒	神秘・厳粛	暗黒・失望	墨	カラス	黒髪	夜

■ 色彩の連想
出典：近藤恒夫著『景観色彩学』理工図書　1986　P12

第2章　屋外広告物における視知覚の基礎知識—03

対比と同化

と出来映えの判断を行うものである。

　この図と地は、目の中心視（対象を細部にわたって分析する錐体）と周辺視（周囲の状態、雰囲気をとらえる桿体）の働きで、常に主と従の関係にあり、ある部分を図として見ているときは地の部分はほとんど見えていない（意識しない）ことが多い。

01　対象の発見

　見るという視覚作用とは、周囲の様々なものの中から意味のある何か必要な情報（対象）を、他と区別して取り出す作業である。その作業は、差異の発見から始まる。

　人がモノに近づいたり、あるいは近づいてくるモノを見る場合、最初遠いところでは何があるかわからないが、よく見ると何かあるような気がする。それがだんだんと近づくにつれて周りとの差がわかり出し、対象の色や明るさがぼんやりと認められるようになる。もう少し近づいてくると、その差ははっきりして色や明るさが明らかとなり形がわかるようになる。モノの存在に気付くことになる。これが図（図形）と地（背景）の分化の起こりである。そして、その色や形がどのような材質のものでできているのかは相当近づくことで明らかとなる。見ることの対象の発見は、"つき合わせて見比べる"という対比（コントラスト）でとらえられ、そのときモノや形として見られる部分が図（図形）、それ以外の周りの部分を地（背景）という。発見の順序は、まず漠然としたモノの存在→色→形→材質で行われると考えられる。

　そこで、対象の見やすさ（視認）にかかわる図と地と周囲との対比の関係や現象について見ていくこととする。

02　図と地（見えている対象と見えていない対象の関係）

　広告サインでは、図に当たる板面の文字（色）と地（色）または、広告物やサインとその背景（建物、風景等）との関係で、見やすいとか背景と調和しているなど

■　ルビンの盃

　図はルビン（Rubin）の盃として有名なもので、図と地が反転するこのような図形を反転図形と呼ぶ。図の中央の白の部分に注目すると左右の黒地が背景となって盃が見え、左右の黒に注目すると中央の白地が背景となって向き合った2人の顔が見えるという、反転した2通りの見方ができる。つまり、白黒のどちらが従（地）となるかによって、見える対象の主（図）が異なる見え方である。

　図と地の見え方の特徴をまとめると以下のようになる。

① 　図は実像的で形があるが、地は虚像的で形があるとはいえない。
② 　図と地の境界線は図の性格を持つ輪郭となり形をつくるが、地は輪郭線を持たず、連続的な広がりがある。
③ 　図は表面色的で固い「モノ」としての性格を持ち、地は面色的な漠然とした印象を持つ。
④ 　図は静止的で色の三属性の性質を持ち、地は浮動し図の背後で広がる。
⑤ 　図は地よりも個性的で迫力があり、意識の中心となりやすい。

　ここで参考として表面色と面色について詳しく見ておこう。色の性質は、三属性（色相、明度、彩度）で表すことができるが、同じ三属性でも実際の状況では異なっ

た現れ方をする。心理学者のカッツ（D.katz）は、色の現れ方を表面色、面色、空間色、光沢等に分類した。表面色は、一般的で不透明なものの表面に見られる色。面色は雲ひとつない晴天の青空のような実態が伴わず純粋に色だけの感じの色。空間色は、コップの中の着色水のような透明体の色。光沢は、モノの表面が反射光で明るく見えて表面色が妨げられるような色である。この中で重要な色の現れ方は、表面色と面色といわれている。両者は下表に示す性質を持っている。

	表面色	面色
例	日常的な普通に体験される物体色	小さな穴を通して見た物体色 青空や澄んだ水中の色、虹など
定位	見ている人からの位置関係が明瞭	位置関係があいまいで距離感がとれない
表面の状態、感じ	不透明性、ものとして突き通せない感じ、存在感があり固い感じ	透明性を持ち、柔らかく突き通せる感じ、澄んで明るい感じでより美的で心地よい感じ
周囲との関係	周囲との比較で成立全ての方向がわかる	周囲と関係がない、面的な広がりがあるだけ

■ 表面色と面色の比較

広告サインの場合、周りの状況によっては面色のような心地よい美的なものもいくらか見ることができる。確認してみよう。

次に、どのようにすれば図（図形）になりやすく、私たちの目に注目されやすいかを考えてみよう。

図になりやすい条件としては以下のものがあげられる。

① 面積の小さいものの方が図になりやすい。
② 囲われていて、しっかり閉じられたものが図になりやすい。
③ 下部は上部よりも図になりやすい。
④ 斜め方向のものよりも垂直水平の位置にあるもの、規則性を持った対象形などが図になりやすい。
⑤ 凹形より凸形の方が図になりやすい。
⑥ 夜空の星座のように地の上で群化したものは図になりやすい。
⑦ 多角形や複雑なものよりも三角形など単純なものの方が図になりやすい。
⑧ 周囲が白ければ暗い色ほど図になりやすく、周囲が黒の場合は明るい色ほど図になりやすい。周囲との明度差が必要とされる。
⑨ 暖色系の進出色が図になりやすく、寒色系の後退色が図になりにくい。
⑩ 過去の図の体験や見る人の経験が図になりやすさをきめるところがある。

ここで①〜⑨は、注目を与える図形そのものに含まれる条件であるが、⑩は見る人の側の問題として日常認められるものである。街頭を散策していて広告物に目をやるとテレビのCMで見たものが出てくると自然と目に入るものである。

ところで人は雑多な中が好きなようである。いろいろな声が重なって聴きづらいはずのパーティ会場でも結構みんなは会話を楽しんでいる。話し相手の声だけみごとに選んで聴くことができる。これをカクテル・パーティ効果（cocktail. party effect）と呼ぶ。視覚的には、雑踏の中で知人がいれば比較的すぐ気付く場合や広告物の発見等もこれにあたる。

私たちは、目でとらえる文字や図形等の膨大な情報のうち、自身に関心があるごく一部の広告のみを選択して知覚している。これは普通、注意（attention）と呼ばれる機能である。情報過多といわれるこの時代、この機能をうまく使えば、余計なものを省き、視覚環境の改善が容易になることだろう。

03 対比と同化、色の見え

対比とは、量、質において著しく異なる要素が置かれたとき、相互の性質がより強く感じられる現象をいう。造形要素には点、線、面、形、色彩、テクスチャーなどがあるが、それらの要素の組み合わせから次のような対比を見ることができる。大小、長短、疎密、遠近、強弱、寒暖、明暗、多少、硬軟、静動、軽重、濃淡、垂直水平、鋭鈍などいくらでもある。これらは「つき合わせて見比べる」ことから始まる。

対比は、対立、変化など活力があり、はっきりとしたデザインの決めてとして扱われ、対象を強調し、視覚効

果を高める場合により有効となる。しかしながら問題も多く、対比をつくるために異質なものを無造作に並べればよいというものではない。異質なものが対立する場合よりも街並や建物、あるいは空間の雰囲気のような全体的な一貫性や統一の中で位置づけられることで、対比の本来的な価値を認められることが多い。背景や周辺景観との調和が大切である。

対比の関係に置かれたもののうち、一方が他方に対して優位を占める場合、優位なものを支配（ドミナンス）といい、他方を従属（サボーティネーション）という。色彩対比の場合、支配と従属は、図色と地色に対応する。

対比の反対概念にあたるものが同化である。これは、差が消されて同じようになる現象である。

対比と同化は色彩において顕著に現れることが知られている。巻頭付録06は、色彩対比を示している。地色（背景色）が図色（文字や図形色）に影響を与えて、地色との違いが強調されて見えるのが理解できるだろうか。ここでは色の三属性に従って、色相対比では色相上のずれや補色が見え、明度対比では明るく見えたり暗く見えたりし、彩度対比ではさえて見えたり、くすんで見えたりするのが確認できるだろう。

ところでこれら色彩対比での見えは、三属性が個別に生じるというよりも、色相のずれと明暗が同時に見えたり、さえと明るさが同時に感じられるなど一様ではない。

色彩対比を実際に広告物やサインに用いる場合、最も考慮したいのは、明度対比の働く地色に対する図（文字）色の関係である。図と地の明度差とその時の対比の度合いを知っておく必要がある。この関係を巻頭付録05にまとめている。広告物やサインの設置まわりの空間や状況も考慮に入れて、適切な対比の関係を選ぶ必要がある。

図は、一定の明度差のある灰色を順序よく並べたものである。この連続する明度段階の配列では、対比の効果であるリズムが感じられる。そして、それぞれの灰色の境目に着目すると、明暗の変化が生まれているのがわかる。1色のはずの灰色が、となりの明るい灰色と接する方は暗く、暗い灰色と接する方は明るく見えるため、溝を彫った印象を受ける。この対比による立体感の現れを溝彫り効果と呼ぶ。

ところでこの効果を指一本で抑え、かつ同化の効果とする方法がある。紹介しよう。それぞれの灰色の境目のところに指一本を置く（境目を隠すように指を置く）とどうだろう。明るさの異なっていた両隣の灰色が同じ明るさの色に見えるではないか？

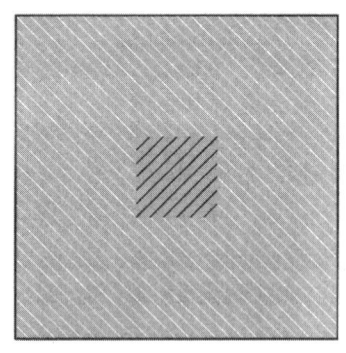

■ 明度の同化
出典：ジャック・ニニオ著　鈴木光太郎・向井智子訳『錯覚の世界（古典からCG画像まで）』新曜社　2004　p62

上図は、同じ灰色のベース地に中央は黒の斜線を、その周囲には白の斜線を引いたものである。この図形での見えは、中央の図の灰色部分は暗く、周囲の地の灰色部分は明るく、それぞれに同化しているのが見える。

同化効果も色の三属性において示すことができる。

■ 明度段階の配列

前頁の図は明度の同化である。色相の同化は、図の灰色ベース地のかわりに例えば黄色を置き、図の黒斜線のかわりに緑色の斜線にかえ、地の白い斜線のかわりに赤い斜線を引くとどうだろう。図の黄色は緑みに見え、地の黄色は赤みの橙に見えるという色相のずれが感じられる。次に彩度の同化を同じように見てみよう。ベース地を淡いピンクにして、図の斜線を赤で引き、地の斜線を灰色で引くと図の淡いピンクは色が強まり、地の淡いピンクはさらに淡く見えるだろう。この同化効果の応用は、ミカンや玉葱の赤いネットやピーマンの緑のネットなど日常的によく見ることができる。

ここでもう一度図「明度の同化」を見てみよう。同化の効果で図と地の関係（対比）が生まれている。対比と同化は同一平面や空間の中で同居することが多い。ここで対比と同化の見えを整理しておこう。対比は差異を高めあう強調作用であり、同化は逆に差異を消し去る融和作用である。色彩対比と同化は次のようにまとめることができる。

●白色で囲まれているときに、暗く見えるのが対比である。
○白色で囲まれているときに、明るく見えるのが同化である。
●黒色で囲まれているときに、明るく見えるのが対比である。
○黒色で囲まれているときに、暗く見えるのが同化である。
●有彩色で囲まれているときに、その有彩色から遠のいて見える。あるいは反対の色（補色）が見えるのが対比である。
○有彩色で囲まれているときに、その有彩色に近づいて見えるのが同化である。

04 補色

赤と青緑、青と橙というように、巻頭付録07の色相環で正反対の位置にあり、この２色を混色して無彩色になる色の関係を補色（正確には物理補色）という。色相対比で図色の灰色に現れる色は、これとは異なり、巻頭付録04の色の残像テストで現れる補色（正確には心理補色という）である。ある色を見た後にその色の心理補色が現れる。この現象を補色残像という。

補色残像は、ある色に対する興奮と抑制（色覚理論の反対色説）が関わっているといわれている。人間の目はいつでも、どんな色が飛び込んできても見分ける対応ができるように常時均衡を保って、＋－＝０のバランスの状態にある。言い換えれば外界の色情報が正確に得られるように体勢を整えているといえる。例えば、赤を見た目が補色無しでそのまま次に黄色を見たとしたらどうだろうか。赤にシフトされた目では黄色を見ると、混色が働き別の色の橙が見えてしまうことにもなりかねない。そうならないために目は、赤い色を見るとその補色の青緑が見えるという反対の色である補色を赤にかぶせて、見た色の刺激を打ち消して＋－＝０にしている。いうなれば珠算のゴワサンデネガイマシテハを行って、次の色刺激がいつ飛び込んできてもいいように準備万端整えていると考えたい。色彩を代表とする視覚には人間が生きるための数多くの機能や働きが隠されている。

第2章　屋外広告物における視知覚の基礎知識―04

恒常性と順応

01　見えの安定性

「視覚の構造」でも解説した通り外界を見ることの出発点は、目の網膜が受け取る光情報としての網膜像である。しかしながら、外界から得られる網膜像は実に不安定な状態といわざるを得ない。つまり、外界の遠くにあるモノ、近くにあるモノ、大きさのさまざまなモノや形あるモノは、網膜に斜め、横、正面からといろんな方向や向きから乱雑に、あるがままに取り込まれ、1つの網膜像を構成することになる。

時には動いているモノすらある。そのような不安定な情報を、整理整頓してできるだけ安定した視覚世界を維持させるような、事物の同一性を認知する仕組みが必要となる。それが「恒常性」である。恒常性とは、網膜に入ってくる光の像の大きさや形、明るさや色、あるいは対象の運動は変化しているのに、そのモノの見え方には網膜上の変化が影響しないで同じように安定して知覚される現象のことである。

02　大きさの恒常性

人の目はカメラの画像と同じような機構を持っている。街頭を行き交う人々を映し込む場合その像の大きさは、対象までの距離が2倍に遠のくと2分の1に減少する。しかしながら日常の体験では、行き交う人々が遠ざかって行くのを眺めているとき、その姿がみるみる小さくなることは無い。大人ならば同じような身長の人が手前と遠くにいるとか、遠ざかっていくと知覚する（次図のⓐとⓒの関係）。この知覚の現象を「大きさの恒常性」と呼んでいる。

このような距離の変化にともなう網膜像の大きさが変わっても、知覚する大きさはほぼ一定に保たれるという大きさの恒常性は、奥行（距離）の手がかり（情報）が豊富なほど高く、逆に情報が少なければ低下する傾向にある。

■　大きさの恒常性の例

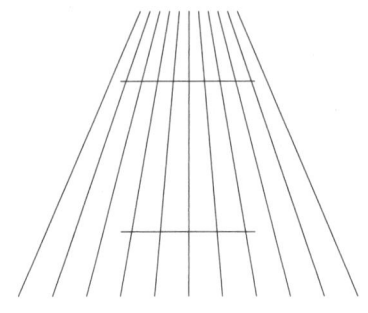

■　ポンゾの錯視

上図のⓑとⓒの関係を見てみよう。この関係では大きさは等しいが、大きさの恒常性の働きで同じ大きさには見えない。この写真での大きさの恒常性は、遠近感を壊している点で下図の錯視と同様のおかしな感覚を生じさせている。

広告物やサインの多くはその広告効果を高めるため、より大きなモノが作られる傾向にある。遠くだからといって板面を大きくすると、上図のⓐⓒの関係のような行き交う人々の普通の大きさの恒常性によりその大きさはより強調され、大きさが人々に与える心理的影響は威圧感や圧迫となって印象を悪くする元となる。広告物やサインの大きさは、大きさの恒常性の働きからより大きくする必要はない。街並との関係からも適度な大きさとしたい。

03　形の恒常性

日頃見慣れているテレビの画面は、人の視野の広がりにあわせて横長の長方形となっている。この長方形のテ

レビ画面は、正面から見たときだけでなく斜めから見たときも同様に縮んで見えることは無い。正しく知覚される。対象の形が視野に対して傾くと、網膜像の形は変化する。それにもかかわらず知覚される形は変わらず一定に保たれている。この現象を「形の恒常性」という。下図は、モナ・リザの顔を正面を中心に上下、左右それぞれ30度と60度の斜めから撮影したものである。斜めからのモナ・リザの写真画像は、左右に細面に見え、上下に縮まったような丸顔に見える。また顔の表情も随分と異なって見える。ところがこの本を実際に斜めから見ても中央の正面の写真の顔はそのように見えない。どのように本を動かして見てもほとんど変わらずモナ・リザの微笑みが見える。

■ 斜めのモナ・リザ（Katz, D., 1944）
出典：仲谷洋平、藤本浩一編著『美と造形の心理学』
北大路書房　1993　p37

04　運動の恒常性

人は絶えず眼球を動かし、頭を動かし、身体を動かしているからその結果外界からの網膜像は大きく運動しているはずなのに、恒常性が働き視野は安定して見えている。

人が運動する広告物を観察する場合、2通りの見方がある。他の静止した文字広告を眺めているときに視点をそのままに、その周りを点滅回転するネオンサインが走って見える場合の「固視」と、動いているバス車体の広告物を目で追う場合の「追視」がある。「追視」は動いている車内から眺める場合もある。前者の「固視」は、眼球は動かず網膜像の中でネオンだけが動く。後者の「追視」は顔や眼球全体が移動するが、注視した広告物の網膜像は動かずにその周りの静止した街並や風景の網膜像は一斉に逆方向に動くことで運動の知覚が起る。

ところで人は、室内、戸外の別なく目を開けているときは絶えず眼球を動かし、身体を動かして動きに対して素早く反応し、注意を払っている。その結果、動いているモノを目で追う「追視」の場合、眼球が動いて動きの対象以外の静止した全ての視野の網膜像も一斉に動くはずなのに、なにも動いているとは感じない。視野は安定して見えている。このような動きに対する恒常を「位置の恒常性」という。

この現象は「固視」の場合も同様である。身体的に余計な運動の知覚が生じないように働き、静止して見えている。

ところで、人の見えの検査に視力検査があるのをご存じだろう。視力検査は通常、静止視力検査を行うが、動きについても「追視」による動体視力検査が行われる場合がある。下図は加齢と視力の変化（静止視力と動体視力）を示したものである。静止視力に対して動体視力は落ちるが、高齢者はさらに急激な低下が見られる。高齢者へのデザインを考案するとき交通の安全だけでなく、広告物やサインの効果を確認し、有効な広告効果とするためにもこの知覚の低下は必要な知識である。

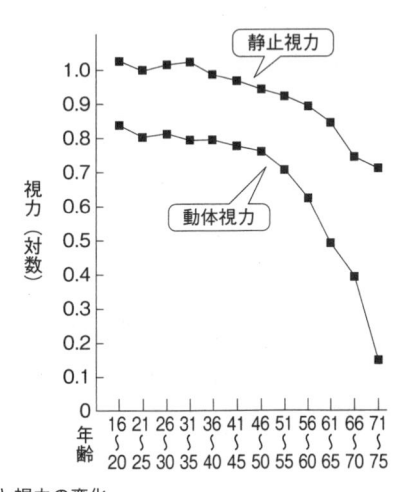

■ 加齢と視力の変化
出典：金光義弘著『事故の心理・安全の心理—視点を変えて交通社会を考える—』(株)企業開発センター　(株)星雲社　p107

05　色の恒常性と順応

　余暇を利用しキャンプ地やリゾート地を訪れる人が多くなった昨今、深い森の中でのんびりと読書にふける方も多いのではないだろうか。そこでは太陽光線が緑の葉を通って、緑の照明下で本を読んでいるかのようである。このような状況下でも本の白い紙面はその白さを保って見えていることだろう。キャンプ地の夕暮れ時になるとランタンが点灯され、初め強い橙色に見えていた明かりは次第に弱まり、そこで開けた読みかけの本もその紙面はだんだんと白く見えるようになる。

　このように照明（光色）が変わっても紙面の白い印象は変わらないなど、モノの色の見え方は変わらず安定性を保っている現象を「色の恒常性」と呼ぶ。この恒常性が働かなければ顔色であれ皮膚の色が、朝見ようが、昼夜、室内の照明のもとであろうと照明が変わるとその見えの色の印象が変わるようでは、人と人形を見間違えたり、柿と蜜柑を見間違えたり、食べ物とそうでないものとを見間違えたりと人にとって生命生存の危機的な状況となってしまうことだろう。

　この色の恒常性が成立するためには色順応を生じる必要がある。色順応とは、同じ色や色光をもつ照明光のもとで見つめると、その色や光色の鮮やかさが次第に減少して、その場に別の色が入ってきたときに別の色は本来の色と異なった色に見えることをいう。先の例では森の緑色の照明下で、最初目はその緑の光に順応し、本の白い紙面は、照明光の色の補色に近づいてみえる。ここで仮に紙面を白く見せるためには、照明光と同じ明るい緑色でなければならない。この最初の急激な順応に対してその後、順応は緩やかに低下していく。さらに時間が経つとこの緑の照明下でのもともとの白い紙面からは、照明光の緑の色光を反射して、目の色順応による照明光の色の補色の影響と重なって光色は打ち消されて、もともとの白い色の紙面に近づいて見える。そして緑色の照明下でも白いものは白いという恒常性がより強く働くことになる。ランタンの暖かい色の光に映ったときも同様に色順応が働き、白い紙面は初めの橙色の補色の見えから、白に近づき恒常性により白さを強めることとなる。

06　明るさの恒常性と順応

　明暗の順応については本章「01　視覚の構造」において触れた。色の恒常性同様にこの明暗の順応が生じ、明るさの恒常性が成立する。先の例の本の白い紙面は、真昼の明るい光のもとで見ようが、夕暮れ時の薄明視の状態で見ようがその白さは変わらない。この現象を「明るさの恒常性」と呼ぶ。

　次の写真は、雪の積もった住宅街の写真である。ここでの雪の見えは日向であろうと日陰であろうと白く見える。その反対にアスファルトの道路はどちらであれ暗く見える。しかし日陰での雪は実際には住宅の壁の明るさとさほど変わりない反射光を返している。日向の雪から日陰の雪に目をやると暗順応が働き、日陰の明るさに慣れた目で暗色の反対（補色）の明るい光（白）が被さってくる。すると日陰のやや暗い雪の色は明るく日向とそう変わらないように見える。この明暗の順応が生じることにより、雪の白さは「明るさの恒常性」が成立して白さを保っている。

■　雪の中の住宅街

　これら恒常性の現象を通して広告物やサインを眺めたとき気掛かりなのが、恒常性には生命生存のための大切な心理的機能が働いているが、その機能の程度により限界があるということである。限界を超えるような色使いや大きさ、度を越した明るいモノ、あるいは激しい動きを伴う点滅や可動のモノなどその多くが、街中にある広告物やサインで占めているという現実である。

第2章　屋外広告物における視知覚の基礎知識—05

02 錯視

私たちは日常のなにげないシーンのなかでいろいろな現象を目にすることができる。対比や同化もそうであるが、目で見ている外界の対象とそこから得られる知覚との間には「おやっ」と思うことや感覚との「ずれ」、「くい違い」が現れることがある。これが錯視である。錯視とは視覚における錯覚のことである。ここでは多くの人に同じようにして起こる錯視について見ていくこととする。錯視には幾何学的な図形錯視だけでなく、対比と同化、明るさや色の錯視、立体視による錯視、運動の錯視などがある。

01　垂直水平錯視

一般に立つものは目立つといわれる。その理由は、人の目の構造が持つ視野との関係にある。横長のテレビ画面が見やすいように視野は、上下よりも左右横長の広がりを持っている。その視野のなかで水平のものは身体の動作無しにすんなり飛び込んでくるが、上下に長い（高い）ものは頭を上にもたげるなどエネルギーを使って負荷のかかる動作を必要とする。だからこそ立つものを見るときは高いという性質を感じてしまうことになる。

この図は、19世紀に西欧で好んで用いられたシルクハットの錯視である。図を見るとシルクハットの高さが強調されて見えるようだが実際はどうだろうか。測ってみるとよい。高さ（C〜D）よりも横幅（A〜B）の方が実際は広くなっている。

この関連の錯視図形としては下図などの錯視がある。

a) T字　　b) （1851年フィックの）十字

c) L字　　d) 正方形

■　垂直水平の錯視

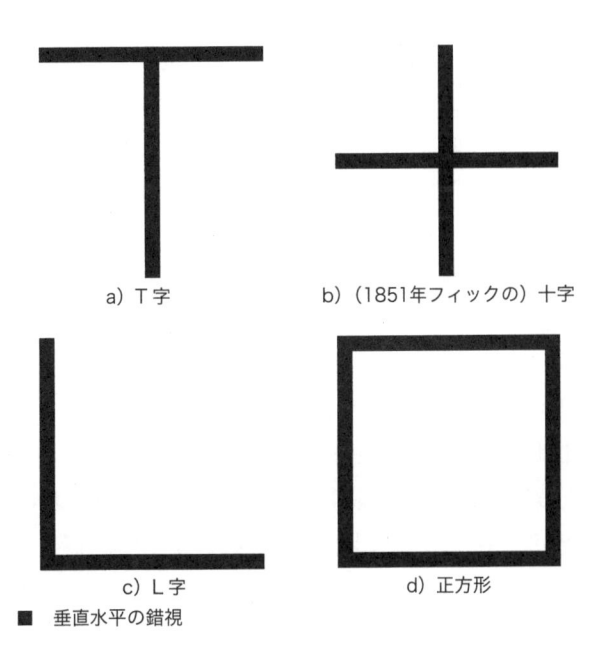

図形の垂直水平線分はすべて同じ長さである。これらは水平よりも垂直の方が長く見えるところから垂直水平の錯視と呼ばれている。

02　登る下る視線の錯視

自然界にもいろいろな錯視がある。天空を移動する月の錯視はよく知られている。一般に、地平線近くの月は大きく、天空高く昇った月は小さく見えるといわれている。それは地平線近くは地上に近いことで地上の建物や

■　シルクハットの錯視（1890年「ラ・ナチュール」誌掲載）
出典：ジャック・ニニオ著　鈴木光太郎・向井智子訳『錯覚の世界―古典からCG画像まで―』新曜社　2004　p22

■ 登り坂下り坂

事物との比較で大きく見えるとか、月の光が大気層を長く通る地平線近くの方が光の屈折の関係や暖色系で心理的にも大きく見えるのではとか、また垂直水平の錯視の見え方にも関係するが、垂直方向よりも水平方向に広い人の視野特性を持つことにより月が昇るとともに垂直方向の方が長く感じ、相対的に水平方向での視野が広がる地平線の近くの方が大きいとする考え方などによるものである。

「月の昇る降る」を見たが、地上において「登る下る」の知覚として普通に見られるものに次の錯視がある。

上写真のような登り坂下り坂の場合である。下り坂は道幅が急激に減少し狭まったように見え、俯瞰景観の様相を呈している。今度は登り坂になると、道幅は緩やかに減少となり同時に上の方に立ち上がったように見えて、見上げ（仰角）景観の特性を現している。

この見えの知覚は人工的に造り上げられた階段でも同じように見ることができる。階段を前にして確認すると一目瞭然だが、遠く正面に見える階段は、水平な踏み面部分が見えず急に立ち上がった感じで蹴上げ部分の重なりで高い壁となって見える。今度は近くから見る階段は、踏み面の水平部分が手もとでよく見え遠近感（奥行）を強めて、緩やかに遠のくように見られる。これも錯視である。

このような見えの錯視は遠くの山の方が近くの山よりも険しく感じられることでも確認することができる。

03　遠近法

遠近感（奥行）との関係で遠くの山や階段が立ち上がって険しく感じられるが、錯視が最も遠近感と関係づけられるのは「ポンゾの錯視」（「04　恒常性と順応」の大きさの恒常性）である。この錯視は大きさの恒常性を壊すことで得られる。

下図はグレゴリーが「ミュラー・リヤーの錯視」の横長図形を縦使いとして、遠近感（奥行）との関係で解説したものである。それぞれ、ビルの角を外側から見た場合（a）と部屋の隅を内側から見た場合（b）に見立てると（a）は前に突き出す進出の形態を持ち、（b）は後退する形態となる。この恒常性の関係から遠方にある後退する形態をとる縦軸が同じ長さだとすると（b）の方が長いと感じることになる。つまり遠近感が大きく関わっていることを示している。同時に囲われていて閉じられたもの（a）が図になりやすい（「03　対比と同化」の図と地の関係）ことを具体的に説明するとともに地（b）は背景に広がって（b）の縦軸の方が長く感じられることも明らかにしている。

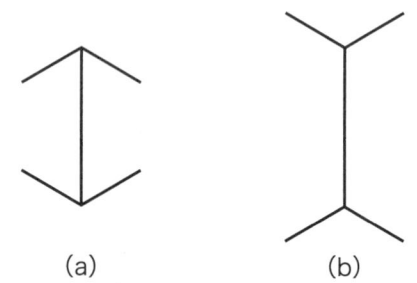

■ ミュラー・リヤー錯視とビルの角（a）と部屋の隅（b）
（Gregory, 1966）

このように視覚の様々な見えはそれぞれ独立している場合もあるが、多くはいろいろな現象と関連している場合が多いようである。すべては視覚の構造（目の構造）から始まっている。

04　幾何学的錯視

19世紀以降多くの研究者によって、「ポンゾの錯視」や「ミュラー・リヤーの錯視」をはじめ様々な幾何学的錯視図が考案された。次図はその代表的なものを集めたものである。

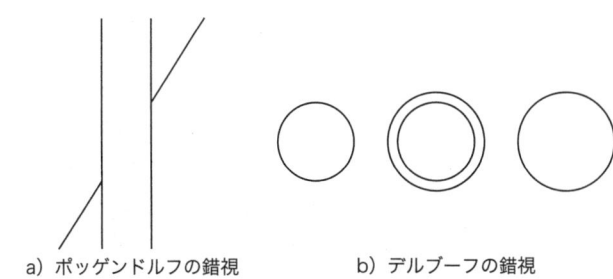

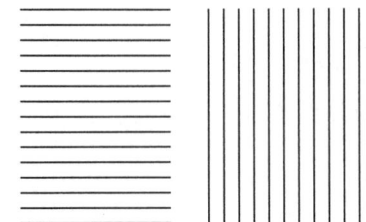

a）ポッゲンドルフの錯視　　b）デルブーフの錯視

c）ツェルナーの錯視　　d）ヘルムホルツの錯視

e）縦縞の服と横縞の服

■　幾何学的錯視図
出典：e) 仲谷洋平・藤本浩一編著『美と造形の心理学』北大路書房　1993　p31

　aは、平行線と交わる線は直線に見えない。
　bは、同心円の錯視で左右それぞれの円は中央の内円、外円と同じものであるが、左円より中央内円が大きく、中央外円より右円の方が大きく見える。
　cは、平行線が斜線の影響で傾いて見える。
　dは、両方とも同じ大きさの長方形だが、横線の並んだ方は縦に長く、縦線の方は横に長く見える。
　eは、dと異なり、縦縞の服はほっそりと高く見え、横縞の服は横長で太って見える。
　このような図形による錯視の現象は、関連したデザイン製図を行う上での正しい図形の見えにも狂いを生じさせることを示唆しており、実際に正しい図形を描いたのに何かおかしいと感じる人も多々おられるのではないだろうか。
　次図は、製図作成時に注意したい錯視現象である。

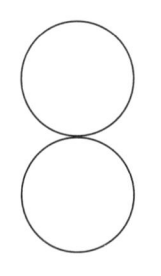

a）上下とも同じ大きさの円
上の円の方が大きく見え安定感を得るためには上の円を小さくする。

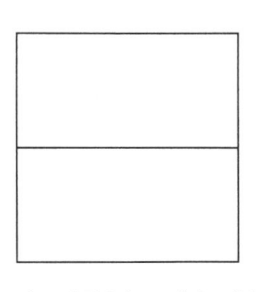

b）正方形を上下に中央で分割した図形
分割の上の方が下に比べて大きく広がって見えるため、a 同様に上の方を小さくする。

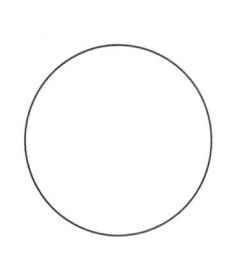

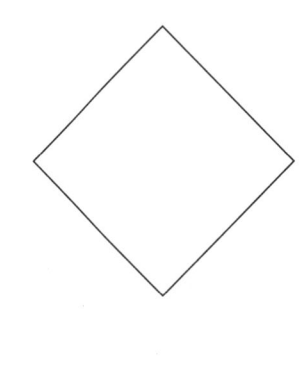

c）円、正方形、ひし形（正方形とひし形は同じ大きさ、正方形の一辺と円の直径は同じ）
同じ大きさの正方形とひし形では幾分ひし形の方が大きく見え、正方形の一辺は円の直径より長く見える。

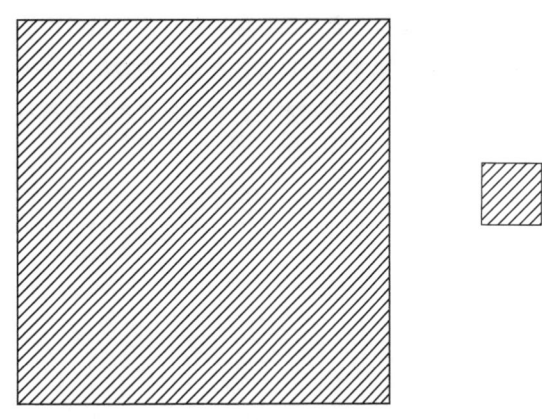

d）ビィカリオの虫メガネ（斜線の間隔は大小の正方形とも同じ）
斜線の間隔は大きな正方形の方が狭いように見える。

57

05 明るさ知覚の錯視

　色の見え方は複雑で予想できないものがある。光の無いところに色が見える補色残像や色の対比も錯視の現象の一つととらえることができる。
　下図は、白や黒しか無いところに色が見える主観色の例である。

■　主観色（ベンハムのこま）

　これはベンハムのこま（ベンハムトップ）と呼ばれるパターンで、1894年にベンハムによってオモチャとして発売されたものである。これを時計回りに回転させると円盤の中心から赤、緑、青、菫の順に色付いて見える。回転を逆にすると色の順序は逆となる。
　このように主観色とは色みのない図形（白黒で描かれた図形）に色覚を生じる現象を総称していう。
　次図「マッケイの錯視」も主観色である。10秒ほど見つめると、ゆらゆらと色のパターンが浮かび上がる。それと同時に中心付近で回転の動きが感じられる錯視である。この原因ははっきりとしないが、人の目の特性である目は絶えず微動するということと、視覚には多少時間がかかりその動きが不安定だとするところにあるといわれている。

■　マッケイの錯視

　次図は「ヘルマンの格子」（ハーマングリッド）と呼ばれている。白の十字（交差点）部分に錯視のクマ（灰色の斑点の陰）が見える。この格子を45度回転させて見ると見え方は一変して黒い線が対角線方向に見える。

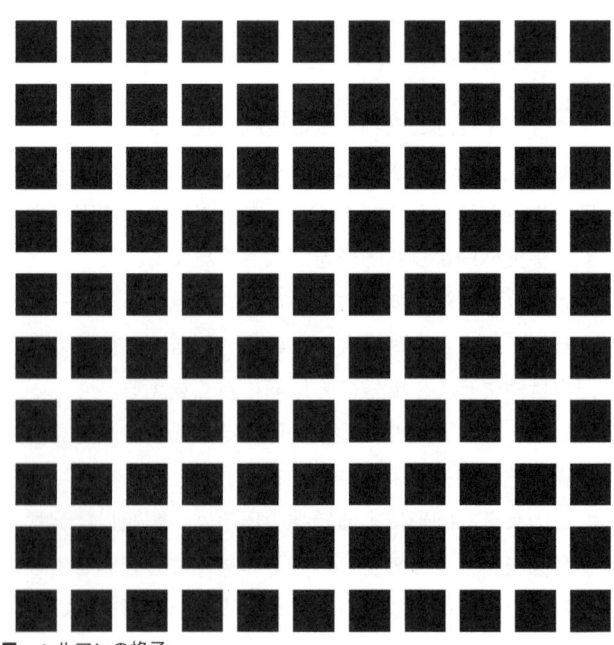

■　ヘルマンの格子

　次図は、「バーゲンのきらめき効果」と呼ばれ、「ヘルマンの格子」の錯視現象の探求から発見され後に改良されたもので、白い格子の代わりに灰色の格子を用い、こ

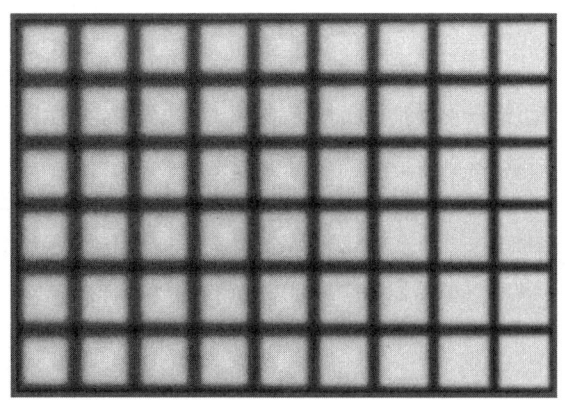

■ バーゲンのきらめき効果

の灰色の十字（交差点）部分で明るくきらめき出すというものである。主観的であるため個人差の多い現象だが、慣れてくると全体がきらめき出す。

下図は、「カニッツアの三角形」と呼ばれ、主観的輪郭の現象を見ることができる。主観的輪郭とはこの図のように線は引かれていないが、白い三角形がはっきり見える現象をいう。普通の感覚でこの三角形はベース地の白い部分よりも明るく浮き出して見える。

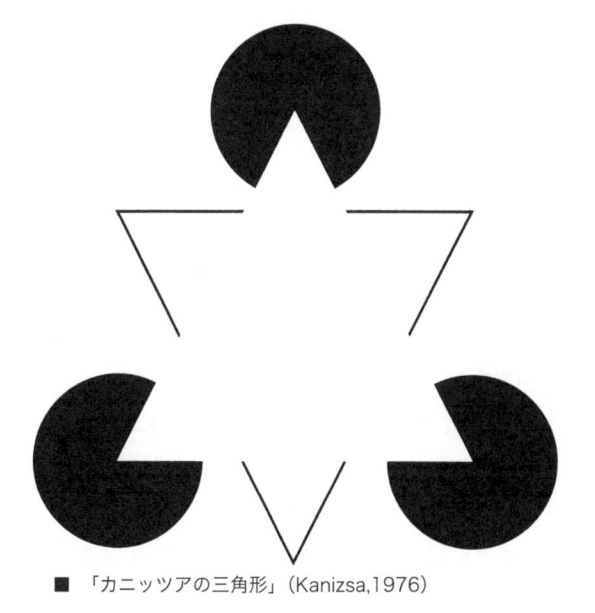

下図は、白い十字形の上に黒っぽい斜めの矩形部分が透明視を現している。

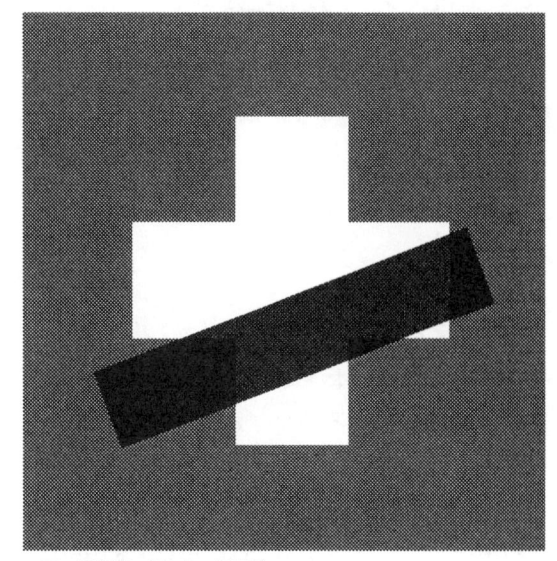

■ 透明視（Fuchs,1923）

以上、いろいろな錯視を見てきた。広告物やサインはそれを見る人が何の広告か、サインかを見る人の経験や知識にもとづいて知覚される対象といえる。その意味で広告物やサインの視点で錯視をみると、錯視は特別のもの、感性的な遊びの一面も持つが、一方で錯視は人間の知覚能力の限界を示しているところがあり、デザイン表現や表示の効果を確認するシミュレーション的で有効な部分が多いといえる。

■ 「カニッツアの三角形」（Kanizsa,1976）

第2章　屋外広告物における視知覚の基礎知識—06

色の表示方法

01　色を伝える

　人に色を説明したり伝えようとする場合、どのような方法を使えばよいのだろうか。それには求められる正確さの度合いによりいくつかの方法がある。最も簡単な方法から考えてみよう。

　最も簡単でわかりやすい方法は、色見本を相手に見せる方法で、たとえば既製品の場合、実物サンプルの色を相手に見せる。それによって簡単に相手と色の情報を共有することができる。

　次に、色見本が使えない場合は言葉で説明しなければならなくなる。そこで一般的な方法は、色名による伝達である。これには2つの方法があり、ひとつは身近にある動物、植物、鉱物など誰もが知っている実際のモノなどの固有の色を色名として使用する方法で、鶯色、橙色、空色などがそれにあたる。この方法で示す色は無数にある色の中のただの1色でなく、一定の範囲内の色を示すものであること、すべての色に色名がついているのではなく色名で表されない色がある、という欠点がある。しかしながら、その欠点を補い他のものでは代えられない色名の良さがある。例えば鶯色からは鶯の鳴く春先の穏やかな光景が、また晴れ渡る秋の空色がイメージされたりと、色名には色そのものを伝えるというよりも、まわりの状況も含めたその色が出現する環境を読みとき共有するという日本人の文化性が感じられる良さがある。

　2つめは色の三属性とトーンで表す方法である。私たちはよく「明るい紫」「あざやかな青」「くすんだ緑」などという説明をする。これは「明るい紫」の「明るい」は明度が高いことを表す修飾語で「紫」は当然色相を表す。「あざやかな青」は高彩度の青であることを表し、「くすんだ緑」は中くらいの明るさと中くらいの彩度をもつ緑を表す。トーンとはダークやディープというようないうなれば明度と彩度をまとめて1つの言葉で表す言葉で、ダークな赤、ディープな茶という表現により先ほどと同じように三属性の要素が含まれる。この三属性とトーンによる方法は、すべての色を色名に置き換えることができる。以上2つの色名による方法は簡単で相手にもイメージが伝わりやすいため日常的に多く使われ、JIS（日本工業規格）でもJIS Z 8102（物体色の色名）として色名が定められている。しかしこの方法は、比較的簡単に色がイメージできる反面、イメージという感覚には多少の個人差があるため伝達の方法としては正確さに欠けるという欠点もある。したがって、より正確さを必要とする場合は不適切ということになる。

　これまでの方法に比べ、正確な方法として次の04記号を使う方法がある。私たちは定規というモノの存在でたとえば我が国では長さ1cmのモノ、と聞いただけで実際にモノは見なくても誰もがその長さがわかる。色も同じように定規のような基準があり、そこではcmやmのような記号がつけられている。それがJIS（JIS Z 8721 色の表示方法—三属性による表示）である。これは色を順序よく配列し、合理的な方法または計画で標準化されていて、実際に色を見ることができる色見本もJIS標準色票として規定されている。したがって記号を見れば、どんな色であるか把握することができるのである。

　この他にも色の伝達つまり表示方法はあるが、色を表現する目的と必要な正確さに応じて使い分けなければならない。

02　色見本による方法

　既製品の実物サンプルは一般的な色見本のひとつであるが、それ以外では印刷業界ではDIC、塗料業界では社団法人日本塗料工業会塗料用標準色見本帳、建築インテリア業界には新建築デザイン色票、テキスタイルやファッション業界ではパントンテキスタイルカラーシステムなど業界ごとに専用の色見本帳が使用されている。これらの色見本帳は業界ごとに使用する色の数や範囲の特徴にあわせた内容で構成されている。したがって使用目的に応じた業界の色見本帳を使用することが肝要である。

03 色名による方法

JIS（JIS Z 8102 物体色の表示）で色名による表示には慣用色名と系統色名の2種類が定められている。

(1) 慣用色名

具体的な固有のモノの色がその色を表す色名として利用され定着したもので、固有色名ともいうが、その中でも広く一般に慣用されている色名を慣用色名という。現在 JIS では慣用色名は269色が採録されている。先に記述した動物や鉱物などの他、時代、歴史、文化、自然、環境、世相（流行）などにも関連し、今後も新しく生まれる可能性がある。

(2) 系統色名

慣用色名と異なり、色を系統立てて三属性とトーンで表すことで色名を表そうというのが系統色名である。系統色名を理解するためにまず下図を参照してほしい。たとえば、赤という色相の仲間には多くの赤がある。赤の仲間とは色相は同じ赤だが、明度と彩度が様々な赤のことである。それらを整理し、順序よく配列すると図のようになる。

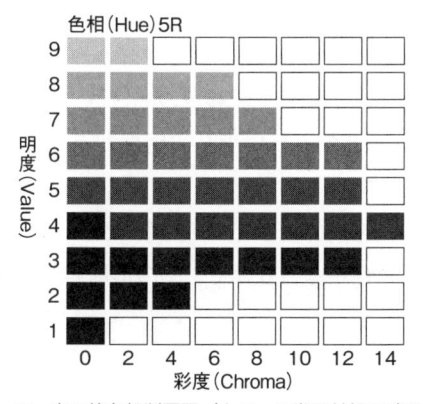

■ 赤の等色相断面図（カラーは巻頭付録08参照）

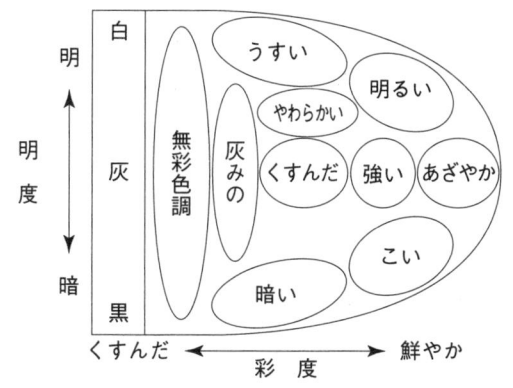

■ 等色相断面のトーン模式図

この中で最も彩度の高い色（左上図では最も右端の赤）を赤の純色という。左にある縦軸は白～黒までの無彩色で、上に行くほど明るくなるように配置されている。純色は無彩色と対極の位置に配置し、両者の間にたくさんの赤の仲間が配置されているが、純色に近い位置にある色ほど彩度が高く、無彩色に近い位置にある色ほど彩度が低い色となる。つまり横軸は彩度軸である。また、先ほどの無彩色の縦軸は上方に配置されている色ほど明るく、下方にある色ほど暗い色となるため、縦軸は明度軸ということになる。このように同じ色相の仲間の色は明度と彩度の関係をまとめて平面上に配列することができる。

さて、系統色名の解説に戻るが、左下図は、左上図と同様に色相が同じ色の仲間の模式図であるが、色の位置によって系統色名が区分されている。図中に記載されている「明るい」「強い」「こい」などの言葉は明度と彩度両方の度合いを表す修飾語である。この修飾語と色相の組み合わせによってすべての色を表現することができる。たとえば「明るい黄緑」や「やわらかい青」のように表現する。また、無彩色の横にある無彩色調のゾーンは色みを帯びた無彩色のことである。JIS の系統色名の総数は350色である。

04 記号を使う方法　マンセル表色系

左上図は赤の仲間を配列したものだが、このように色を整理して順序よく配列し、記号をつけて表示したものを表色系という。その代表的なものにマンセル表色系がある。これはアメリカの画家で美術教師でもあったマンセルが考案したものであるが、その後修正が加えられ日本の JIS に採用された。そのため現在使われているものは正確には修正マンセル表色系というが、ここでは略式にマンセル表色系と呼ぶこととする。マンセル表色系では色相はアルファベットで表す。R = Red（赤）、Y = Yellow（黄）、G = Green（緑）、B = Blue（青）、P = Purple（紫）と、それぞれの間の YR（黄赤）、GY（黄緑）、BG（青緑）、PB（青紫）、RP（赤紫）の10色相を基準とし、それらを順に環状につないで色相環とする。各色相はさらに細かく分割して表示することができる。色相の記号に1から10の分割した数値が設定されておりたとえば R ならば 1R は色相環上の RP（赤

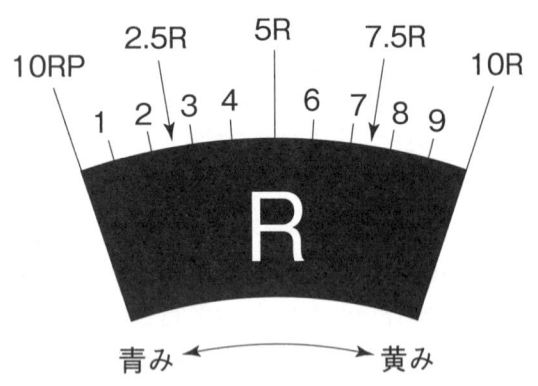

■ 色相環中のR部分の拡大図

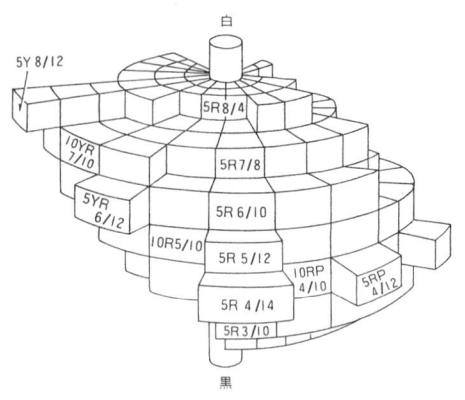

■ マンセルの色立体

紫）に近いR、10RはYR（黄赤）に近いRということを示す（上図）。なお、各色相の中心色は5である（巻頭付録07参照）。

前ページ上図はJISの標準色票の色相＝赤（5R）の等色相断面（色相が等しい色を配列したもの）である。この構成は前述したとおりで、等色相断面には縦軸には明度、横軸には彩度の数値がついているので中に配置してある任意の色の明度と彩度はその数値を読めばわかるようになっている。

明度軸は無彩色で構成され、明るさが10段階に分けられている。理想的には黒の明度は0、白は10であるが、実際には純粋な黒や白は再現できないため色票では最も暗い黒を1.0、最も明るい白を9.5の数値としている。等色相断面の中の色はこの明度軸を基準にしてそれと等しい明るさの位置に配置されている。ここで注意すべきは色相により純色の明度の数値が異なる点である。たとえばYの純色は非常に明るく明度8だが、Pの純色は4で暗い。

彩度は無彩色の軸からの距離によって定められ、純色に近いほど高彩度となる。純色の数値は各色相により異なり、R、YR、Yの純色の彩度は高く14まであるが、B系は8〜10までしかない（巻頭付録07参照）。

このように各色相ごとに明度と彩度の特徴があるため等色相断面により色の配置領域が異なることがわかる（巻頭付録08参照）。

マンセル表色系は5R 4／14のように表示し、5Rが色相、4が明度、14が彩度である。読み方はごあーるよんのじゅうよんと読む。無彩色の場合は「Neutral」の頭文字をつけN6のように表し、明度が6の無彩色であることを示している。

表色系を三次元空間に表したものを色立体という。上図右はマンセル表色系の色立体で、その形は非対称形となる。

第2章　屋外広告物における視知覚の基礎知識—07

色を測る

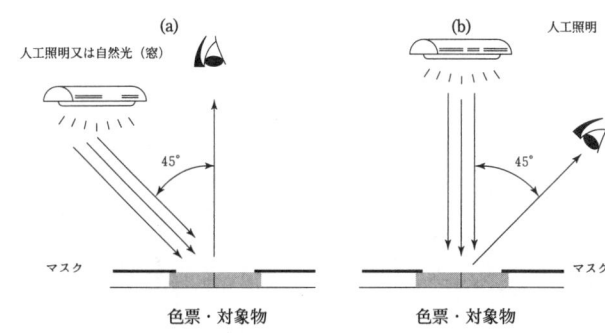

■ 照明と観察の方向
（資料）『新編　色彩科学ハンドブック（第2版）』（日本色彩学会編、（財）東京大学出版会、1998年）より作図

01　測色作業の実際

基準とする色票を用いた視感（人の目による目測）測色について記述する。

⑴　室内（作業ブース）での比較照合作業

色を「この色だ」と特定する測色方法の詳細は、JIS Z 8723（表面色の視感比較方法）で規定されている。ここでは、広告物の色の比較照合作業に対応して要約する。作業風景のイメージは下図となる。

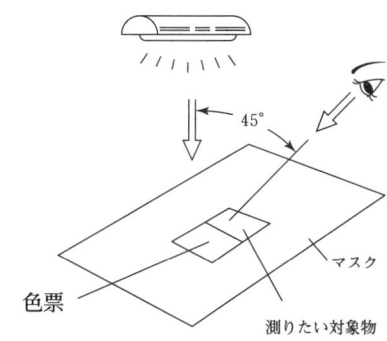

■ 色の視感比較方法

① 適用範囲：表面色（鏡面をはぶく）の比較に用いる。
② 照明光：標準の光D65に準ずる光源か、日の出3時間後から日没3時間前の北空昼光（北側の窓からの自然光）。照度は作業面で500～1000lx以上の均等照明。
③ 周囲の色：作業台周辺は灰色で反射光等が影響しないものを使用、着用の衣服も同様の影響の無い色とする。
④ 照明と観察の方向：反射光を抑え、よく見える角度45度方向からの照明(a)では真上から観察し、真上からの照明(b)では45度方向から観察する。（上図）
⑤ 観察する人：正常な色覚を持つ人、色メガネ等使わない。目をよく休ませ観察する。
⑥ 色票：マンセル表色系の色票であるJIS標準色票等信頼できるものを用いる。印刷物の色票は正確さや変色等に注意する。
⑦ 色の配置とマスク：色票と測りたい広告物（または塗り見本）は同一平面上に隣接して並べ、その背景や周囲を整え、正しい視角で測色できるようにマスクを用いる。色票と測りたい広告物の視角は約2度又は10度と規定されている。目安として軽く手を伸ばしてみて指1本が約2度、指5本つまり手の平が約10度となる。
⑧ 測色値のとり方：測ろうとする色に対して最も近い色を色票から探し記帳する。曖昧で一致しない場合は近い複数の色票をもとに6YR4.2/8.5のように小数点を使った中間の色値を表示する。
⑨ 色票の扱い：色の物差しであるので放置せず大切に保つこと、特に紫外線等で変色しやすい。

⑵　戸外での測色調査の方法

戸外では、規定された測色方法は無く、室内での比較照合作業の方法を熟知した上で戸外の現場に臨機応変、対応させる。

戸外での測色作業には完成近くの設計制作色の作業で、出来るだけ実物大近くの大きさの検討用塗り見本との比較照合（次頁写真）と、色彩調査時の比較照合の作業がある。戸外での測色作業風景のイメージは次頁図となる。

■ 検討用塗り見本との比較照合の例

　設計対象広告物を図（図形）と見立てて、その他の要素（景観構成要素）は地（背景）として測色する。写真は旧森山町（現諫早市）の国道沿線屋外広告物地色の選定に際し、商工業者を交えたまちづくり推進委員（住民）により行われた比較検討風景である。

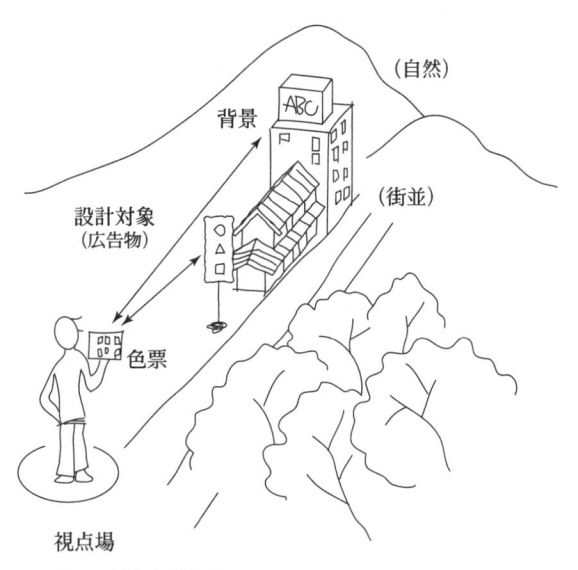

■ 戸外での測色作業風景

① 測色方法
a.b.の測色方法で行う。
　a. 対象に密着して「本来の色」を測る。
　b. 対象から離れて景観色としての「見かけの色」を測る。
a.b.の方法は基本的に次のように使い分ける。
　測りたい対象の地（背景）色は、背景の建物、既設の広告物、周囲の樹木などで、これらに近づいて色票と密着させることができる場合にはa.の方法で測色する。
　近づけない。もしくは距離を置いた視点場からの景観色（景観構成要素の色）の測色の際はb.の方法を用いる。また、広告物設計制作色の比較照合としての塗り見本の観察の場合もb.の方法をとる。
　なお、測色の際の色値の目安としては、室内での比較照合同様に基準となる色票を用い、照合を行う。

② 測色のための注意点
　イ）室内での北空昼光利用の測色同様の時間帯での作業が望ましい。
　ロ）戸外の自然光のもと、高照度、高輝度の影響を抑えるために、作業時間の短縮と要領の良さに心掛ける。
　ハ）a.の場合、色票と対象は同一平面で並べて、目の位置（高さ）と垂直（同じ高さ）となるようにする。マスクを使う場合は、陰が出ないようにする。
　ニ）b.の場合、基準とする色票と測りたい対象は同じ自然光照射の状態を保つ。
　ホ）b.の場合もマスクを使用してもよい。色票は、反射しない向きや対象との位置関係、形態に配慮して測色を行う。

　実際にb.の場合は、相当な実技回数をこなし、熟練の域に達しないと正確で信頼に足る測色データは得られるものではない。日頃からの色に慣れる行為と訓練の積み重ねが良い測色者、引いては良い設計者になる近道である。

02　色をはかる

　「はかる」にはいろいろな文字が当てがわれ、様々な「はかる」ものが日常生活で使われている。「測る」は長さ、高さ、深さなどを尺度の物差しを使って調べること、「計る」は数や時間を調べ数え予想すること、「量る」は重さや容積などを調べ見当をつけること、「図る」は企てることである。
　では「色をはかる」とはどういうことだろう。「色を測る」は色の物差しとなる色票や器械または人の目を使って対象が持つ色の性質（三属性など）を測ることをいう。これを「測色」という。これに対して、「色を計る」は色の数、使いみち等から色の影響の度合いを予想し頃合いの色彩をはかることを、「色を量る」は視野や

空間に占める色の分量や心理量を調べ見当をつけることを、「色を図る」は良い色が選定できるように企画設計し制作に結び付けることがあげられる。

　以上整理すると「色をはかる」とは、いろいろな対象の企画設計（図る）をするために、三属性等の色の性質を調査（測る）し、色選定に向けての条件や色の影響の度合いを調べ予想（計る）し、見当（量る）をつけることと考えられる。また最終的には、指示した色と合致している（思い通りの品質）かの比較照合（測る）と、期待通りの効果（魅力度）に仕上がっているかを、設置状況の中での色確認（測る）として行い、完成度を高める作業といえる。

03　測色から得るもの

　戸外で色を測る作業は一般に現場の測色調査とか広く色彩調査と呼ばれている。下記の設計制作色の比較照合と合わせて測色の調査結果からは、測色データを得ることが目的となる。測色データには次のものがある。

(1)　設計制作色の比較照合

　制作された広告物など設計対象の検討用塗り見本を作り、基準の色票と合致しているか、"この色だ"と特定できる色データを取り出す作業。特定できない場合は再度制作のやり直しとなる。

(2)　色彩調査時の比較照合

　ここでは次の２通りの測色を行い、設計に向けて信頼性のある測色データを得る。

① 色票・器械測色

　マンセル表色系による色値（三属性の数値記号）を提示した色彩データや三属性の分布状態がわかる色彩分布図をもとめる。

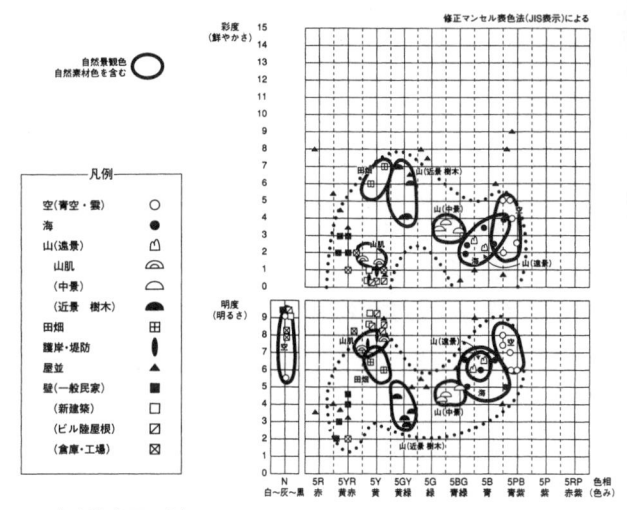

■ 色彩分布図の例
出典：『ファッションコーディネート色彩能力検定対策参考書「１級編」』（社）全国服飾教育者連合会　1996　p51

② 人の目で部分や全体の印象を測る

　おおまかな色の性質を得る。色相では色みの華やかさ、暖寒の印象など、明度ではバランス、奥行、明るさ感などの印象をとらえ、彩度では色みの印象の強調の程度を探る。全体として場の印象や雰囲気を探り、イメージ資料を得る。

第2章　屋外広告物における視知覚の基礎知識—08

色彩調和と配色

01　配色と効果

街に出ると多くの広告物やサインを目にするが、個々の広告物やサインには様々な色が使われている。それは文字や図柄といった図の色、そして図の背景となる地の色である。広告物やサインは色の組み合わせによって構成されているのである。

一般に配色とは2色以上の色の組み合わせを指し、その目的は配色によって何らかの効果を持たせることであるが、私たちが日常配色を考える際に期待する効果は、大きくは美的効果と機能的効果である。美的効果とはその配色が美しく快いと感じるもので、配色が施されたモノの価値を高めることにつながる効果である。機能的効果は、図と地の配色によって文字や図柄を見えやすくしたり読みやすくする、イメージを伝えるなどである。色彩調和は主に美的効果が発揮された配色の状態をいうが、配色とは美的効果だけ、機能的効果だけを考えるのでなく、両方の効果を念頭において考えるべきであろう。たとえば広告物やサインのように機能的効果が要求されるモノに対してもただ人目につきやすい、読みやすいなどという目的だけを重視するのではなく、そこに調和感のあるよい配色を心がける必要がある。

02　自然の色・人工の色

色はいくつかの考え方で分類することができる。「06 色の表示方法」のところで示した色相と明度と彩度、有彩色と無彩色などの属性による分類もひとつの分け方であるが、それとは別の分類として自然の色と人工の色という分け方がある。私たちが目にすることのできるモノの色はすべてこの2種類に分類できる。

自然の色は植物や空の色など、人工の色はビルや橋、

■　自然の色：自然風景

■　人工の色：都心風景

パソコンの画面の色などがある。この2つの違いは何だろう。自然の色は人に感動を与える。たとえば植物の葉の色は緑色であるが、これは葉の中に含まれている葉緑素が太陽光を受けて光合成を行うことで表れる色である。この色は植物が生き延びようとする結果の色であり、植物が生きている証の色でもある。このような生命あるモノの内面から生み出される色の美しさに人々は感動を覚えるのである。この葉の色を絵の具で再現しようとしてもなかなか困難で、全く同じように感じる色はつくれないものである。偶然物理的に同一色ができたとしても、その色を見て人は感動するだろうか。絵の具でつくった色は生命の輝きのない表層的な葉の色のコピーでしかない。それはたとえ物理的に測定値が同じ色であっても人には葉とは違う別の種類の色にしか感じられな

い。実際に2つの色を並べてみるとその本質の違いが強調されて人工の色の方には強い違和感を感じるものである。人工の色は絵画のような芸術作品を除いて人に感動を与えることはまずない。その意味で色をとりあつかう場合は自然の色と人工の色は根本的に別の種類のモノであるということを十分に理解しておかなければならない。

　戸外の広告物やサインの多くは自然環境に設置されることもあるため色の工夫が特に必要になることが多い。その場合は周辺との調和が求められるが、そこで自然の緑が多いから緑色を使えばよいという発想で色を安易に選ぶと逆に違和感を感じるものができる危険性が高く、調和を乱すことにもなりかねないので心得ておきたい。

03　文化継承の色

　古いモノほど新しい。これは天文研究を説明する為によく使われる。天体観測はより暗いモノへとその興味の対象を移行している。その理由は、暗い天体（星）ほど遠くにある、それは距離と共に時間的にも遠いことを意味し、暗い天体ほど昔の情報を持っていることを意味する。そしてこの何万、何億という光年の多くの情報を知ることによって、本来の地球のあるべき姿を予想する、古さゆえの新しさがそこにある。古いモノ、それはもとはモダンなモノ、現代でもそのモノは残っている。そこには価値がある。フォルム・テクスチャー・カラー、インプットされたモノは誰が見ても美しい色彩を持っている。

■ 伝統町家と和服

　戸外で見る今日の華やかな色彩は、明治以降文明開化後のことといわれている。ペイント、プラスチックなどである。それ以前、日本には素材（色）を用いた「生地の文化」と仏教伝来後の「塗りの文化」および自然を尊ぶ「染の文化」が存在した。これらはおのおのの時代でモダンなものであったろう。そして価値を認め、現在に至っている。広告物やサインにおいてもムクの木地材や布もの、木地への伝統塗りなど利用することも多いと聞く。これらは自然の色そのもので無い場合が多いが、自然に準じ日本人の色彩観の現れるところのものでぜひとも継承したい。さて現在において後世に新たに継承していく色はあるだろうか。塗料、印刷の色、映像の色、何が残っていくだろうか、先見性のある創意と工夫が求められている。

04　色彩調和論

　「自然の色」、「人工の色」あるいは「文化継承の色」それらを使ってよい配色をつくるといっても無数にある色の組み合わせを考えるには実際なかなか難しいものである。そこに手がかりのようなものがあれば容易に配色ができるのではないか、と考えたくなる。欧米では古くから普遍的な配色美についての論理が探求されてきたが、色についても美しいあるいは快いと感じる配色には何らかの法則や原理があるのではないかと研究が進められてきた。その結果、マンセル表色系のような様々な表色系を使って調和する色の規則性や調和領域を示した色彩調和論が発表された。アメリカの色彩学者ジャッドはこれらの色彩調和論を調査し、共通する色彩調和の基本原理を明らかにした。ここではジャッドの色彩調和の原理をもとに、色彩調和と配色について理解しよう。

05　ジャッドの色彩調和の原理

　ジャッドの色彩調和の原理は秩序性の原理、親近性の原理、共通要素の原理、明瞭性の原理の4つからなりたっている。

(1) 秩序性の原理

　表色系の色空間において等間隔に位置する色のような秩序のある関係や幾何学的な関係にある色は調和するというものである。本書で取り上げているマンセル表色系以外にも表色系は複数あり、それらは各々異なった基準によって色空間が構成されている。表色系は色を表示する以外に配色を考える基準としても利用されるが、ひとつの表色系で多種多様な目的に対応できるような万能

表色系は残念ながら存在しない。この秩序の原理は色の配列が等間隔に配置された表色系において適用される原理といえよう。

(2) 親近性の原理

自然の中にみられる配色は私たちにとって見慣れた配色であり、親近感を持ってみることができる。それは、夕焼けの赤から橙の諧調や、植物の葉の日向の明るい緑と陰の暗い青みの緑などの濃淡などで、私たちが生活の中で目にする美しい配色である。親近性の原理はこの太陽光がつくり出す自然界の色の諧調が配色の手本となるというものである。

(3) 共通要素の原理

共通性や類似性の要素が多い配色は調和するというものである。たとえば色相が同じ仲間同士の配色が調和することは容易に想像できるであろう。

(4) 明瞭性の原理

使用されている色の差にあいまいなところがなく、適度な変化性をもっている配色は調和するというものである。似て非なるあいまいな関係の配色は不安定な感じを与え、適度な変化は視覚的安定感をもたらす。

06　配色の要点

色彩調和論（主にジャッドの色彩調和の原理）を参考に、その他必要な項目を加えて一般的な配色の要点をまとめると次のようになる。

(1) 配色をしようとする対象物の用途、目的を考える。
　例：対象物に応じた必要な効果の度合い、対象物にふさわしいイメージ、文字の読みやすさ
(2) 形と色の関係、背景となるモノの色との関係を考える。
　例：書体のイメージと色のイメージの統一、広告物やサインの背景となるモノの色
(3) ベースとなる色を考える。
　最も面積の大きな部分の色　配色全体の色の調子が決定される。一般に灰みや無彩色調の色を用い図色を高める。
(4) 必要な色数を考える。
　必要最低限の色数でも効果的な配色は可能。
　雑多な街頭での訴求性が高まる。
(5) 三属性による配色を考える。

三属性による配色は表色系をもとに考える。ここではマンセル表色系とトーンの模式図をもとにする（マンセル表色系と等色相断面のトーン模式図参照）。

① 共通（類似を含む同化）の要素による配色
a) 色相が同じ配色
　赤なら赤という色相がもつ支配（ドミナンス）的な印象が強調される。
　濃い緑と薄い緑の配色のように一般に濃淡配色と呼ばれるものが基本。
　この場合類似の範囲において濃い緑は青みに、薄い緑は黄みの色相に振る。この配色は自然界の日向は暖色、日陰は寒色方向に色相が振れるという自然界の色の見えに習ったもの。この関係で配列させた配色は「ナチュラル・ハーモニー」と呼ばれ、これと逆に寒色方向を薄く、暖色方向を濃くしたものが「コンプレックス・ハーモニー」と呼ばれる。

b) 明度が同じ配色
　明度が同じ配色は組み合わせた色の識別が難しくなるためあいまいな印象になりやすい。一方主に見られる場所からの距離をあらかじめ想定しておき、それより遠方の場合は周囲と同化または融和させて突出を防ぐ方法もある。
　図と地の配色を考える場合は明度差が少ないと文字や図柄が読みにくくなる反面、突出性が高くなる（巻頭付録05、図と地の明度対比の度合い参照）。
　高明度色同士の配色は軽く、低明度色同士の配色は重く感じられ、明度のもつ重量感が強調される（本章「02　色の感覚・知覚」中、色の心理的効果参照）。低明度なものは下に高明度なものは上に用いると恒常性により安定感が保たれる。

c) 彩度が同じ配色
　彩度は派手や地味といった印象に関わる。高彩度色は派手に、低彩度色は地味あるいは柔らかい感じを与える。自然界のおおよその最高彩度は6〜7で緑葉である。空や土の色はこれよりもグンと低く、戸外の広告物やサインでは表色系の最高彩度を使わなくても十分派手な印象となる。

d) トーンが同じ配色
　トーンが同じ配色はどの色相を使っても色相の印象よりも系統色名の項での「強い、濃い」などの色

名に付ける修飾語のもつ印象の方が強調される。ただし同じトーンでも色相により黄色は明るい、青は暗いなど明度の関係がさらに加わるため注意が必要となる。

② 変化（対比）の要素による配色
a）色相が異なる配色
　色相環上の距離の離れた色を組み合わせる配色。たとえば赤に対して緑や青のように元の色である赤の赤みが感じられない色を組み合わせる配色。めりはりのある配色になる。最も離れた場合は補色配色となる。視覚バリアフリーではこのめりはりも、めりはりで無くなる場合がある。赤と緑などは明度差が少ないため色覚の異なる人にとって曖昧となる。明度差のある色相の組み合わせか、2つの色の間に白など差のある色を挟み込む「セパレーション」の方法をとる。

b）明度が異なる配色
　明度差が大きいと明快な印象になる。視覚バリアフリーの基本である。明度差は周囲の明るさによって印象が変わるので注意が必要。

c）彩度が異なる配色
　高彩度色と低彩度色の組み合わせになり、派手さ地味さの調節された配色となる。

d）トーンが異なる配色
　トーンの模式図の中で距離の離れたトーンの色を組み合わせる配色。
　たとえば「うすい」トーンと「暗い」トーンなど。明度差、彩度差、または明度差も彩度差もある配色のいずれになる。
　他に有彩色と無彩色の配色などがある。無彩色は色みがないため有彩色と調和しやすいといわれているが、無彩色の明度と有彩色の明度の関係で配色を考えなければならない。

(6) 美度＝統一と多様性のバランスを考える。
　配色において色の面積配分を考えることは重要で、使用する色それぞれの面積によって全体のバランスが変わる。
　ギリシャ以来西欧では、美は「多様性の統一」との認識があり、アメリカのバーコフは複雑のなかの規則性の観点から次の美の法則を提案した。

【公式】
　　美度　＝　統一　／　多様性
（美しさの度合い）（秩序を構成する要素）（複雑さを構成する要素）

　この「多様性の統一」は色彩において共通（類似）と変化（対比）に置き換えられ、共通する色ほど統一性が高く、変化する程度の大きい色ほど多様性が大きいと考えられる。色彩調和はこのバランスで成り立ち、配色等は次のようなバランス関係で検討する必要がある。

$$\frac{統一（秩序）}{多様性（複雑さ）} = \frac{類似配色　無彩色調　単色使い}{対比配色　有彩色調　多色使い}$$

$$\frac{ベース色　　地色（背景色）}{アクセント色　図色（文字、図柄）} バランス$$

(7) 材料の見えを考える。
　色票などで表現すれば同じような色でも実際の見た感じは素材によって大きく異なる。日常において目にするモノ、手にするモノ、これらは皆、色と具体的な素材感を持つ材料から成り立っている。材料の表面状態によって見え方が変わってくる。凹凸は陰影が出来やすく明度をさげる効果がある。光沢や深みは角度によってその見えが変わり素材感に厚みを持たせる。また戸外で使う材料には日光照射などによるエージング（経年変化）がおきやすい。自然材料や文化継承のモノはエージングが美しく、自然な風合いを保っているモノが多いといわれるが、長期的な変色傾向も考慮した配色選びが必要となる。

■ エージングを活かした老舗

<第2章　参考引用文献>

01　視覚の構造
1）大山正　新心理学ライブラリー18『視覚心理学への招待』サイエンス社　2000
2）大山正　中公新書1169『色彩心理学入門』中央公論新社　1994
3）池田光男、芦澤昌子　朝日こども百科「月刊はてなクラブ　色・どうして見えるの」朝日新聞社　1994
4）小町谷朝生、小町谷尚子『キュクロプスの窓―色と形はどう見えるか―』日本出版サービス　1989
5）東京商工会議所編『カラーコーディネーションの基礎』2001

02　色の感覚・知覚
1）「月刊はてなクラブ　色・どうして見えるの」
2）『カラーコーディネーションの基礎』
3）AFT対策テキスト改訂版編集委員会『ファッションコーディネート色彩能力検定対策テキスト3級編』AFT企画発行　2005
4）『キュクロプスの窓―色と形はどう見えるか―』
5）光陽社技術部編『演習写真製版の基礎知識1　光と色』印刷学会出版部
6）『視覚心理学への招待』
7）『色彩心理学入門』
8）近藤恒夫『色彩学』理工図書　1992
9）近藤恒夫『景観色彩学―醜彩から美観へ―』理工図書　1986

03　対比と同化
1）屋外広告行政研究会『屋外広告の知識（第2次改訂版）』ぎょうせい　1992
2）『視覚心理学への招待』
3）『色彩心理学入門』
4）『キュクロプスの窓―色と形はどう見えるか―』
5）『公共交通機関旅客施設のサインシステムガイドブック』交通エコロジー・モビリティ財団発行　大成出版社　2002
6）『カラーコーディネーションの基礎』
7）『ファッションコーディネート色彩能力検定対策テキスト3級編』
8）AFT対策テキスト改訂版編集委員会『ファッションコーディネート色彩能力検定対策テキスト2級編』AFT企画発行　2005
9）ジャック・ニニオ著　鈴木光太郎、向井智子訳『錯覚の世界（古典からCG画像まで）』新曜社　2004

04　恒常性と順応
1）『視覚心理学への招待』
2）仲谷洋平、藤本浩一編著『美と造形の心理学』北大路書房　1993
3）金光義弘『事故の心理・安全の心理―視点を変えて交通社会を考える―』企業開発センター　星雲社　2002
4）『カラーコーディネーションの基礎』
5）『ファッションコーディネート色彩能力検定対策テキスト3級編』
6）『ファッションコーディネート色彩能力検定対策テキスト2級編』

05　錯視
1）『錯覚の世界（古典からCG画像まで）』
2）『視覚心理学への招待』
3）『美と造形の心理学』

06　色の表示方法
1）JIS Z 8102：2001［物体色の色名］
2）JIS標準色票
3）『カラーコーディネーションの基礎』
4）『ファッションコーディネート色彩能力検定対策テキスト3級編』

07　色を測る
1）（財）日本色彩研究所編『色彩ワンポイント』（全10巻）第3巻「色彩管理の実際」（財）日本規格協会　1993
2）AFT対策テキスト改訂版編集委員会『ファッションコーディネート色彩能力検定対策テキスト1級編』AFT企画発行　1996
3）JIS Z 8723：2000「表面色の視感比較方法」
4）日本色彩学会編『新編　色彩科学ハンドブック（第2版）』（財）東京大学出版会　1998

08　色彩調和と配色
1）福田邦夫　（財）日本色彩研究所編『色彩調和の成立事情』青娥書房　1985
2）向井裕彦　緒方康二『カラーコーディネーターのための色彩学入門』建帛社　1996
3）『色彩学』
4）『景観色彩学―醜彩から美観へ―』

第3章

屋外広告物における光

照明の歴史

01　照明の歩み

　古代社会において、われわれの祖先が「火」を発見し、「火」を使用して以来、長い月日に渡って灯火は照明として用いられてきた。

　一方、わが国においては1878年3月25日に初めてアーク灯の点灯実験が施行された。現在わが国の電気記念日が3月25日に設定されているのは、この1878年3月25日のアーク灯の点灯にちなんだものである。また翌年の1879年には、トーマス・エジソンが実用の炭素電球を完成した。この白熱電球の発明は、照明の歴史上きわめて有意義なものといえる。その後の電力事業の開拓・発展は、この電灯用電力供給のためのものであるといっても過言ではない。現在、全消費電力に占める照明用電力の比率は諸々の産業の発展によって低下はしたものの、約15％程度を占めている。

　一方、その後の第二次世界大戦終了後になると、わが国でも白熱電球に代わる蛍光ランプの製造が開始され、これが大量に全国に普及しはじめた。蛍光ランプが白熱電球を凌駕した原因としては、蛍光ランプの効率が白熱電球に比べて約3倍という、いわゆる大幅な省エネタイプであったこと、蛍光ランプが白熱電球に比べて相当に高い色温度の昼光や白色光を提供したこと、さらには蛍光ランプは白熱電球に比べて点光源から面光源になったことで、光源のグレア（まぶしさ）が軽減されたことなどが考えられる。

　他方、現在の照明技術誕生の発端は、今から100年余り前のエジソンによる白熱電球の発明にあるといえる。白熱電球が、100年以上も経った現在でもなお広く社会で使用されているということは、この発明が実に驚くべき大発明であったということを示唆している。

　また、現在における白熱電球の普及には、絶え間ない技術の進歩や改良もあったことはいうまでもない。すなわち、フィラメント素材、封入ガス、ガラス球の拡散処理などに対する数多くの進歩があった。さらに、白熱電球は蛍光ランプに比べて色温度が低いため、火に近く、人々の心を和ませる働きがある。このため、欧米諸国では白熱電球を特に好んで使用する傾向にある。一方、わが国ではオフィスをはじめ、家庭の中でも蛍光ランプを多く使用する傾向にあるが、今後は光の「質」がより重要視され、より快適で、より癒し効果の高い白熱電球も一層重用されていくものと思われる。

　さて、光源の発達の歴史において白熱電球に対峙するものといえば、いうまでもなく蛍光ランプであろう。その蛍光ランプの発光メカニズムは次のとおりである。すなわち、まず水銀蒸気中の放電によって生じた紫外線が放電管の内面に塗布されている蛍光物質にあたる。その際、蛍光物質は励起され可視光を発する。これが蛍光灯の光である。

　蛍光灯はいわゆるホトルミネセンスによるものである。ホトルミネセンスの発光メカニズムは白熱電球の場合の熱放射と違うため、両者のスペクトル分布は大きく異なっており、それぞれ一長一短を持っている。

　次に光源について言及することにする。ただし、光源については次項の「02　光の種類と活用」で詳細に述べるので、ここでは簡単に触れることにする。

　蛍光ランプの発明と前後して、ナトリウムランプ、高圧水銀ランプ、超高圧水銀ランプなどが次々と開発され出した。さらにまた第二次世界大戦後にはＥＬランプ、キセノンランプ、ラピッドスタート蛍光ランプ、よう素電球、高圧ナトリウムランプ、メタルハライドランプなども開発された。

　また最近では、レーザ光や現在最も注目を浴びているLED（発光ダイオード）光などがある。一方、照明施設の方へ目を向けると、家庭内における住宅照明をはじめ、オフィスビル照明、デパート・スーパーマーケットの展示照明や室内空間照明、商店街・アーケード照明、ライトアップ照明など、年々、光環境の「快適さ」と「華やかさ」とが増しているといえる。

02 照明のはじまりの「火」

われわれの祖先が「火」を発見し、これを利用してから、近代の照明技術の基礎が生まれる迄の期間は実に長いものであった。その間、人類はこの「火」のみの明るさで暮らしていたことになる。

「火」の利用―火を造りだし、これを生活上に活用したのは、われわれ人類の遠い祖先である。考古学上では40～50万年前といわれている。

はじめ、祖先にとっては「火」は命を脅かす大変恐ろしいものであった。その後、祖先は次第にこの「火」を手なずけていくようになった。すなわち、いろいろな目的に利用することを覚えたのである。このことが人類と動物との大きな違いを決定的なものにしたといえよう。

ところで、祖先が行った「火」の利用としては、まず食料を焼いたり煮たりすることであったろうと思われる。また夜間の明かりとしても役立てたことであろう。さらには寒さに対する暖として利用したり、夜間に忍び寄る外敵から身を守ることにも活用したことであろう。あるいはまた、道具を加工する手段としても利用したと考えられる。

一方では、家族や同族が一つの「火」を囲むことによって、お互いの連帯感を高めあったことも大いに想像される。この「火」がやがては「松明」、「篝火」、「蝋燭」として発展していったのである。

とにかく「火」は初期の祖先にとっては、毎日の生活の中心であったと考えられる。

03 「電球」の普及

エジソンは1879年10月21日、木綿糸を炭化させてつくったフィラメントを用いて、はじめて「電球」を点灯させることに成功した。そこで、わが国ではこの日を記念して「あかりの日」とした。現在でも、日本国中で照明に関する行事が特にこの日に開催されることが多い。

一方、電球の発光原理はいたって簡単である。すなわち、真空にしたガラスバルブの中に発光部となるフィラメントを取付け、それに電流を通すことによって発光させるのである。ところでわが国は、このエジソン発明の「電球」と深い係わりがある。すなわち、その後のフィラメント研究開発の過程で、わが国の京都・八幡の竹がフィラメントの材料としては最も適しているとされ、使用された時期があった。このことを記念して、今でも京都府八幡市の男山にはエジソン記念碑が建立されている。

その後、諸々な新材料が「電球」のフィラメントとして研究開発され、現在では高温に充分に耐え得るタングステンが使用されるようになった。

またフィラメント材料の開発のみならず、コイルの構造も開発され、その結果として日本人の発明となる二重コイル・フィラメント（ダブルコイル・フィラメント）が生まれた。

さらに、ガラスバルブの中にフィラメントの蒸発を抑える不活性ガスを封入するという工夫もなされ、現在のわれわれが使用している「電球」へと発展していったのである。また、その後の「電球」の普及の勢いは照明の歴史に大きく残るものといえよう。

光の種類と活用

第3章 屋外広告物における光—02

照明を考える際、最も重要な要素は光源であるといえる。室内外の明るさや色彩あるいは雰囲気は、照明光源の違いにより大きく異なってくる。

照明は、大きく自然照明と人工照明とに分類することができる。前者の代表としては、太陽光を挙げることができる。太陽光の下ではすべてのものは自然色に見える。したがって、太陽光は常にすべての照明の基準または目標となる。

次に、後者の人工照明について述べてみよう。人工照明の光源の主なものとしては、以下のものを挙げることができる。

① 火

人類が最初に手にした人工照明は火である。火による照明は現在でもなお多方面で使用されている。たとえば行灯、蝋燭、石油ランプ、ガス灯などである。

② 白熱電球

1879年、エジソンによって発明されたものである。当初の白熱電球はフィラメントとして縫い糸を炭化したものを使用していた。その後に、わが国の京都でとれた竹を炭化したものを使うようになったという話は有名である。

1921年、わが国の三浦順一氏が二重コイル電球を発明するなど、以後多方面で研究・開発が行われ、今日の白熱電球に至っている。白熱電球は、フィラメントを熱することにより発光させる熱放射の原理を利用しているために、多量の熱を伴うと共に発光効率も悪く、また赤色領域の色光を多く含んでいるなどの特徴がある。

③ ハロゲンランプ

白熱電球を改良したもので、電球内にハロゲン化物を封入することにより、点灯中のタングステンフィラメントの消耗や電球内部の黒化を抑え、安定した光束を長寿命にわたって得られるよう、工夫したものである。

④ 蛍光灯

水銀蒸気中の放電を利用した光源である。可視光を発する蛍光物質を内面に塗布した細長いガラス管の中にアルゴンと水銀を封入したもので、管の両端に取付けた電極に高電圧を印加するとまずアルゴンが放電し、その後水銀蒸気圧が上昇し、水銀蒸気中の放電へと移行する。その時、水銀蒸気放電が発した紫外線スペクトルが管の内側の蛍光物質を刺激し、その結果として、蛍光物質が可視光を発するという仕組みとなっている。

⑤ 水銀灯

水銀蒸気圧が低い場合は紫外領域での発光が多く、高圧になると可視光領域での発光が増え、発光効率が上昇する。特に水銀蒸気圧を高くした高圧水銀灯は発光効率がよく、強い光を放つので競技場、広場、公園などの屋外照明光源としてよく使用されている。

⑥ メタルハライドランプ

水銀灯の演色性および発光効率を改善したものである。水銀の他にハロゲン化物を封入したもので、金属原子特有の線スペクトルが加わり演色性も改善されている。

⑦ ナトリウムランプ

ナトリウム蒸気中の放電を利用した放電灯。ナトリウムランプは発光効率は極めて高いが演色性が悪いため、経済性を重視するトンネル照明、道路照明、屋外の工場施設照明などに使用されている。

⑧ キセノンランプ

最も太陽光に近いスペクトル分布をもつ光源である。全可視光領域に渡ってほぼフラットな分光分布をもっているため、演色性は極めて優れている。

⑨ その他の光源

その他の光源としては、まずELランプを挙げることができる。これは電解発光を利用したもので、現在最も新しい光源のひとつである。

発光ダイオード（LED）は半導体材料を使った光源である。電子機器や道路情報板などにおける表示装置

として多く使用されている。さらに今後は蛍光灯に代わる屋内外における最も期待される光源といえよう。
レーザ光もいろいろな分野で注目されている光源の一つである。光共振器を用いて光を増幅し、強力な光ビームとしたものです。気体、液体、固体、半導体レーザーに分類することができる。

参考文献
1) 照明学会編、照明ハンドブック、オーム社、1978.
2) 照明学会編、ライティングハンドブック、オーム社、1987.
3) 松下電器照明研究所編、あかりの百科、東洋経済新報社、1996.
4) 伊藤安雄編著、おもしろいオフィス照明のはなし、日刊工業新聞社、1991.
5) Jiang Shu、千代和夫、平井義崇、高松 衛、中嶋芳雄：暗順応過程における物体色に対する色覚特性の推移に関する基礎的研究、第38回照明学会全国大会講演論文集、2005、pp.191-192.
6) 髙橋陽一、中嶋芳雄、加藤象二郎：LED道路情報板における照度視環境と最適表示色数に関する研究、日本人間工学会東海支部研究大会論文集、2004、pp.38-39.

サインに関する本③

『都市美と広告』（石川栄耀　電通広告選書　日本電報通信社　1951年）

　昭和26年に刊行されたB6判、150頁の本である。紙質、印刷、製本のいずれもが劣悪で、今にも瓦解しそうな本である。戦後の耐乏時代を彷彿とさせる。以前、古本屋で何気なく目に留まり買ったままであったが、その後、環境デザインの同僚に著者のことを訪ねると、都市計画の分野で大変高名で、多くの実績を持つ先生であることを知った。改めてネットで検索すると、この本自体も貴重な1冊で、著者に関する文献も多数ヒットした。全5章からなり、都市美技法（都市計画）関連が全体の4分の1、屋外広告関係が4分の2、都市美的盛り場作法と関係法規が4分の1である。第4章「明日の広告」はわずか2頁だが興味深い。ここで言う明日は数十年も先の話ではないと断った上で、例えば購買意欲を「強いる」広告や巨大広告戦争から解放され、一定規格に制限されて、広告塔及び広告広場の形式におさまるのではないか。またそれぞれの意匠は「完全に商品の性格を表現した新しい芸術」であろう、と述べている。都市景観との関係では「完全に基盤都市美と一体になって流動して行くもの」になるであろうと結んでいる。半世紀を有に超えた今、広告はさてどうであろうか。都市と広告を正面から「美」を介して取り挙げた、極めて貴重な一冊である。（西川潔）

第3章　屋外広告物における光—03

光の演出性

01　光の定義

　この項からは「光の演出性」と題し、光に関する基礎的な知識、それらの光をどの様に制御するのかという照明方式（特に屋外広告物における）について、さらにはこれらの照明が看板の見え方に与える影響に関しての研究事例などについて述べたいと思う。

　光は電磁波の一種であり、ある特定の波長（380nm～780nmの範囲）の光は我々に視覚を通して明るさや色の感覚を生じさせる。我々は日常生活の中で、「外が明るい」、「色が鮮やか」などの表現でこの感覚を言葉で表現しているが、光を扱う分野では「照度」や「輝度」などといった測光量と呼ばれるものに定義して用いている。ちなみに、「照度」は光源により照らされている面の明るさを評価する量で、単位はルクス（lx）である。また「輝度」は光源の輝きの程度を表す量で、単位はカンデラ毎平方メートル（cd/m^2）である。ところで、視野の一部に極端に「輝度」の高い光源（例えば夜間に車を運転している時の対向車のヘッドライト、パソコンの画面に映りこむ天井照明）などが存在する場合、その光源のためにその他の部分が見えにくくなり、不快感をもった経験は誰しもあるであろう。このような我々の感覚は、「グレア（まぶしさ）」と定義されている。特に高齢者の場合、若年者よりもグレアを感じやすいとされており、高齢者が利用する施設などの照明ではこのグレア対策も重要課題となる。このように、照明のあり方はその場にいる人々の快適さ・便利さに影響を及ぼすものであり、したがって照明方式を考慮することは、どんな場合においても極めて大切である。

02　具体的な照明方式

　そこで、これより具体的な照明方式（特に屋外広告物における）について述べていく。

　屋外広告物には、ビル屋上や側面に設置される広告看板、公園・広場に設置される案内板、さらには道路に設置される交通標識等も含めると実に数多くの種類が存在する。これらの屋外広告物に対する照明方式を大別すると、以下の3種類に分類することができる。

① 自発光式…光源からの光を直接利用する方式。LED表示板、ネオンサイン、大型ディスプレイなどがこれにあたる。

② 反射式…広告物の外部に投光器などを設置して照明する方式。ビル屋上や壁面に設置された看板、野立サインなどに多く用いられている。

③ 透過式…半透明のプラスチック板などの背面に光源を設置して、その透過光を用いる方式。公共施設に設置されている避難口誘導灯・通路誘導灯、駅構内やデパートに設置されている広告看板などがこれにあたる。

　ところで反射式や透過式では、通常、屋内で用いる場合は常時点灯で使用しているのに対し、屋外で用いる場

■ 昼間及び夜間における広告看板の見え方（上：昼間、下：夜間）

合は、周囲の明るさに応じて点灯状態か消灯状態かに切り替えて使用している。例えばビル屋上に設置された反射式の看板の場合、日中は太陽からの豊富な光が存在するので照明は消灯状態にしている。一方日没が近づき周囲が暗くなり始めると、不足した光を補うべく照明を点灯状態にするのである。

このような夜間の照明条件下での広告看板は太陽光の下での昼間の見え方とは大きく異なり、夜の闇の中であたかも看板そのものが光っているかのように見える（前頁下写真）。広告とは、そこにある情報を広く多くの人に向けて発信することが目的である。したがって、夜間における照明による看板の見え方の変化、あるいは印象の変化は、広告のPRという点において大変魅力的な要素のひとつと言える。

03　心理学的測定結果

そこでこのような観点に立ち、昼間から夜間へと人間の視覚系が明順応状態から暗順応状態へと移行する過程において、照明された看板表面の見え方推移を心理物理学的に測定した研究例があるので、以下に引用する。

実験方法を示す。前述のように夜間において照明されている看板はそれ自身が光っているかのように見える点に着目し、これを「光源色的な見え方」として、看板表面に対して知覚される「物体色」と「光源色」の割合を測定する。すなわち、高さ2.65mの地点に設置された幅1800mm×高さ1000mmの看板に対して、250Wのミニハロゲン電球2灯を使用し、看板表面を均一に照射する。被験者（実験観察者）は、10m離れた位置から看板を観測し、そこに知覚される「物体色」と「光源色」の割合を評価するのである。

なお、評価については量推定法を採用する。被験者は、事前に充分に空が暗くなってからライトアップされた看板表面の状態を予め観測しておく。そして照度0

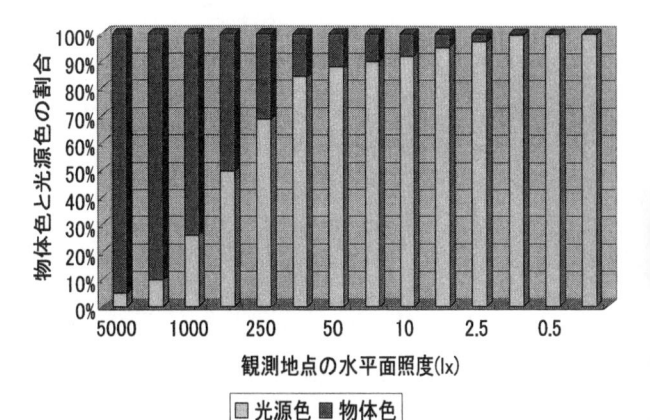

■ 周囲視環境変化による光源色と物体色割合の推移

lx、つまり完全な暗闇の中でライトアップされた看板表面の状態をイメージするのである。その状態の看板表面の物体色と光源色の割合を0：10とし、今観測している看板における物体色と光源色の割合を相対的に評価する。測定は観測地点の水平面照度が5000lxになった時点から開始し、徐々に視環境の照度レベルが低下する中、14段階の水平面照度レベル下で行う。

被験者16名による平均結果を上図に示す。横軸は観測地点の水平面照度（lx）を示し、縦軸は被験者応答である看板表面に知覚された物体色と光源色の割合を示している。なお横軸の水平面照度は右側に行くほど低くなるように配列されており、周囲の視環境照度が徐々に低下するに従い物体色と光源色の割合がどの様に推移していくかが視覚的にわかりやすいように表示している。

結果より、周囲の照度レベルが低下するに従って、物体色である看板表面の見え方が、物体色から光源色へと移行していく過程がはっきりと示されている。特に水平面照度が1000lx～100lxの間の観測条件、すなわち視覚系が明所視から薄明視へ移行する条件下で光源色の割合は急激に上昇していることがわかる。今後、照明設計を考える際には、この薄明視の状態を考慮に入れる必要があることが示唆される。

サインとしての光

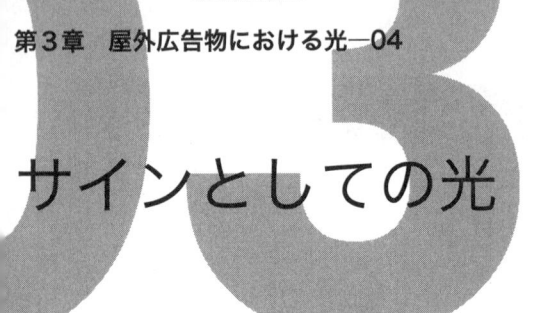

01　光による情報伝達

　広辞苑によればサインとは「合図。記号。信号。また、看板。」と定義されているが、光をサインとして用いることで身近なところで私たちの生活を支えている例としては、交通信号灯、道路情報板、駅構内における電車の発車案内板などが挙げられよう。これらのサインは、我々にリアルタイムで「場所」、「規制」、「誘導」などの情報を伝達し、周囲の状況を把握する際の助けとなっている。これらの光においては表示されている情報が正確に見る人に伝達されること、特に色も情報として利用する場合などは色情報も確実に伝達されることが重要である。それ故、表示については情報収集の容易さなどを含めた視認性（見えやすさ）に十分配慮することが大切であり、これは広告物であっても例外ではない。

02　次世代の光源ＬＥＤ

　ところで近年、これらのサインにおいても次世代の光源として注目されているLEDが使用され始めており、長寿命・省エネのメリットからその利用範囲を急速に拡大させている。LEDは、半導体のp−n接合に電流を流したときに発光する現象を応用したものである。その原理上、白熱電球のようなフィラメントの切断がなく、蛍光ランプの様にガスや水銀を使用していないので、長寿命且つクリーンな光源として多くの注目を集めている。さらに小型化・薄型化・軽量化が容易であり、それ故、今後様々な分野で普及が進んでいくものと考えられる。
　LEDの分野では、最初にガリウム・リン（GaP）、ガリウム・ヒ素・リン（GaAsP）を用いた赤色並びに緑色光源が実用化され着実に発展を遂げてきた。一方で、青色の光源は長い間実現されなかった。しかしながら、近年における窒化ガリウム（GaN）をベースとした青色LEDの実用化に伴い、従来の赤色及び緑色と組み合わせることでLEDにもフルカラー表示の時代が到来した。

03　短時間で把握可能な情報量

　その一方で、フルカラーによる表示には様々な課題が伴う状況というのも存在する。たとえば前述の道路情報板で使用する場合などである。フルカラーによる表示は、ドライバーへの情報伝達量の飛躍的な増加をもたらすものとして期待されている。一方で、道路情報板に対するドライバーの観測時間と言うのは、通常わずか数秒以下という極めて限られた時間である。その為、道路情報板における情報表示においては、多数の色で無制限に情報量を増やすことよりも、ドライバーの「誤認」を避け、「的確」に情報を収集できることこそが重要なのである。
　そこで、このような短時間呈示条件下における最適な表示色数について、心理物理学的手法により明らかにした研究が存在するので、以下に紹介する。
　実験手順は次のとおりである。まずはじめに、被験者は10分間の暗順応を行う。その後、フルカラーLED表示装置上に視角2°の円形の刺激光が黒色背景上に2秒間呈示される。被験者のタスクは呈示刺激光を両眼視にて観測し、その色名を自由に応答することである。その際の応答方法としては、それぞれの呈示刺激光について感じたままの色名を自由に応答するフリーネーミング法を用いた。次にブランクが4秒間呈示される。以下同様にして、テスト刺激光とブランクとが交互に呈示され、その都度、被験者は各テスト刺激光に対して感じた色名を応答するのである。
　テスト刺激光には、測定に用いたフルカラーLED表示装置において表現でき得る最高彩度のR、G、Bのu'v'色度図上における3点と、この3点を結ぶ三角形の辺をそれぞれ11等分するようにとった30点と、さらに内部の点を等間隔となるようにとった45点の、全78点を用いた。なおu'v'色度図とは表色系の一種であり、均等色度図とも呼ばれる。この色度図上においてはどの2点間の距離も、色の感覚的な差、すなわち色差が等しくなる。

なお、被験者は色覚正常者10名であり、試行回数は各被験者につき5回とした。

　結果の一部を図に示す。フリーネーミングの応答より得られた10種類のカテゴリカルカラー、すなわち我々の基本的な知覚色を示したものである。78色のテスト刺激光に対する被験者より得られた応答色名を基に、50％以上の出現確率をもって色名応答が得られた各テスト刺激点より、カテゴリカルカラー領域を求め、u'v'色度図上にプロットしたものである。

　結果より、短時間呈示という実験条件下において、我々の基本的な知覚色に相当するカテゴリカルカラーは、赤、オレンジ、黄、黄緑、緑、水、青、紫、ピンク、白の10種類であることが明らかとなった。換言すれば、無数に存在している色も、大きく分けるとこれらの10種類の基本的な知覚色に分類されることが示された。

　図で示した10種類のカテゴリカルカラー及びその領域を用いれば、道路情報板に代表される短時間での情報収集という過酷な条件下においても、他の色との誤認を極力避け、最も効果的な色情報の表示が可能であると考えられる。

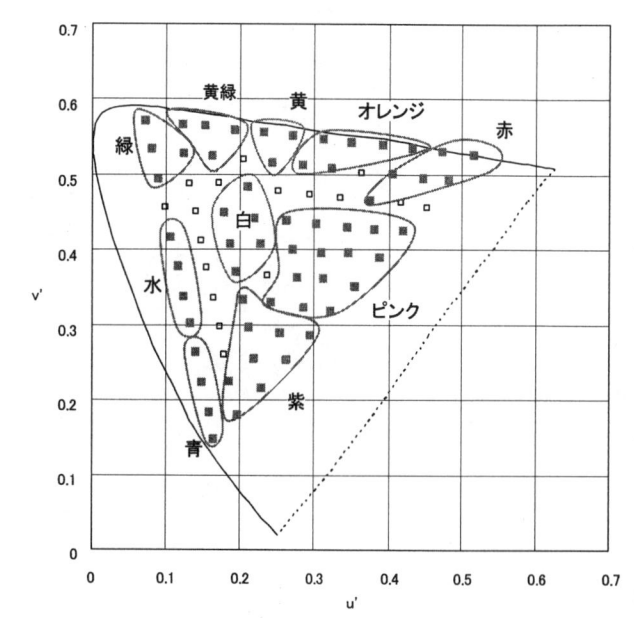

■　被験者応答50％以上の色度点と各色の領域

参考文献
1）照明学会編：照明ハンドブック（第2版）、オーム社、2003.
2）Jiang Shu、千代和夫、平井義崇、高松　衛、中嶋芳雄：暗順応過程における物体色に対する色覚特性の推移に関する基礎的研究、第38回照明学会全国大会講演論文集、2005、pp.191-192.
3）高橋陽一、中嶋芳雄、加藤象二郎：LED道路情報板における照度視環境と最適表示色数に関する研究、日本人間工学会東海支部研究大会論文集、2004、pp.38-39.

■ コベントガーデンのショッピングアーケード。サインが小さく統一されている

第4章

読みやすい屋外広告物のデザイン

目を引く屋外広告物
＝視認性と誘目性

屋外広告物は誰に対してアピールしようとしているのか。その人はどのような条件の下で屋外広告物を見るのか。この2つをしっかりとおさえることが、まずは設計の基本になる。

屋外広告物は、一般には自動車運転者または歩行者を対象に情報を伝えようとする。自動車の時速はどの位か、直線道路かカーブしているか、交差点との関係はどうか、大きな道路か小さな道路か。歩行者は、どのような状況でどのような種類の屋外広告物を見るのか。そのようなさまざまな条件の把握が重要な意味を持つ。

はじめに、自動車運転者と歩行者が一般に見ている範囲を確認してほしい。

01　自動車運転者が見ている範囲

自動車運転者が頻繁に目を動かしている範囲は、走行速度が時速40km程度でおよそ2〜3度である。親指と人差し指を丸めてOKというジェスチャーをして、そのまま手を伸ばして丸い穴から見える範囲がおよそ2〜3度である。意外なほどに狭い範囲であるが、実際に道路で交差点で止まった時に確かめてみると、なるほどそうだ、ということがわかる。目の動きを調べるアイカメラを使って調査をしてみると、およそ85％がその範囲を見ている。速度が速くなればもっと狭い範囲しか見なくなるが、一般市街地では時速40〜60km程度であろうから、おおむねこれを目安にしていい。また、時速25km程度で渋滞の時は、視線はテールランプとの頻繁な往復運動をすることになり、屋外広告物に目をやる余裕が少なくなってくる。注視している点はこの範囲であるが、これだけを見ているのではなく、ぼんやりと周りにも注意を払っていて、上手なドライバーほど周辺視野を活用

しているという調査結果もある。実際に目が動いている範囲とは別に、意識はいろいろなところを浮遊していて、異常な動きを捉えようとしている。

02　歩行者が見ている範囲

歩行者が目を動かしている範囲は、およそ20度である。両手を前に出して「前へ倣え」のポーズをした両手の間がおよそ20度である。歩行者は、普通に歩いている時は、およそ−10度、すなわち9mほど先の地面の方に目を向け、水平20度、垂直15度ほどの範囲を見ている。何か興味を持つことがあると、その方向に目を向けて、またもとに戻る。そのような行動をしている。

ここで小さな実験をしてみよう。その場で立って、両手を前に出して、約20度の範囲を確かめよう。その範囲は、形も色も明確にわかる。前を向いたまま、片手を横にずらしていくと、だんだんに形がぼやけてきて、色もあいまいになる。屋外広告物は、この20度の範囲に出さなければ視認性が著しく落ち、発見しにくい。

しかし、横に開いた手の指を動かして見ると、動きは意識できることがわかる。これは人間の本能のひとつで、危険から身を守るために動くものに対して敏感であるようにできている。よく見る範囲からはずれたところに屋外広告物を設置しなければならない場合には、動きを工夫すれば目を向けさせることができる。

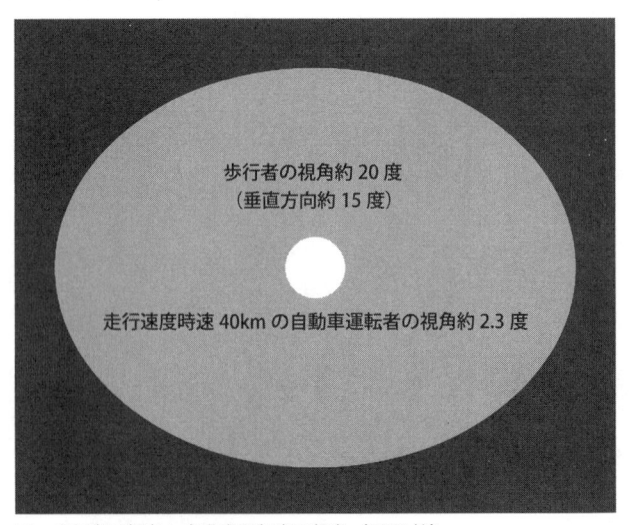

■　歩行者の視角と自動車運転者の視角（85％値）

歩行者の視角約20度
（垂直方向約15度）

走行速度時速40kmの自動車運転者の視角約2.3度

03　視認性と誘目性

以上のような内容は、一般には「視認性」と「誘目

性」ということばで説明されている。視認性とは、文字どおり見て認めることができるかどうか。対象があることを発見できることである。「信号や標識の視認性」というように言うことがあるが、屋外広告物がたくさんある市街地の中で、ぱっと見て信号や標識を区別して確認できるかどうか、という意味で使う。視認性を高めるためには、単純に言えば「大きく」「他と違う」ように表現すればいい。しかし、みんながそのように競争すれば、また区別がつかなくなってしまう。似たような概念で、「図」と「地」がある。視認性を確保するためには「図」になる必要がある。しかし、派手な看板が一面を覆えば、それ自体が「地」になってしまう。

周辺の状況を観察して、「図」になる工夫をすることが望ましいが、地域によっては、図になるべきものは屋外広告物ではなく、自然や歴史的資源でなければならない場合がある。

「誘目性」は、目を誘うことであり、興味を喚起してそちらの方に目を誘われるように仕向けることである。例えば男性に露出度の高い女性の映像を見せれば、たとえそれが20度の範囲からはずれていても、ついついちらちらとそちらに目が行ってしまう。これが「誘目性」である。刺激の強いものは誘目性も高いが、その刺激は派手なものとは限らず、周りと違う個性や、その人の興味の対象となっているものが目をひく。車が欲しいと思っている時は車の広告が気になり、家が欲しいと思っている時は不動産の広告が増えたように感じる。赤提灯になんとなく誘われてしまうように、心の底に刷り込まれている情動にも大きな力が秘められている。ニューヨークに出されて話題になったカップヌードルの湯気が出る広告は、「誘目性」ならぬ「誘心性」を見事についた広告だった。ハイデルベルクのシャボン玉を吹く熊のサインも、おだやかな動きに注目させる心温まる動きのサインである。

■ シャボン玉で目をひくハイデルベルクの店舗サイン

第4章 読みやすい屋外広告物のデザイン—02

短時間で読める屋外広告物
＝情報量と判読時間

01　覚えられる情報量

　知らない土地で道を聞いた時に、親切に長々と教えてもらっても覚え切れなかった経験はないだろうか。人が短時間で覚えることができる量には限界がある。道を聞いて簡単に覚えられる量は「3項目」までである。「この先に橋がありますからそれを渡って、右手の工場の先の信号がある交差点を左に曲がって、川を越えて、30m位行ったところに交番がありますので、そこを右に曲がって50m位先の右手です」と言われて、すぐに覚えられるだろうか。覚えられる情報量を超えると、全部がわからなくなってしまう。「工場の先を左、交番を右、50m先」と、この程度が限界である。

■ 情報の整理

　屋外広告物は、簡潔に要点のみを表現しなければならない。あれこれと伝えたいことがあっても、我慢してシンプルにすることが肝要である。

　人の目は、1箇所に長く留まることは難しく、ちらちらといろいろなところを見ている。1箇所に滞留する時間は、だいたい0.3秒前後。0.3秒で瞬間的に情報を伝えたり、興味を持たせることができるかどうかで屋外広告物の効果が決まる。0.3秒で読むことができる文字数は、日本語で最大15文字程度。自動車運転者の場合にはさらに短くなるので、もっと少ない文字数しか判読できない。したがって、屋外広告物の文字数は15文字以内にすることが原則である。

02　瞬間的な判読

　瞬間的にわかる情報量と判読時間を調べるためには、瞬間刺激提示装置を使う。瞬間的に刺激（文字や絵など）を提示し、判読できるかどうかを測定する。このような装置は専門的な大学や研究所にしかないが、簡便な方法としては、プロジェクターの光源の前を黒い紙で塞ぎ、パッと開いてすぐに閉じる方法で確認することができる。正確な提示時間はわからないが、これをやってみるだけで、設計した屋外広告物がすぐに判読できるかどうかを確認することができ、情報量と色彩の効果やレイアウトの良し悪しもわかる。また、競合相手との比較や、屋外広告物が多い環境の中でも目をひくかどうかもわかる。

■ 情報量が多くて瞬時にわかりにくいサイン

■ 情報の分別が的確であるロンドンの店舗

03　文字の大きさ

　判読できる文字の大きさは、交通標識の基準を目安にすれば、走行速度40kmの道路で80mで20cm程度。交差点の前で標識を視認し、判読し、減速したり曲がるなどの行動が的確にできることを基準にしている。合理的な基準で設定されているので、屋外広告物においてもひとつの目安になる。速度が速いところではもう少し遠くから判読できなければならない。

　自動車運転者を対象とする屋外広告物の場合は、通過しながら判読させる場合にはもう少し小さい文字でもいいが、レストランなどに導き入れようとする場合にはこれ以上の大きさが必要である。屋外広告物は掲出する場所が多様であるので、やや大きめにすることが望ましい。ただし、必要以上に大きくすると景観に悪影響を与えることもあるので、基準の2倍程度までを目安にすればいい。

　自動車運転者を対象にする場合には、矯正視力で考えればいいので距離と文字の関係はほぼ的確に規定することができるが、歩行者を対象とする場合には視力を低く設定しなければならないので、さらに大きな文字が必要になる。近距離で見る地図などの文字は、60cmで4mm、1.5m位の距離から見る案内板などの文字は1cmが最低の大きさ。15mで4cm程度であるが、実際に使ってみるとその1.5倍程度が安心して読める。最近ではユニバーサルデザインに配慮して、老人でも読めるようにやや大きい文字を使う傾向にある。また、交通機関や公共施設のように様々な利用者が想定される場所や、病院のように体調が悪く心が不安的になる施設では、さらに大きくわかりやすく表示しなければならない。

04　背景による調整

　背景の色彩と文字の関係では、コントラストが大きい方が読みやすい。タイトルやサインなどの文字は、ゴシック体の中太程度が読みやすいが、黒地に白文字（ネガ仕様）の場合は、白い文字が膨張して見えるので文字をやや細めに、白地に黒文字（ポジ仕様）の場合は、やや太めの文字の方が見やすい。文字の字間は、開けない方が固まりとして見えるので読みやすい。

　以上は、基本的なデザインのコツなので、これをまずは確認し、その上でより効果的なデザインを検討していただきたい。

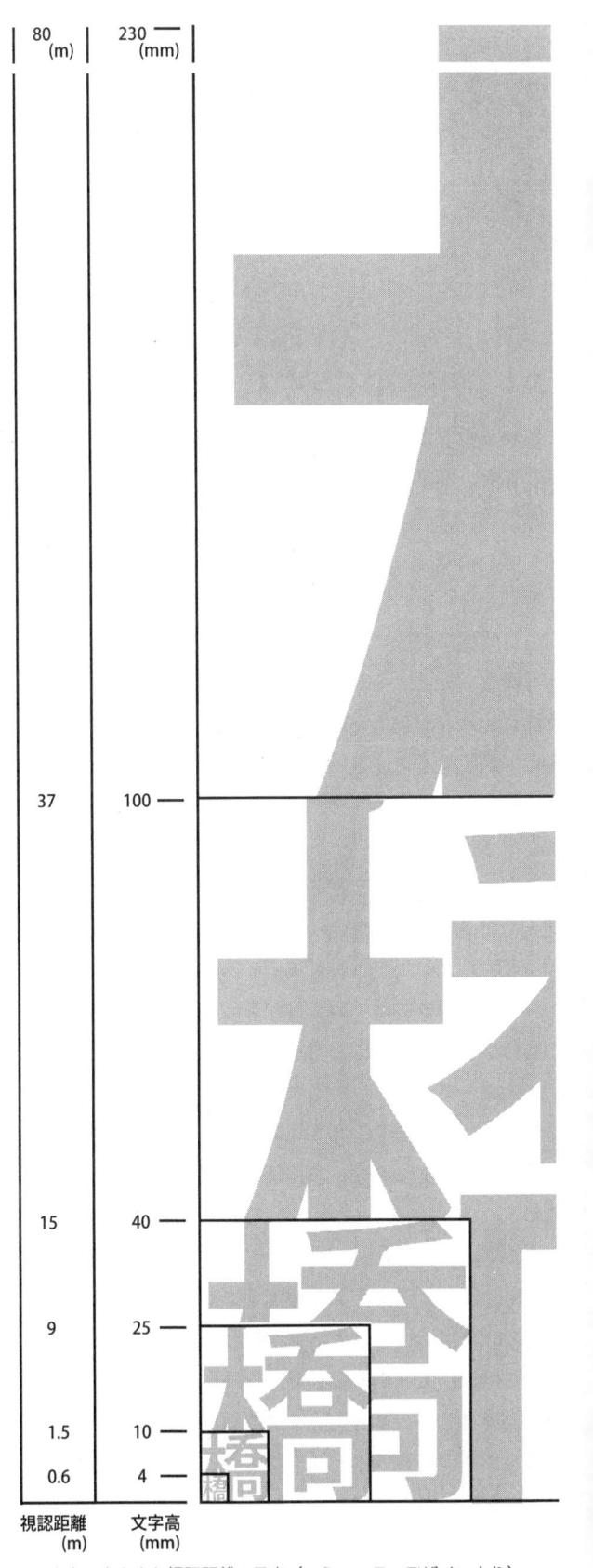

視認距離(m)	文字高(mm)
80	230
37	100
15	40
9	25
1.5	10
0.6	4

■　文字の大きさと視認距離の目安（コミュニティデザインより）

サイン文字の可読性
サインデザインの基礎資料として

　景観法の成立を待つまでもなく、都市景観に対する市民の眼差しは厳しくなってきている。その反面、街の繁華街や都市近郊の大型店のファサードやサインが、これまで以上にけばけばしく、大きくなっている所をよく見かける。

　この問題の解決に、サインのデザインや文字の大きさ（可読性）だけから対応するのは不可能な事だが、都市景観にサインが与える影響力、特にその文字の大きさ・色彩・照明などによる周辺環境へのインパクトを考えればサイン文字の大きさに何らかの基準を求める必要があると思う。

　その１つとして、文字の可読距離や視認性についての先人の研究を、関連事項と共に１つの図にまとめてみた。活用していただければ本望である。

　一般の印刷物には、明朝体が多く使用されていることでもわかるように、印刷物の本文では明朝体は優れた可読性を持っている。しかしサイン文字のように、語としての視認性の必要や、文字を取りまく複雑な環境のなかでは、ゴシック体が最も多く使われている事情が理解できよう。

　ここでいう文字とは９画前後の標準字画で、線の太さが文字枠の１／７～１／８程度の太ゴシック体を指す。同時に、文字の大きさとは文字設計時の枠の高さ（文字高）を指し、文字組みの必要から字面の外に引かれている「仮想ボディ」と混同してはならない。ローマ字の場合は大文字の高さ（ベース・ラインとキャップ・ラインの間）を指す。

　サイン文字の可読性には、さまざまな条件が関わっている。文字の大きさ・太さ、車の移動速度、見る距離、サインの位置、視角、道路幅、照度、視力、さらに心理的条件などがあげられているが、とくにサインと背景の関係や文字とサイン面の明るさのコントラストが、可読性や視認性に強く影響を与えるものとされている。

　「情報の読み易さは、視野内にある掲示標の輝度より強い輝度のものが目に入ると、いっそう情報は読みにくくなるのである。そしてその割合は視線に近づく程強まり、輝度値の大きい程著しくなる。」（誘導の視覚、市川忠・榎本龍幸・熊谷為夫）とされる。また、白抜き文字のサインは、全照明下では暗い背景によって網膜の感度が高まり、白い文字を鮮やかに感じさせ視認性は高まる。しかし白抜き文字の長い文章では目の緊張が強くなり、内照サインの場合、白地・黒文字に比べて、明るい場所では約10％、暗い場所では10％～20％ほど可読性がおちる、という研究がある。

　このようにサイン文字の可読性や視認性は、サインを見る人の状況、サインの内容、サインの置かれている環境など、さまざまな条件の相関関係によって決まるが、ここではこれらの条件下のデータを、同一グラフに図示することはできない。むしろ本項は、サイン・デザインの基礎資料として多くの研究データを、１つにまとめて視覚化したことに意味があると理解して、サインの設計に反映していただきたい。

　なお、可読性とは、サインなどの文字内容が読み取られる程度を示すものである。これに対して視認性とは、サインや文字などの存在が視覚的に認知される程度を表わす言葉であり、両者の意味内容には違いがある。

　この項目のタイトルを「サイン文字の可読性」としたのは、ここにグラフ化する基となる論文や研究に使われている「可読性」、「視認性」、「視認距離」などの言葉が、表示内容が認知される程度を表わす「明視性」に近い概念で使われていることによる。また可読性を追求すれば、ゴシック体や明朝体など書体別やウエイトの変化まで必要になるが、これにはふれられていない。

文字の可読距離とサイン・景観

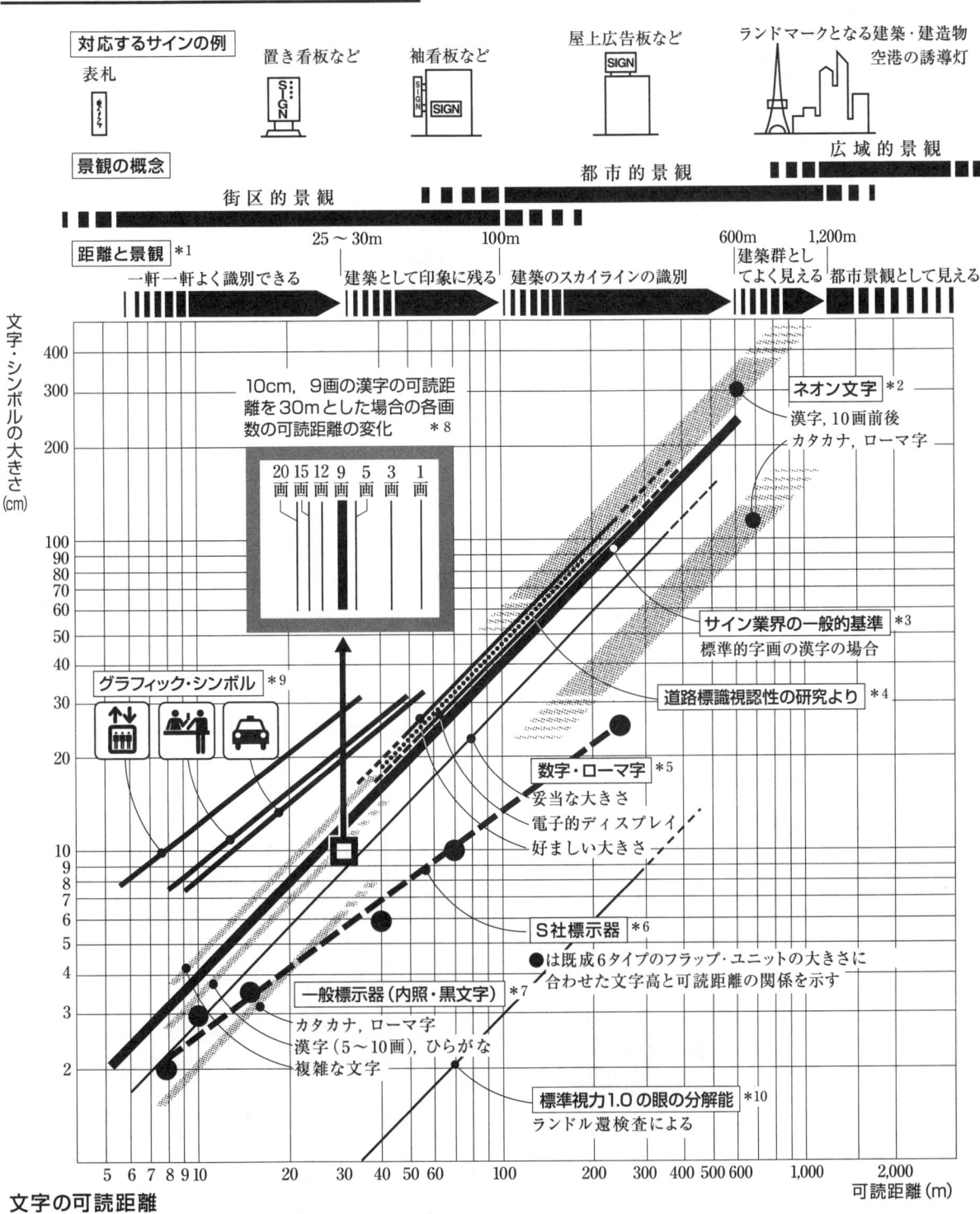

文字の可読距離

- *1　外部空間の構成／芦原義信、彰国社
- *2　屋外広告ハンドブック／(社)全日本屋外広告団体連合会
- *3　関重広博士のデータによると『2本のネオン管が分かれて見える限界は、だいたい2本の間隔の1000倍ないし1500倍である』『この基準は管の色によってあまり変わらない。また個人差もあまりない』ということである。したがって、このグラフの線幅は1000倍から1500倍という数字に対応して広く表示した。／屋外広告ハンドブックより作図
- *4　道路標識の視覚性について　其の五／宮本誠
- *5　ISO　TC145　SC1　WG2　N19(May1981)
- *6　フラップ・ユニットの大きさと可読距離／製品カタログより作図
- *7　電気掲示器の視距離／鉄道電化協会、電灯と鉄道58号
- *8　道路標識設置基準／日本道路協会編より作図
- *9　Symbol Signs／アメリカ・グラフィック・アーツ協会、宣伝会議
- *10　視力検査用のランドル環の検査

(作図：鎌田経世)

第4章　読みやすい屋外広告物のデザイン—04

最も伝えたいことは＝情報の序列化

01　場の序列化

　目が行きやすい場所にサインを表示すれば、文字が小さくても否応なしに見える。ところが、その範囲からはずれたところでは、どんなに大きくしても注目されない。情報の序列化の前に場所の序列化が必要である。公共空間では、最も守られなければならないことは「安全」である。車道では、自動車運転者の視線の中で、交通信号、交通標識、緊急時の誘導などが特別に保護されていなければならない。特に交差点付近で屋外広告物が信号と重なることは避け、まぎらわしい色や発光体を使ってはならない。

　また、歩道上での視角20度の範囲を超える部分、具体的には3階以上の部分にはあまり目が行かないので、2階以下は屋外広告物を積極的に活用して賑やかにして、3階以上はできるだけシンプルに、量も少なくして、町並みや建物自体の魅力が引き立つように配慮することが望ましい。

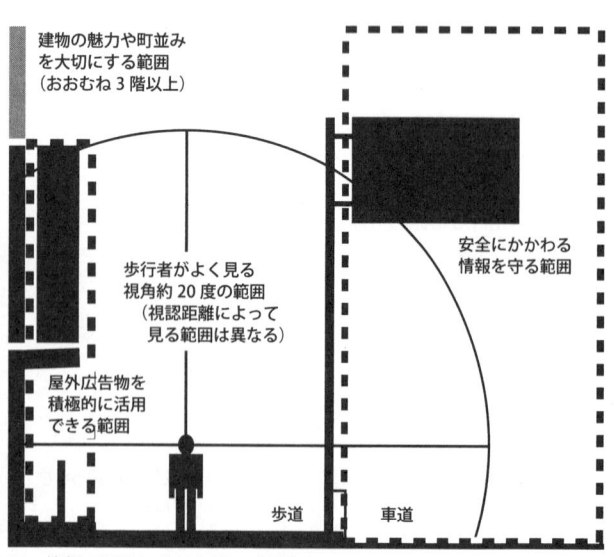

02　伝えたいことの序列化

　あれもこれも伝えたい、というクライアントの気持ちはよくわかる。情報のまとまりや大小のメリハリを考えずにいろいろな情報を表示している屋外広告物をよく見かける。これらからは、利用者のことを考えずに自己本位の主張だけをしているクライアントの姿勢が垣間見える。利用者にとってわかりやすいようにしようという気持ちが大切である。

　屋外広告物で伝えることができる内容はそれほど多くはない。言いたいことを象徴的にダイナミックに伝える。それが屋外広告物の役割である。それでもまだ言いたい場合には、情報を段階的に整理して、表現方法も変えればいい。一番はじめに伝えたいことは何か。次に伝えたいことは何か。そして、もし可能ならば伝えたいことは何か。その3段階の分類をすることである。

　はじめに伝えたいことは、企業名か商品名か、あるいはキャンペーンテーマであろう。次に伝えたいことは、その魅力と個性のアピールであろう。その次に効能や場所などの内容を表す情報にちがいない。これらが区別なく混在すれば、屋外広告物の機能は落ちる。

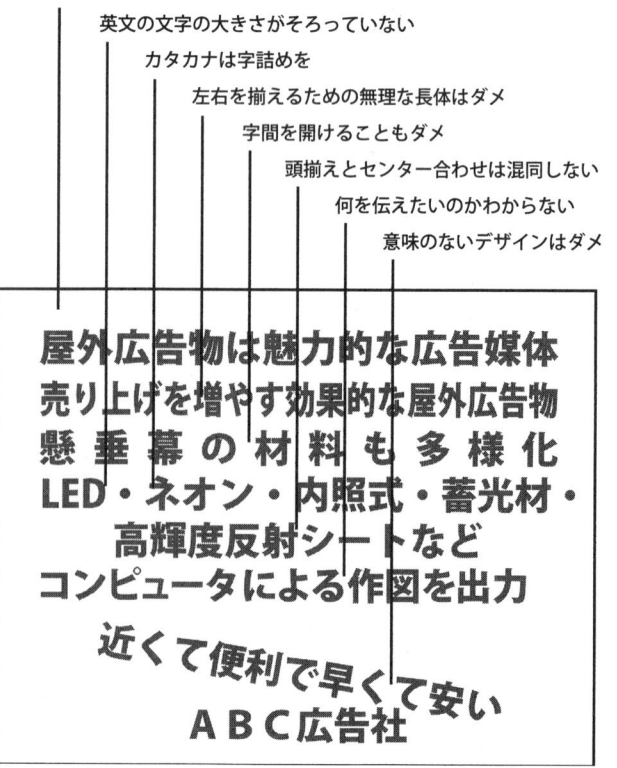

■　情報の目的に応じた場の序列化

建物の魅力や町並みを大切にする範囲（おおむね3階以上）
歩行者がよく見る視角約20度の範囲（視認距離によって見る範囲は異なる）
屋外広告物を積極的に活用できる範囲
安全にかかわる情報を守る範囲
歩道　車道

■　間違いやすいデザインのチェックポイント（原則）

情報量が多すぎ伝えたいことが序列化されていない
英文の文字の大きさがそろっていない
カタカナは字詰めを
左右を揃えるための無理な長体はダメ
字間を開けることもダメ
頭揃えとセンター合わせは混同しない
何を伝えたいのかわからない
意味のないデザインはダメ

屋外広告物は魅力的な広告媒体
売り上げを増やす効果的な屋外広告物
懸垂幕の材料も多様化
LED・ネオン・内照式・蓄光材・
高輝度反射シートなど
コンピュータによる作図を出力
近くて便利で早くて安い
ＡＢＣ広告社

03　表現の序列化

　情報の序列化に合わせて表現のメリハリを考えることは、プロとしてのデザイナーの役割である。「7：3」というバランスがある。面の分割や比重を7：3にすれば、強弱や画面の美しさを表現しやすい、という経験的なコツである。

　文字については、大きな文字とその次の大きさの文字との比率を「3：2」程度以下に設定すれば、情報の区別が明確になってお互いに邪魔しない。はじめに大きな文字で関心を持たせ、次に特徴を伝え、より詳しく知りたい人はさらに小さい文字を見る。自動車の広告を例にとると、キャッチフレーズがあって、次に自動車の特徴が書かれ、仕様などが小さな文字で書かれている。こんなに小さな文字を読めるのかと思うほどだが、興味のある人にとっては重要な情報であり、文字の大きさよりも情報量が必要なのである。

04　象徴化の段階

　自動車の仕様は、自動車の内容を表現する記述的表現である。しかしこれでは機能は伝わるが特徴は伝わらない。「要点は何だ」と聞かれるにちがいない。特徴を簡潔に表現するフレーズが必要である。さらにこれだけでも感情に響かない。「なるほど」と納得させるキャッチフレーズが必要である。

　例えば、「ケンとメリーのスカイライン」、「いつかはクラウン」などの名作が思い浮かぶ。自動車だけではない。「のんびりいこう」、「ディスカバー・ジャパン」、「おいしい生活」など、このような方法は多くの広告に共通する表現方法である。これらは、抽象的で感覚的な表現だが、よく考えてみれば商品等の特徴がわかり、簡潔でありながら見事にすべてを象徴化している。

　このような象徴化の段階は、ことばだけではない。写真やイラストレーションなどのビジュアルにも同じことが言える。ある自動車メーカーのデザイナーの講演を聞いた時に、プレゼンテーションに用いた写真の完成度の高さに驚いたことがある。紅葉のボディへの映り込みがデザインの魅力とすぐれた技術を瞬時に理解させた。物の一部分でも中身を象徴することができる。ことばがなくてもすべてを物語る写真がある。

　序列化の最後のチェックポイントは、「象徴化の段階」である。仕様や効能、要点、キャッチフレーズ、ビジュアルの強弱の段階と象徴化の段階を的確に踏まえれば、すぐれた屋外広告物をつくることができる。

■　情報量の限界15文字／表現の序列化の例

■　情報の区分が色彩によって明確になっている交通標識（ドイツ）

■　文字の序列化とピクトグラムのバランスがいい大英博物館サイン

誰もが読める広告物
＝受け手への配慮

屋外広告物は、相手があって成り立つもので、広告主が一方的に情報を発信しても、受け手が快く受け止めてくれなくては広告の意味がない。その受け手の考え方に大きな変化がある。それは、高齢者や障がい者や子どもに対する情報発信に関して、配慮が行き届き始めたことである。屋外広告物を設計するにあたって、受け手を考えた屋外広告物の表現のポイントは下記のとおりである。

01　高齢者への配慮

　高齢者の人口が増加している。高度成長期にあっては、働く健康的な壮年主体の社会が築かれ、効率優先の風潮があり、弱者を切り捨ててきたが、近年になってやっと様々な個性を尊重するようになり、誰もが共存できる社会をめざすようになってきた。

　高齢化による変化は、目の衰えに現われる。焦点が合う範囲が狭くなり、遠くが見にくい、近くが見にくい、といった制約が出てくる。日常生活の場では眼鏡をかけないですませる場合も多い。老眼鏡をかけることがわずらわしく遠近両用眼鏡に慣れにくい人も多いので、不便さの方をがまんしてしまう。また、光を感じにくくなり、薄暗く感じる。白内障によって、紗がかかったように見える。簡易シミュレーションによってどのように見えるかを体験することができるが、このような不便をできるだけ緩和するような配慮が必要である。

⑴　文字を大きくすること。新聞の文字が次第に大きくなっていることはよく知られている。時刻表や案内図の文字も大きくなってきている。しかし、文字が大きくなれば情報量が減ったり、表示面が大きくなる。共用化にも限界がある。まずやらなければならないことは、情報の序列を明確にし、必要不可欠な情報は共用できるように大きくし、努力すればわかる程度でいい情報は小さくと、お互いががまんをしながら共用社会をつくっていかなければならない。

⑵　コントラストが明瞭であること。輪郭を明確にして明度差や彩度差を考慮する。色相差があっても近似した明度、近似した彩度であると区別しにくい。デザイン上の芸術性を尊重したいところもあるが、基礎的な情報を伝える部分では、芸術性よりも機能の方を優先させるべきであろう。ただし、あまりにそちらを優先させると、今度は表現の選択肢が貧しくなってしまう。適切な程度は条件により異なるが、彩度等との組み合わせにより明度差が「2」程度あれば区別しやすい。コンピュータで設定する場合には、ＣＭＹＫが隣の色彩と概ね「20％」以上の差があれば区別しやすい。

⑶　文字の大きさや色彩の前に考慮しなければならないことは、表現を簡潔にすることである。高齢者に対応する目的ではなくても、すぐれた広告物は色もメッセージもシンプルである。赤っぽいもの、黄色っぽいもの、黒っぽいもの、といった具合に、商品との関係を思い浮かべやすい単純な色合いを使うことが多い。色を連想させる競争であると言ってもいい。メッセージも、複雑なこと、ただちにイメージがわかないこと、感覚に訴えかけないことを言っても伝わりにくい。メッセージは単純に。これは鉄則である。

⑷　掲示位置を低くすること。年をとってくると、頭を上げて見回すことがおっくうになる。デパートや駅などで、すぐそこに表示してあるのに人に聞くお年寄りがいる。デパートでは案内よりも商品を見せたいと思い、駅では券売機やトイレなどは見ればわかると言いたいにちがいない。しかし、エスカレーターで昇っている途中に天井に表示があったり、広告の方が必要な機能よりも優先されているなど、解決が求められる課題が多い。身体の中心にビデオを持って、あまり身体を動かさないで撮影してみると、実態がよくわかる。見やすい場所に必要な情報を優先的に表示すること。

02　視覚障がい者への配慮

　さまざまな視覚障がいを持った人のための情報は、まだまだ不十分である。配慮すべき受け手のハンディとし

て、第1に視力がない、第2に視力が弱い、あるいは視覚範囲が制限されている、第3に色覚に障がいがある、などがある。屋外広告としては、このうちでも特に、第3の色覚に障がいがある人のための表現方法に注目したい。色覚障がいとは、色が区別できないということではなく、分別できる色が少ない、ということで、単純にモノトーンにするのではなく、色覚障がいを持つ人でも豊かな色彩環境を楽しむことができるように配色の方法を学ぶことが重要である。

眼球の錐体の機能が正常なレベル以下である場合に色覚不足が生じる。日本人の場合で男性の約8％（約5％としている資料もある）、女性の約0.5％の割合で色覚不足がみられる。これがかなりの割合であり、色彩表現にあたって留意しなければならない。このうちで、第一色覚障がいと呼ばれる赤の視感度がない男性が約1％、第一色弱が約1％、第二色覚障がいと呼ばれる緑の視感度がない男性が約1.1％、第二色弱が男性の約4.9％あり、色覚障がいの大半がこのいずれかに該当する。

色覚不足の段階は個人差が大きく、デザイン面で基準となる研究は立ち遅れている。理屈で想定できても被験者を得にくいために応用研究が進まない実情がある。現在参考になる資料としては、「神奈川県色使いのガイドライン」や、Web上で色の見え方をチェックするシミュレーション「Vischeck」などが知られている。多数の利用者がある施設では、デザインをする時に確認をしておく必要がある。

03　子どもへの配慮

子どものための空間の充実や商品の多様化がめざましい。少子化によって子どもがとりわけ大切にされるようになっているが、子どもを対象にした情報の質を見直し、表現の充実が期待される。

子どものための施設では、子どもが独自に判断できるようにし、あたたかく優しいイメージを与える。子どもの立場で地図をつくり、誘導し、記名を楽しく表現する。施設の性格を考えてキャラクターを創造したり、子どものためのストーリーを考えるなど、子ども対象ならではの表現の可能性がある。

子どものための表示物の高さは、主な利用者の年齢層によって決めるが、サインを必要として自分で行動できるのは小学校高学年以降であろうから、その眼高約135cmを基準にする。この数値は、健常者の眼高と車椅子利用者の眼高の中間の値と一致するので、健常者、障がい者、子どもに共通するサインの表示は、135cmを中心高と考えていい。

■　楽しい表現の宮城県立こども病院の入口サイン

■　九州大学病院小児医療センターの誘導サイン（左）と病室記名サイン（右）。手すりの色も変えている。

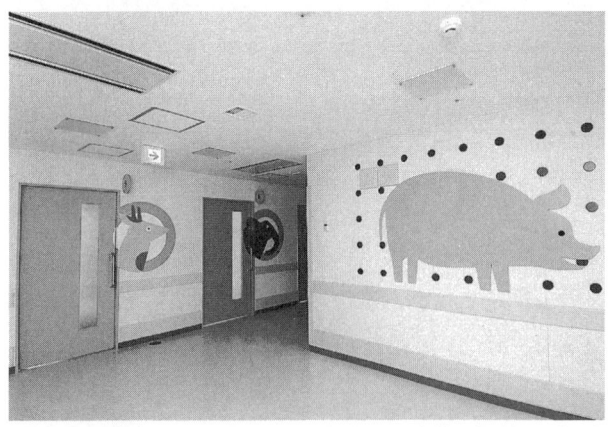

■　「森のお医者さん」をテーマに、子どもへの負荷の軽減をめざす九州大学病院小児医療センターのサイン。

■ 格調が高いすし店入口の暖簾（のれん）（石川県金沢市）

第5章

屋外広告物のデザイン基礎

第5章　屋外広告物のデザイン基礎—01

屋外広告物に求められる条件

■ 看板類は低層部に限られ、突出し広告も極力抑えられているため、建物の表情が豊かでまとまりのある街並みの景観となっている（パリ）

01　デザインに求められる条件

　屋外広告物のデザイン条件を語る前に、広くデザインに求められる基本的条件について述べておく。それは、機能性（使いやすさ）、審美性（美しさ）、経済性（つくりやすさ）の3点にまとめられる。これをグラフィックデザインに当てはめれば、機能性は、分かりやすさや誘目性あるいは可読性に、審美性は魅力や美しさに、経済性は、印刷や紙寸法等の合理性に置き換えることができる。なお、ここでいう経済性は、ローコストを意味せず、目的に応じ、最も適切な技術や材料を用いることを指す。したがって、経済性の中には現代の課題である、製作から廃棄までの行程すべてにおける、環境負荷の低減対策も含まれている。

　ところで、下図の三角形の面積はデザインの質を表している。3つの評価軸がそれぞれ大きく広がっていればいるほど、面積は大きくなり、質は高いといえる。評価軸のバランスは、デザインの分野によっても多少異なるだろう。例えば、流行をリードするファッションでは、審美性が大きくなり、車椅子では、機能性や経済性が優先される。しかしながら、いかに前衛的デザインといっても、身に付けられないファッションはあり得ないし、美しさや魅力がどこにも感じられない車椅子では、安価で使い勝手が良くても、使用者の満足は得られないだろう。3要素がバランス良く満たされた製品や作品が、健全なデザインといえよう。この点が、デザインとアートを分ける重要なポイントでもある。

02　屋外広告物のデザインに求められる条件

　屋外広告物のデザインも、上に述べた条件を満たすべき対象である。機能性は、読みやすさや理解しやすさであり、審美性は造形的な魅力であり、経済性は支持体の材質や構造、印刷方法等の最適な選択と組み合わせである。しかし、屋外広告物の場合、これらに、景観性の軸を加えて考えるのが妥当であろう。景観性は、審美性で求められる、独創的な美しさや、自己完結的な美しさとはやや異なる。ここで問われるのは、屋外広告物が、設置される背景や、隣あう建造物と、何らかの関係性を持ち、調和しているか、あるいは、それがこれから形成されるであろう景観の、質的向上に寄与し得るか否かであ

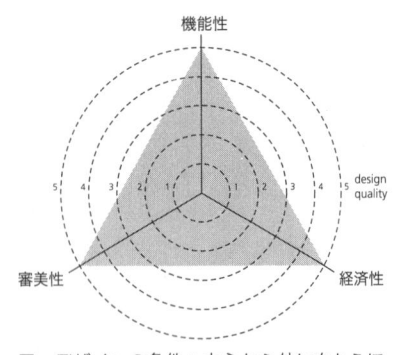

■ デザインの条件：中心から外に向かうほど、デザイン・クォリティが高い

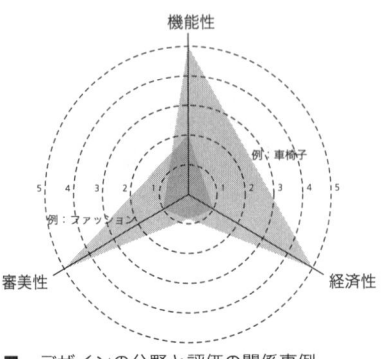

■ デザインの分野と評価の関係事例

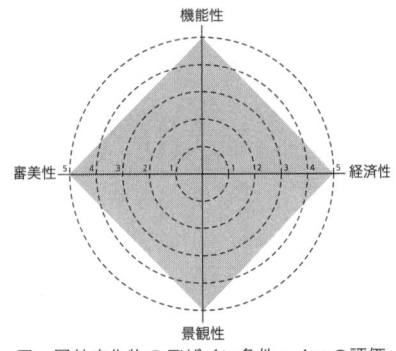

■ 屋外広告物のデザイン条件：4つの評価項目のバランスが重要

る。景観の魅力を高める上で、屋外広告物はしばしば電柱と並んで阻害要因の筆頭であった。屋外広告物に関わる我々は、その汚名を返上しなくてはならない。そのためにはどのような方法があるのだろうか。

　まず広告物の設置される場所の選定がある。また、大きさ、形状、表示面等、デザインの全てに渡って吟味する必要がある。しかも、遠景、中景、近景それぞれから行う必要がある。広告である以上、目立つことは絶対条件であるが、そのために景観との調和を無視することは許されない。コンピュータの進歩で、現実感を伴うシミュレーションが容易にできるようになったこともあり、事前に十分な検討をすべきである。目立つことと調和は矛盾するようだが、デザインは前述のとおり、大きさはじめ、多くの変換可能な要素から成り立つから、どこかで折り合いをつけることができるし、それを実現するのがデザイナーの仕事である。広告の発注者、クライアントもまた、景観性を理解せず、大声で連呼するような広告は、訴求力が低く、時代の要請にも応えないことを認識すべきである。

■ おびただしい数の看板であるが、パリ同様、高さが制限されており、中・遠距離から見れば、景観阻害度は高くない（上海）

■ グラナダからマラガへ向かう途中で見た屋外広告物で、これも絵はがきとして売られている（スペイン）

03　地域のアイデンティティと屋外広告

　ところで、特別に優れた点がない屋外広告物でも、一定の場所に長く在ることで、人々に親しまれ、街の顔になる場合がある。スペインのマドリッドとトレド間の、ある山の頂上付近に、闘牛の形をした広告物が見える。山の稜線を遮り、景観へのインパクトがきわめて強いため、見方によっては、好ましくない屋外広告物である。しかし、長年にわたって在り続け、今やこの牛は絵はがきにもなっている名物看板である。本来の目的を超えて、この地域の顔として、欠くことのできないものとなっている。文化的な価値とは別に、土地になじみ、人々に親しまれた建造物を残そうと整備された法律（ランドマーク法）が米国にはある。つまり、景観性には、その土地の個性、アイデンティティを際立たせることも含まれている。ロンドンのピカデリーサーカスやニューヨークのタイムズスクエアは、大型屋外広告物を高密度に集積することで、その場所らしさを演出し、世界的に知られている。両市とも広告物が減らないように常時気を配っている。

■ 1998年の万博開催地につくられた巨大な屋外広告展示装置　新しい街の象徴となっている（リスボン）

第5章　屋外広告物のデザイン基礎—02

視覚を用いた遠隔通信

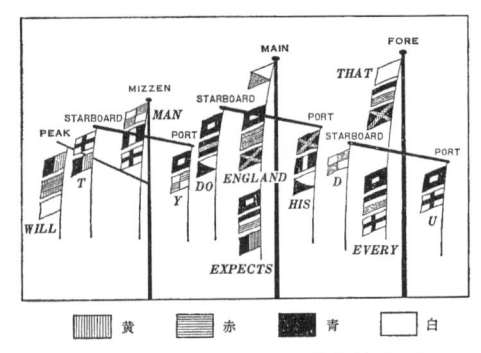

■ トラファルガー海戦におけるビクトリー号の信号
出典：杉浦昭典・中畑耕作『船舶信号』海文堂 1979　p3

01　はじめに

　視覚をチャンネルにコミュニケーションを行うことを視覚伝達といい、その最適な方法を総合的に考えることを視覚伝達デザインという。一般には、イラストレーションや映像、図表的表現を主体に捉えられがちであるが、伝える内容によって、文字を含めて表現手段は多様である。視覚伝達デザインを考える上で、遠隔通信の歴史を概観することは大切である。なぜなら、そこには見えることと、伝えることの原初的形式がうかがえるからである。これらは我々、コミュニケーションデザインに関わるものに、今なお多くの示唆を与えてくれる。

02　狼煙（のろし）

　のろしは視覚的遠隔通信の最も単純なものである。西部劇で見る煙で知らせる方法である。2005年春のローマ法王の死去に伴って、新しい法王を決めるコンクラーベという会議は世界中の関心を集めたが、その結果は、立ち上る煙が白色か黒色かで、見守る群衆に伝えられた。特殊な場面では、まだ生きているコミュニケーションの手段である。

03　音

　音は聴覚伝達であるが、のろしよりさらに単純な伝達の方法として触れておこう。人の声、笛、ラッパ、ホラ貝、汽笛、太鼓の音と多様である。西アフリカには、トーキングドラムと呼ばれる、音の高さや音色を変えられる太鼓を用いて、複雑な内容を伝えることができる部族がいるという。また「谷間に三つの鐘が鳴る」という歌にもあるように、教会の鐘は村や町の出来事を伝える手段としても使われた。音は現在電気または電子信号に変換されて、地球を超えるスケールで活躍している。

04　光

　光にはたいまつやたき火のような炎の明かりと太陽や

■ ドイツの書物（1572年）に見られる初期の灯台イラスト　出典：John Naish *SEAMARKS* STANFORD MARITIME 1985 p83

■ 英国ワイト島に残る14世紀につくられた灯台　出典：John Naish *SEAMARKS* STANFORD MARITIME 1985 p82

■ シャッペ式腕木信号機　腕木の角度の変化で多様な情報を伝達した　出典：国際電気通信連合編（郵政省訳）『腕木通信から宇宙通信まで』国際電信電話資料センター 1968 p17

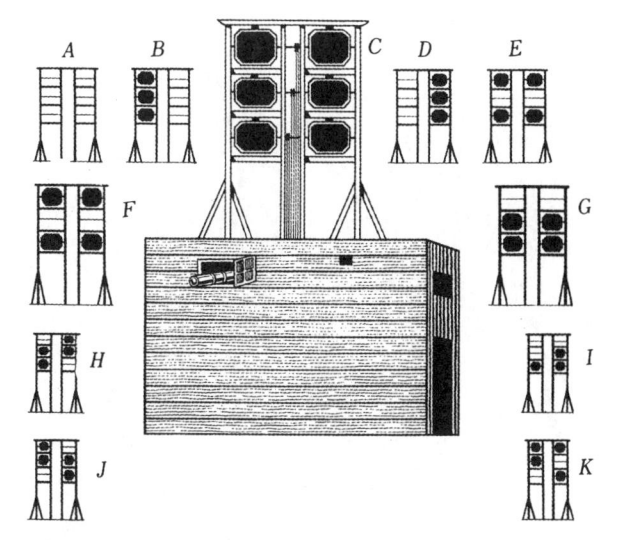

■ マリー卿の発明による反射鏡を屋根にのせた信号所　出典：国際電気通信連合編（郵政省訳）『腕木通信から宇宙通信まで』国際電信電話資料センター 1968 p14

電気や電子の光もある。古代の灯台は高い櫓の上で火を燃やした。かつては位置を知らせる単純な装置であったが、灯台は今日でも船舶の航行に欠かせない情報発信装置である。また、太陽の光を遠隔通信に用いた器機がある。6つの角度を変えられる鏡を使って、太陽光や人工光を反射させ、反射させる位置関係や個数を望遠鏡で読み取って通信した。現在は高輝度の人工光が文字や記号を映し出す可変情報器機として、また映像装置として至る所で機能している。

05　シャッペ式腕木信号機と手旗信号

　シャッペ式腕木信号機はフランスのシャッペ兄弟が考案した遠隔通信装置で、かなり大規模なものである。手旗信号を大きく機械仕掛けにしたものといえよう。その装置は丘の上や見晴らしのよい場所に設置され、1840年にはその通信網はフランス全土で4000kmを越え、信号所は556箇所もあった。36の腕木の角度がコード化され、いかなるメッセージも送信できたといわれる。しかし、1937年米国のサムエル・モールスが、英国ではクックとホイートストーンが、遠隔電信装置の発表を行った。時代は確実にモールス信号に代表される電気通信に移っていった。とはいえ、腕木信号は鉄道や手旗信号（セマフォア信号と呼ばれ、1931年に国際的に規定された）にその形をとどめている。

06　旗りゅう信号

　船舶相互間、あるいは陸地と船舶の間の通信には、電気及び電子通信技術がこれだけ普及してもなお、様々な視覚的伝達手段が活用されている。発光信号や旗りゅう信号である。中でも我々に興味深いのは、旗りゅう信号である。これは国際的に取り決めされた旗を用いて行う。文字旗26、数字旗10、代表旗3、回答旗1の合計40種の旗を国際信号書に基づいて使用する。文章をコード化し、それを旗で示すため、通信内容はきわめて豊富である。

　旗りゅう信号に関連して有名なエピソードを紹介しておく。1805年のトラファルガー海戦で、英国海軍のネルソン提督はフランス、スペイン連合艦隊との海戦に先立ち、フラッグシップであるビクトリーのマストに「大英帝国はすべての諸君が自らの任務を遂行せんことを望む」という意味の旗を掲げ、兵を鼓舞し戦いを勝利に導いたという話である。同様な話が日露海戦でもあった。バルチック艦隊を迎えた東郷元帥も旗艦三笠のマストにZ旗を掲げた。これは一種の暗号で意味は「皇国の興廃この一戦にあり。各員一層奮励努力せよ」であった。

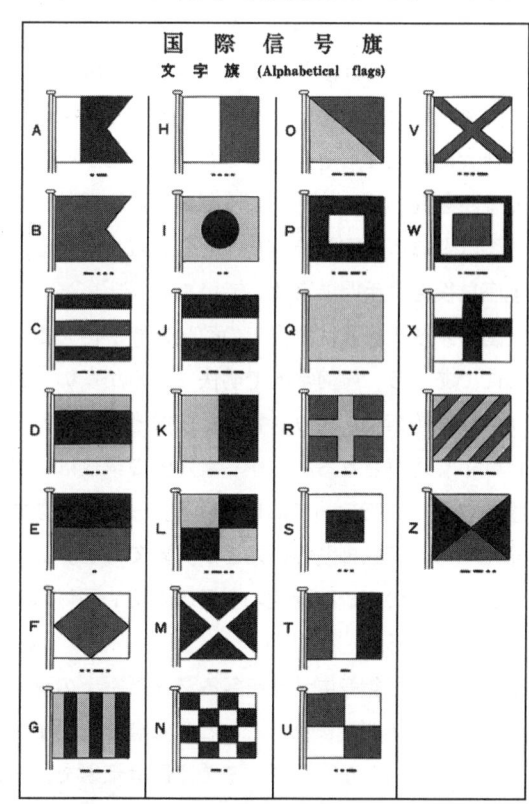

■ 国際信号旗　どの旗の形や色彩も識別しやすく考えられている　この他に数字旗、代表旗、回答旗がある　出典：三谷末治・古藤泰美『旗と船舶通信』成山堂書店 2000 口絵

第5章　屋外広告物のデザイン基礎—03

家紋／シンボル／ピクトグラム

01　はじめに

　家紋は今や忘れられつつあるが、自分が属する会社や団体のマークは身近な存在であろう。また、家電製品の操作記号やパソコンのアイコン、戸外に出れば道路標識から各種の案内サインまで、シンボルやピクトグラムが多数使われており、生活に欠かせない存在である。ここではそうした絵画的な記号に着目して、事例や有効に用いる方法について検討する。

02　家紋・紋章

　封建時代の家紋の重要性は、水戸黄門の葵の御紋でよくわかる。ドラマでは極悪人でも、小さな印籠に付いた紋章の前ではひれ伏すほどである。身分に直結する家紋は階級社会にあって最重要事項であり、したがって家紋は洋の東西を問わず、体制によって厳格に管理された。江戸城には登城者の家紋をいちはやく認識し、対応に備える下座見役を大手門に常置していた。

　我が国の家紋の意匠は戦場での敵味方や手柄を認知するためにであろう、幾何学的で明快なものが多い。西欧の細かい具象的事物を組み合わせた紋章と比べると、そのことはよく理解される。しかし我が国の家紋はいずれも具象的なものをモチーフにしている。一見純粋な抽象形に見えても、家紋の名称は殆どが具象である。ここに特徴がある。この伝統は確実に今日の企業や団体のマークにも生きている。

　西欧においても鎧兜に全身を包み込んだ戦士の識別から、今日の紋章学が生まれたといわれる点で、日本とよく似ている。にもかかわらず、その意匠は精緻で、法則にかなっていなくてはならず難解である。そのために中世に紋章を管理するヘラルド（紋章官）という官職がう

■「関ヶ原合戦図屏風」部分　戦に参加した武将が紋から分かる
出典：Ottfried Neubecker *HERALDIK* Wolfgang Kruger Verlag GmbH 1977 p143

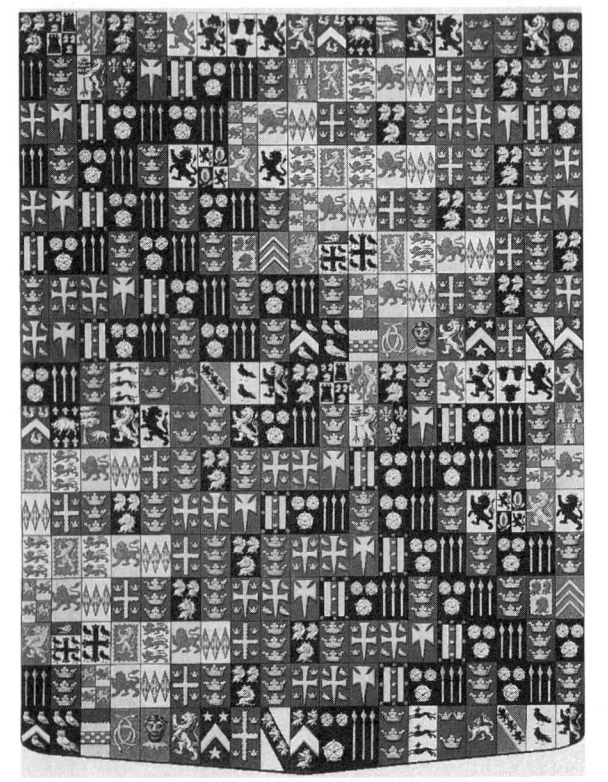

■ 世界で最も複雑といわれるウェールズのロイドオブストック家の大紋章　出典：Ottfried Neubecker *HERALDIK* Wolfgang Kruger Verlag GmbH 1977 p95

■ 江戸中村座の座紋「隅切角に逆さ銀杏」（江戸博）と武具に付けられた「丸に花菱」紋

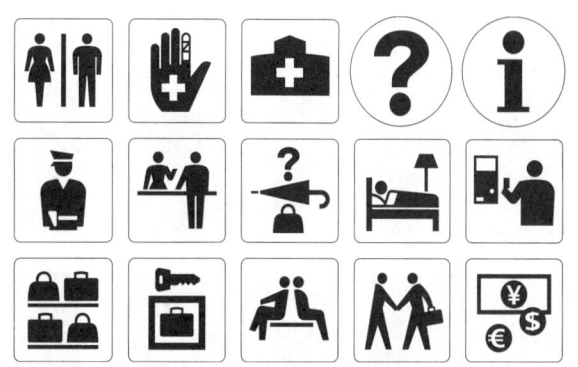

■ 現在JISに登録されている標準案内用図記号
出典：交通エコロジー・モビリティ財団ホームページ

まれ、英国では現在も国王直轄の紋章院が存続し、紋章に関するすべての問題に当たっている。もっとも、我が国も商標の登録や意匠権は国の機関が管理している。

03 図像（イコン）／象徴（シンボル）／指標（インデックス）／記号（サイン）

　サインやシンボルの定義は記号論の学者と同じくらいたくさんあるといわれる。ここでは高辻正基の『記号とはなにか』（講談社1985）に従って整理しておく。
＜図像＞（イコン）：記号内容Aと記号表現Bの間に「幾何学的類似」か「相似性」が見られるとき、BをAの＜図像＞と呼ぶ。写真や地図、似顔絵などその典型である。
＜象徴＞（シンボル）：記号内容Aと記号表現Bが内在的で直感的な「類比」によって結ばれているときに、BはAの＜象徴＞という。
＜指標＞（インデックス）：直接知覚しにくい事象Aを「近接性」の原理に基づく事象Bで示すとき、BはAの＜指標＞という。煙は火の、雲は雨の指標である。
＜記号＞（サイン）：狭い意味で、記号内容Aと記号表現Bの関係が「恣意的」であるとき、BはAの記号という。別の言い方をすればAとBの関係は人為的に作られたもので「無縁性」の関係が＜記号＞の特徴である。

04 アイソタイプ（ISOTYPE）

　1920～1940年ころにかけてつくられたビジュアルシンボルの体系で、今日の国際語を目指すピクトグラムやアイコンなどに多大な影響を与えた。オーストリアの社会学者、オットー・ノイラート（Otto Neurath 1882-1945）は子供時代に博物館でエジプトの象形文字に感銘を受けたといわれるが、後にウィーン市に提言し社会・経済展示館を設立する。その展示にビジュアルシンボルを用いた。1928年に木版作家のゲルト・アルンツ（Gert Arntz）がシンボル制作に参加し、ほとんどのシンボルは構成主義の影響を受けた彼が手がけている。1934年、拠点をオランダに移し、科学者で数学者でもあったマリー・ライデマイスター（Marie Reidemeister 1898-1959）の率いるグループの協力を得る。精力的に活動し、1940年には拠点を英国に移す。1942年には二人は結婚し、マリー・ノイラートは夫の死後も活動を継続した。「ピクトリアルシンボルハンドブック」（Dover 1976）を著したルドルフ・モズリーはノイラートのアシスタントの一人で、1930年

■ 空港の男性手洗い入口のピクトグラム（ラスベガス）

■ アイソタイプによるウィーン各年代の出生者と死亡者数　第1次大戦で死亡者が激増したことがよくわかる

■ ゲルト・アルンツが1935年にデザインしたアイソタイプ

■ 1972年開催されたミュンヘンオリンピックのピクトグラム　多くのピクトグラムの中で、とりわけ幾何学的に整理されている
出典：Otl Aicher, Martin Krampen *Zeichensystems der visuellen Kommunikation* Verlagsanstalt Alexander Koch 1977 p133

代米国に渡り「Pictorial Statistics Inc.」を設立し、アイソタイプのアメリカ支所的存在として活動した。なお、ISOTYPE は International System of Typographic Picture Education のイニシャルからできている。

05　ピクトグラムの定義と種類

　ピクトグラム（pictogram）は最近まで一般の英和辞書には見られず、ピクトグラフ（pictograph）はどの辞書にもあった。pict- は to paint あるいは picture であり、-gram はラテン語の gramma（手紙）からきていると考えられるが、-graph と同様に、「書く」意味であるから、双方とも絵文字、絵ことばと訳してよい。オックスフォード辞書にはピクトグラムを「一つの語または句を表す絵」「一定のものの数量を表すために絵を用いたダイアグラム」とある。デザインの分野においてはビジュアルシンボル、ピクトリアルシンボル、グラフィックシンボル、シンボルサインなどと様々に使われているが、ちがいを敢えていえばピクトグラムには体系を指向する傾向が強いといえよう。

■ ニューヨーク小児病院のピクトグラム
出典：Otl Aicher, Martin Krampen *Zeichensystems der visuellen Kommunikation* Verlagsanstalt Alexander Koch 1977 p137

■ 1968年開催されたグルノーブル冬期オリンピックのピクトグラム　きわめて独創的で躍動感が強い
出典：Rudolf Modley *HANDBOOK OF PICTORIAL SYMBOLS* Dover 1976 p128

第5章　屋外広告物のデザイン基礎—04

文字／タイポグラフィ（和文）

01　はじめに

　文字を適切に扱えるか否かによって、デザイナーのレベルが決まる。また、文字が適切に扱われているか否かによって、デザイン（作品）のレベルが決まる。さらに、優れた書体を持つか否かによって、文化の水準が決まる。

　文字の構成や書体、あるいは文字の判読性についての知識と技術は、広告デザインの重要な基礎である。伝える内容に相応しい書体を選ぶには、まず多くの書体を知らなくてはならない。また、完成度の高い書体や美しい書体の条件、書体のもつイメージについても知見を持たねばならない。そして例えば書体と字体の違いなど、用語の意味を正しく理解しなくてはならない。

02　レタリング、タイポグラフィ、カリグラフィ

　レタリング（lettering）とは目的を意識しながら書かれたり、彫られた文字や語をいう。伝えるために視覚的効果に配慮して文字を作ることである。既成書体を利用する場合と、創作する場合がある。タイポグラフィ

■ 縁起をかついで大きな文字を画面いっぱいに書いている（左）
■ いかにも味噌といったレタリングがみごとな江戸時代の看板（右）
出典：フランク・ギブニー他『日本の看板』1983 淡交社 p92、p35

（typography）は元来、活版術と和訳されたように、既成の印刷用文字（活字・写植・デジタルフォント）を約物やスペースを活用して、どのように組むか、そのための技術や表現を指す言葉である。したがって編集デザイン（editorial design）と近い関係にある。しかし今日では、「文字を主体にしたデザイン」と広く解釈される場合が多い。カリグラフィ（calligraphy）とは書道に見るような「筆触と筆線を主とする平面芸術の総称」（広辞苑）で、文字を素材にした芸術表現といえる。手書きである点や、独創性が評価される点においてレタリングと混同されやすいが、レタリングは、明確な目的を持つデザインであり、カリグラフィはアートである。

03　漢字の構成要素とその名称

　漢字の構成要素とその名称は図にみるとおりである。

■ 欧文に比べ画数の多い漢字を遠方から読ませるには、文字の大きさと共に太さに配慮が要る

漢字の構成要素とその名称部分:
- てん
- あたま
- よこせん
- うろこ
- 上はらい
- たすき
- 左はらい
- 右はらい
- たてせん
- とめ
- はね
- はね

■ 漢字の構成要素とその名称

ゴシック体／ヒラギノ角ゴ Pro W6
景観に配慮したデザイン

明朝体／ヒラギノ明朝 Pro W6
景観に配慮したデザイン

教科書体／A-OTF 教科書 ICA Pro-L
景観に配慮したデザイン

楷書体（清朝体）／DFP 中楷書体
景観に配慮したデザイン

隷書体／DF 隷書
景観に配慮したデザイン

宗朝体／DFP 新宗体
景観に配慮したデザイン

■ 代表的和文書体（デジタルフォント）

字間調整はタイポグラフィの基本
字間調整をしていない状態(べた打ち)　カタカナ間と漢字間ではアキが全く異るため調整が必要である

字間調整はタイポグラフィの基本
漢字の字間にあわせて調整

字間調整はタイポグラフィの基本
カタカナの字間にあわせて調整

■　字間調整は目的にしたがって文字が＜良い連続性＞をもつようにスペースを整えることである

04　和文書体の分類とイメージ

　まず、書体と字体の違いについて述べておく。字体は文字の骨組みや字形をいい、書体はそれに一定の様式で肉付けをしたものである。ローマン体、ゴシック体、明朝体、などいずれも書体の名称である。字体にも旧字、正字、俗字などの区別がある。書体は会話にたとえると、話す人の声音や、抑揚のようなものである。

　同じ言葉を話しても、それらによって伝わり方は多様である。そこをコントロールするのが、デザイナーの役割である。和文書体の分類はアルファベットに比べると整理されていないが、一般的に用いられる書体分類としては、明朝体、ゴシック体、教科書体、楷書体（清朝体）、隷書体、宋朝体、アンチック体などが挙げられる。このうち明朝体とゴシック体が多用されている。

05　書体と読みやすさ

　書体の読みやすさは、道路標識の文字がゴシック体であることからわかるように、明朝体よりゴシック体のほうがまさると言われている。また、書体の太さは文字高の１／10〜１／５程度が適当である。

　広告でしばしば用いられる極太の書体は、距離が離れるとフトコロ（文字の空白部分）がつぶれて見え、逆に細い文字の場合は文字自体がかすんでしまう。しかし、広告物はイメージが正しく伝わることも大切であるため、書体を判読性の良否のみで決定することは適切ではない。明朝体も候補に含めて考えたい。屋内実験であるが、明朝体の判読性はゴシック体と比べて劣ることはなかった。

06　アルファベットと和文の混植

　和文と欧文の書体を混植する場合、欧文のベースラインと和文の下部をそろえる必要がある。調整をしないと欧文が少し浮き上がった感じになる。また、文字の大きさも同じポイントでは欧文がやや小さくなる。パソコンの場合、モニター上で十分確認する。ただし、和文フォントに入っている数字や欧文（従属欧文）はその調整がなされているから必要ない。しかし、現在のところ優れた従属欧文フォントは少ない。

私は DESIGNER です
従属欧文をそのまま使用した

私は DESIGNER です
同一ポイントの欧文フォントと混植した

私は DESIGNERです
欧文フォントと混植し、サイズ、スペーシングの調整をした

■　欧文と和文の混植　欧文のポイントを上げベースラインを揃える

07　字間／行間／行長

　本文組の場合、字間は縦組横組とも、べた組みが原則であるが、広告の場合は、単語や短い文章が殆どで、大きく扱われるのは常であるから、字間はきめ細かい調整（カーニング・スペーシング）が必要である。その際の原則は、均等な黒さや、よい連続性である。行間は広告ではあまり問題とならないが、詰めすぎないように注意する。さらに行長（１行の文字数）も20字から多くても30字程度にしたい。

08　屋外広告物と書体

　屋外広告物の書体を選ぶには次の３点に留意する。
　⑴　伝える内容にふさわしいイメージの書体
　⑵　判読性の高い書体
　⑶　美しい書体

第5章　屋外広告物のデザイン基礎—05

文字／タイポグラフィ
（欧文）

■ D. キンダスリーがスレート（石）に彫ったカリグラフィの作品
出典：David Kindersley KINDERSLEY Montague Shaw CARDOZO KINDERSLEY EDITIONS 1989 p74

01　欧文のプロポーションと構成要素

　欧文のプロポーションは図に見るような、5本の横線によって決まる。ミーンラインとアッセンダーラインの間をアッセンダーと呼び、ディセンダーラインとベースラインの間をディセンダーと呼ぶ。古典的な書体はディセンダーが大きい。ディセンダーが大きくなるとアッセンダーも大きくなるのが普通で、結果として小文字の高さ、エックスハイトが小さくなる。文字の可読性には太さ（ウェイト）と並んでこのエックスハイトが大きく影響する。可読性を重視した最近の書体は概してエックスハイトが大きく設計されている。

　書体の構成要素の主なものは下に示した。各要素の名称を知ることは、書体デザインの特徴を把握することに役立つ。例えば「セリフ」の有無で書体はローマン体とサンセリフ体に分類されるし、「カウンター」（和文でいうフトコロ）の大きさは判読性に大きく影響する。

　文字や書体に関する知識はデザインを学ぶ基本である。それは文字や書体への関心を高め、結果的にデザインレベルを向上させる。

02　欧文の書体分類

　欧文書体の分類は、文献ごとに異なるといってもいいほど多様である。ここでは一般に用いられている分類を示しておく。オールドローマン体、モダンローマン体、エジプシャン体（スラブセリフ体）、サンセリフ体、スクリプト体、ブラックレター体の6種である。書体分類で最も大きな要素はセリフの有無である。サンセリフのサンはフランス語で無いという意味である。我が国ではサンセリフ体をゴシック体と呼んできたが、紛らわしいためサンセリフと呼ぶべきである。エジプシャンはスラブセリフやスクエアセリフとも呼ばれ、大きくはローマン体の仲間である。ブラックレターはゴシック体とも呼ばれ、中世の写本などに見られる書体であるが、今日においてもビールやワインのラベルや格式を重んじる商店の看板などに用いられている。

　書籍や雑誌の本文組（テキスト）には用いない、装飾

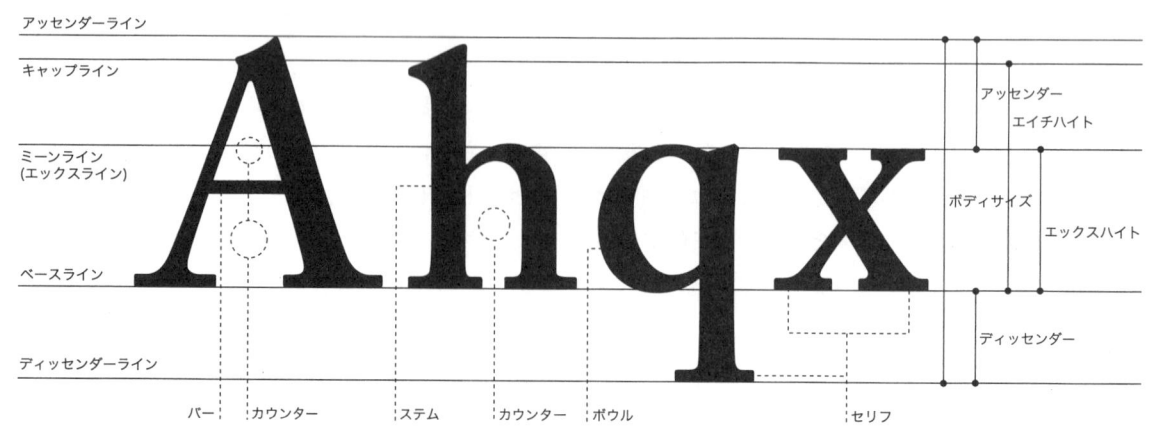

■ 書体の部分名称とプロポーションを決めるライン名称（書体は Adobe Caslon Pro）

104

x-hig xXXXX

Futura書体のエックスハイト　　　　　Perpetua　　Times　　Diotima　　Frutiger　　Century Gothic

■ 同じポイント（文字高）でも、書体によってプロポーションが異なりＸ－ハイトにも大きな差が出る

性の強い書体や特殊な書体をまとめてディスプレイ体と呼ぶ。これは広告では重要である。

近年コンピュータによって、書体制作が容易になったこともあって、欧文書体は飛躍的にバリエーションを増している。その中にはこれまでの分類には収まりにくい中間的特徴を備えた書体も現れてきた。ローティス、ストーンなどがその代表的事例である。（次頁図参照）

03　フォントとファミリー

コンピュータの用語としてフォントは書体と同一に用いられている。間違いではないが、フォントはアルファベットに加えて文章を組むために必要な数字や句読点などの約物も加えた同一サイズの一揃いをいう。ファミリーは標準となる書体を中心に、より太い文字（ボールド）、より細い文字（ライト）、より幅広の文字（エキスパンド）、より幅狭な文字（コンデンス）、斜体（イタリック）などの一揃いをいう。すべての書体がフォントとファミリーを持っているわけではない。ディスプレイ体には大文字のみで小文字すら持たないものがある。

04　欧文書体と判読性

世の中で判読性（legibility, readability）を強く求められるものは何であろうか。道路標識、車のナンバープレートの数字、空港の滑走路の数字、類似の商品が並ぶパッケージのロゴ、数々の公共サインなどが思い浮かぶ。それらに用いられている書体を考えれば、自ずと読みやすい文字は想像できよう。以下の４点が判読性の高い書体の条件である。

(1) 適度な太さ：文字高に対する軸線の太さが10分の１から太くても５分の１程度にしないと、カウンターがつぶれて読みにくい。

(2) 単純な構成：セリフやその他装飾的な要素は無い方がよい。

(3) 文字高に対するエックスハイトの比の大きさ：逆にいえばアッセンダーとディッセンダーの比が小さいことを意味する。これによって同じポイントでも見た目の大きさはちがってくる。

(4) オープンな書体：数字の３と８、５と６、６と８は読み間違いやすいものであるが、これを防ぐには

■ 豊かなファミリーを持つユニバース書体　出典：R.Cater B.Day P.Meggs Typographic Design : Form and Communication Van Nostrand Reinhold 1985 p39

ABCDEFGHIJKLMNOPQRSTUVWXYZ
キャピタル、アッパー・ケース（大文字）

ABCDEFGHIJKLMNOPQRSTUVWXYZ
スモール・キャピタル（小さな大文字）

abcdefghijklmnopqrstuvwxyz
ロア・ケース（小文字）

0123456789
ライニング・フィギュア

0123456789
ノンライニング・フィギュア

!?&()[]　'""'　.,:;-—*
パンクチュエーション（約物、記述記号）

ABCDEFGHIJKLMNOPQRSTUVWXYZ
キャピタル、アッパー・ケース（大文字）

abcdefghijklmnopqrstuvwxyz
ロア・ケース（小文字）

0123456789
ライニング・フィギュア

0123456789
ノンライニング・フィギュア

!?&()[]　'""'　.,:;-—*
パンクチュエーション（約物、記述記号）

■ フォント　同一書体の文字と記号の一揃え　これらによって文章を組むことができる

LEGIBLEweight

LEGIBLEweight

LEGIBLEweight

LEGIBLEweight

■ 屋外広告に使われる書体は概して太いが、判読性からはやや細めの文字が好ましい

3、5、6の曲線で囲まれた部分を開くようにデザインすればよい。同じことはCやSにもいえる。フルティガーやギルサンはこれに相当する。

05　スペーシング

　屋外広告物は概してサイズが大きく、文字も大きく扱われる場合が多い。したがって、特に字間の調整が重要である。これについては和文も欧文（数字）も同様である。コンピュータ上では、カーニングという用語で文字間調整がいわれるが、カーニングの本来の意味は活字を食い込ませて組むことをいう。つまり基本的な組（べた組み）より詰める場合にいう。スペーシングは全般をいうが、活字のスペーサー（込めもの）は文字の間隔（字間）を開ける場合に用いるものである。スペーシングの基本は、よい連続性と均質な明るさをもった文字組である。目を細めて組んだ文字を見ると、ばらつきを見つけやすい。美しく判読性の高い書体を使用しても、（字間）や行間が無調整でバラバラであったり、詰め過ぎであれば、意味がない。

Garamond ARaeg123
オールド・ロマン体 (ギャラモン)

Didot ARaeg123
モダン・ロマン体 (ディドー)

Frutiger ARaeg123
サン・セリフ体 (フルティガー)

Clarendon ARaeg123
エジプシャン体／スラブ・セリフ体 (クラレンドン)

Snell Raundhand ARaeg123
スクリプト体 (スネル・ラウンドハンド)

Fette Fraktur ARaeg123
ブラック・レター体 (フェッテ・フラクトゥール)

■ 欧文書体分類 (デジタルフォント)

第5章　屋外広告物のデザイン基礎―06

写真とイラストレーション

■ 元画像　これをPhotoshopで加工したものが以下の7点である

01　はじめに

　屋外広告物に限らず、グラフィックデザインにおいて写真やイラストレーションの果たす役割は重要である。実際のデザインワークでは、デザイナーはイラストレーターやカメラマンにイメージを伝え、制作を依頼する。しかし、写真を用いるか、イラストレーションを用いるかはデザイナーが判断し、最もふさわしい結果を効率よく得なくてはならない。

02　写真とイラストレーション

　そこでまず写真とイラストレーションの伝達上の特性を考えておこう。写真の特徴は「本物らしさ」につきる。レンズやライティングの効果、あるいは電子的処理による様々な特殊効果が用いられ、写真とイラストレーションの境界が曖昧になってきてはいるが、それでもなお、写真の特徴はリアリティにある。一方、イラストレーションの特徴は表現の自由さにある。ハイパーリアリズムと呼ばれた絵画様式が限りなく映像、写真に近いものであったが、一般的には、形のとらえがたい夢や謎の世界、あるいは極度に強調したり、省略したり、その自由さには限界がない。あるとすれば描き手のイマジネーションの限界である。つまり、新車の美しいフォルムを伝えたければ写真を、車を持つことで広がる豊かな生活を伝えるには、イラストレーションが向いているだろう。また、低公害車であることを伝えるのはどうであろうか。客観的に二酸化炭素の排出量を、グラフ（ダイヤグラム）で他車と比較したらどうか。燃費のよさも同様に棒グラフで十分に伝えることができる。

■ フィルター（変形／渦巻き）

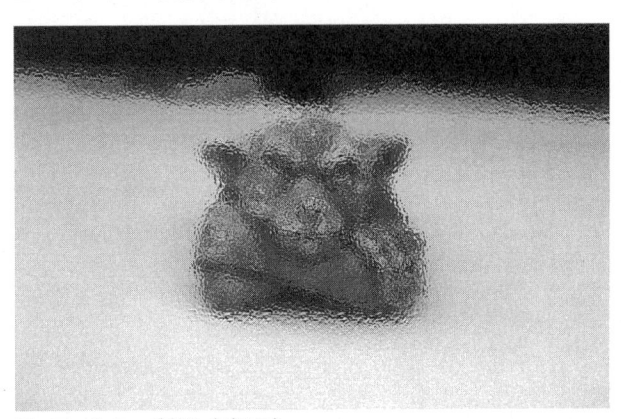

■ フィルター（変形／ガラス）

■ フィルター（ぼかし／放射状）

■ フィルター（アーティスティック／パステル画）

■ フィルター（変形／つまむ）

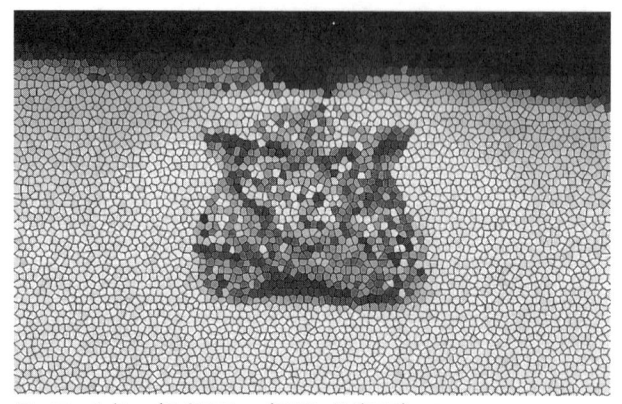

■ フィルター（テクスチャ／ステンドグラス）

■ イメージ（色調補正／トーンカーブ）

03　写真の基本技術：カメラ／レンズ／シャッタースピード／露出（絞り）

自分で撮影しないまでも、写真についての基本的技術と効果は知っておかねばならない。

(1) カメラ：カメラには大中小のようなネガ（フィルム）の大きさで分類できる。また、撮影画面を直接見られる一眼レフカメラとそれ以外に分けられる。さらに、アナログかデジタルに分けられる。現在はデジタルカメラの普及が著しく、その技術は日進月歩である。フィルムにあたる記憶メディアの小型大容量化で、デジタルカメラは小型化、軽量化が進んだ。また、モニターによって撮影直後に画像が確認でき、プリント時の多様な調整も容易になった。今後フィルムを使うアナログカメラは特殊なものとなり、デジタルカメラが主流となる。

(2) レンズ：レンズには広角、標準、望遠とある。また一本のレンズで焦点距離を連続して変化できるズームレンズがある。その他、超広角の魚眼レンズやパノラマレンズ、夜間撮影に用いる赤外線レンズなどいわゆる特殊レンズがある。同じ対象を画面上同じ大きさになるように撮影しても、広角と望遠レンズではおどろくほど違った印象の写真となる。背景を近づけたい場合は望遠を使い、遠近感を出したければ広角レンズを使う。

(3) シャッタースピードと露出（絞り）：この2つは連動している。速い動きの一瞬を撮りたければシャッタースピードを速くする。その場合絞りは開かなくてはならない。暗い場所で撮影するにはシャッタースピードを遅くし、絞りも開ける。雪原や日差しの強い海岸風景を撮るにはシャッタースピードを速くし、絞りもしぼる。つまりフィルムやデジタルの受光面には一定範囲の光量が必要である。絞りとシャッタースピードのどちらを優先させるかは、撮影者の意図による。絞り具合は焦点深度に関係する。被写体とその前後に焦点（ピント）を合わせたい場合は、絞り値を大きくし、必要な部分以外はピントをはずし、ぼかしたいときは絞り値を小さく、つまり絞りを開ける。

04 イラストレーション

　イラストレーションは小説などのさし絵と訳す限りわかりやすい。しかし、今日のイラストレーションは図解と訳され、アートにごく近いものから科学的な裏付けをもった解剖図や分子構造のようなものまで多種多様である。先に触れたダイヤグラムは図表の意味だが、もちろん一種のイラストレーションである。イラストレーションの特徴は表現の自由さにある。伝える内容を強調したり、何かにたとえたり、実際には見えないものでも、それらしく描くこともできる。多くの言葉を費やすより一つのイラストレーションが、一層強く直接的にものごとを伝える例は珍しくない。かつて白バイの警察官になりすました犯人に、3億円を奪われた事件があった。事件直後ヘルメットをかぶった犯人のモンタージュ写真がマスコミや印刷物を通じて全国に配信された。結局その事件は10年後に時効を迎え迷宮入りした。そのときの顔は今でも鮮明に覚えている。もし、あれがイラストレーション、つまり犯人の特徴を強調し、ディテールは省略したイラストレーションを使っていたらどうだったであろうか。あまりに具体的な写真的映像は、犯人の変装を楽にしたような気がしてならない。

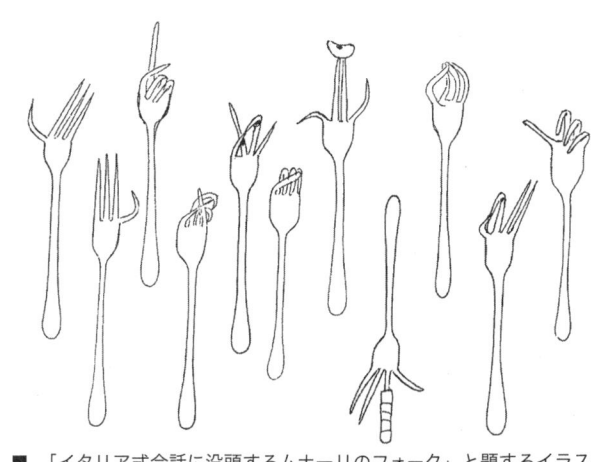

■ 「イタリア式会話に没頭するムナーリのフォーク」と題するイラストレーション 出典：BRUNO MUNARI *BRUNO MUNARI* LUND HUMPHRIES 1986 p47

■ 科学的イラストレーション

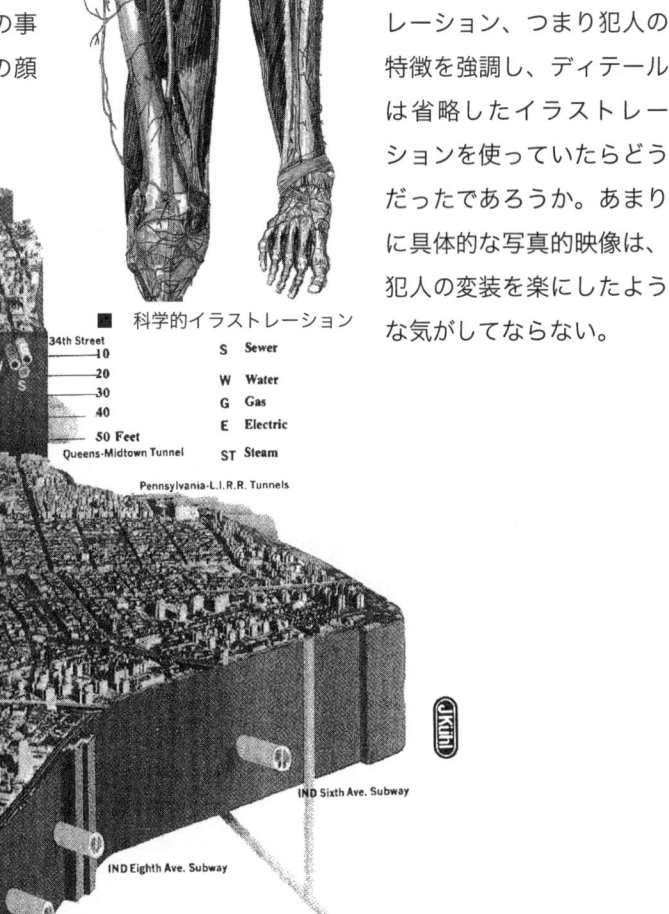

■ ニューヨークの地下断面図　写真とイラストの合成で実在するが決して目にすることのできない構造を視覚化している
出典：マイケル・サウスワース スーザン・サウスワース『地図』築地書館 1983 p82（部分）

CI（Corporate Identity）

第5章　屋外広告物のデザイン基礎—07

■ コカコーラのCI　公認のアプリケーションか不明だが、青一色で中心にロゴを配したデザインは周辺に調和している（グラナダ）

01　CI（シーアイ）計画

　Corporate Identity のイニシャルをとった＜CI＞は日本独自の呼称であるが、次第に国際的にも認知される用語になってきた。Corporate は法人、つまり組織や団体を意味し、Identity は同一性をいう。Identity Card（ID カード）は身分証明書のことである。したがって CI 計画とは直訳すれば、企業や自治体その他の団体が、他と区別されやすく企図することである。しかしデザイン分野で CI 計画は「望ましい経営環境を創造するために、企業の新しい理念構築にはじまるイメージやコミュニケーション・システムを意図的・計画的につくりだす経営戦略」と定義されている（現代デザイン事典1993平凡社 p.62）。その背景には生産技術の向上と平均化によって製品や価格の差が出にくくなったことや、情報化社会、あるいは多国籍企業の誕生といった背景がある。特に情報化社会にあっては、企業や団体のイメージのコントロールがきわめて重要になる。それは対社会に限らず、社内の構成員にとってもである。これまで給与や会社の規模（物的価値）などから就職先を決めてきた学生が、企業のイメージ（情報価値）を重視し始めているのは、それこそが企業の発展に欠かせないと判断されているからである。

02　CI 計画の導入

　世界に先駆けて CI を導入したのは1950年代のアメリカで、なかでも IBM が企業経営にデザインスタンダードとして総合的なデザイン戦略を取り入れ、CI 普及の火付け役となった。一方、英国の国鉄、ブリティッシュレイルも、マーク、ロゴ、サイン計画、車両デザインと総合的なデザイン基準の展開を試みていた。もっとも、英国の場合、1930年代にロンドン地下鉄において、フランク・ピックのディレクションによって、質の高いデザインが、サインからポスター、駅舎、車両、制服に至るまで実現されており、しかもそれらは経営戦略として位置づけられていたという前例を持っていた。おそらく、これが CI の先駆けである。我が国はというと、1970年頃から多くの企業が導入し始めた。

■ コカコーラのCI　屋外広告に展開（リスボン）

■ 芸術性の高い陶板画が多い地下鉄（リスボン）

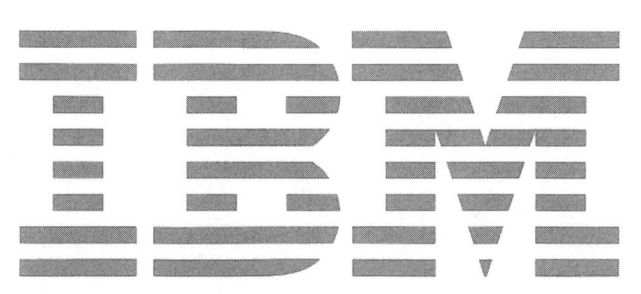

■ ポール・ランドがデザインしたIBM社のロゴマーク
出典：Paul Rand Paul Rand：A Designer's Art Yale University press 1985 p42

03　CIの導入プロセス

　業種や規模によって、CIについての考え方や、CIの導入プロセスは様々である。が、ここではごく一般的プロセスの概要を述べておく。

(1) 導入について、多様な角度から検討する委員会のような組織の立ち上げ。この検討の結果導入の取りやめもあり得る。導入には多額の経費はもとより、イメージ刷新に伴うリスクも大きいからである。

(2) 新しい企業理念、企業イメージの策定。

(3) CIの視覚的要素の基本となるマーク、ロゴ、コーポレートカラーなどベーシックエレメントの策定。また企業標語といわれる、自らの姿勢を端的にアピールするコーポレートステートメントもこの段階までに決められる。

(4) ベーシックエレメントの展開としてアプリケーションデザイン。パッケージ、社員の制服、営業車外装、名刺、ステーショナリー、サイン、屋外広告物等々、多様なデザイン基準の策定。結果はマニュアルにまとめられる。

(5) CIの管理運営体制の立ち上げ。マニュアルが整備されても、企業は日々新しい状況に対峙する。また、国や地域の特性を超えて、一定水準を保つことは容易ではない。CIの成否はここにかかっているといっても過言ではない。責任者直属の組織でないと機能しにくい。

04　CIの拡大

　今日、CIは企業に限らず自治体や行政機関、大学、病院などにも導入され、多様な展開を見せている。これらのCIには多分に競合機関との差別化と文化的側面が強く感じられる。CIの高いデザイン水準を保つことで、教育や医療の質を見える形で伝えようとする。しかし、企業においては、従来の、同一イメージを空間と時間の違いを超えて保とうとする、いわば厳格な同質性を求めるものから、多様な企業活動に呼応したフレキシブルなCIの運用にかわってきた。その一つがBIと呼ばれるブランドアイデンティティである。ブランドとは商標である。多種多様な商品や製品を扱う場合、それぞれ消費者グループの嗜好にあわせたブランドアイデンティティを展開したほうが効率がよい。コカコーラのロゴマークや、車種ごと異なるエンブレムをつけているのは、その事例である。

■ イギリス国鉄のCIシンボルマークとロゴ
出典：ココマス委員会編著『公共輸送機関』産業能率短期大学出版部 1976 p20

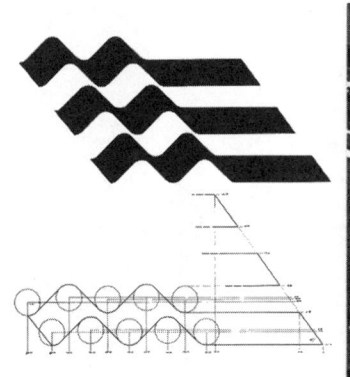

■ フレーボランド州のコーポレートマークとその応用例（オランダ）
出典：アイデア編『オランダの公共デザイン』誠文堂新光社 1989 p87、89

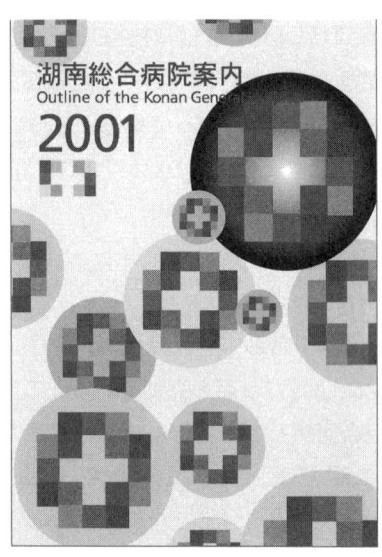

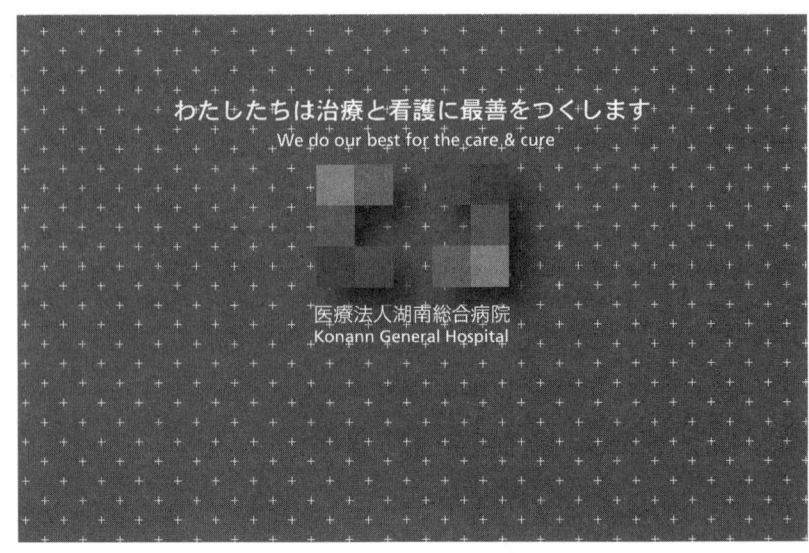

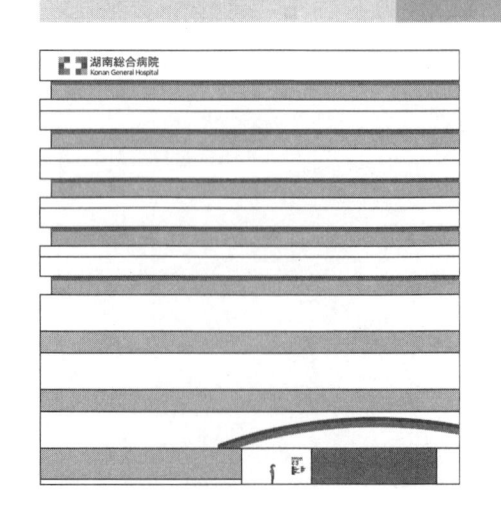

■ 病院のCI展開事例
出典：西川潔『サイン計画デザインマニュアル』学芸出版社　2002

第5章　屋外広告物のデザイン基礎—08

サイン計画

■　路線をシンボルで現した方向系サイン（大阪）

01　はじめに

　サイン計画の目的は、町や施設を開き、人を迎え入れること。そのため案内、誘導など各種の標識を中心に空間や設備の総合的デザイン計画をいう。移動の支援、手続きの支援、居住性向上支援を主目的とする。したがって、文字や記号による標示や案内に限らず、空間の形状や設備も含めてトータルに考えるようになってきた。

02　サインの種別

　サインの種別は次の5つに分類できる。空間系サイン、方向系サイン、識別系サイン、説明系サイン、管理系サインである。空間系サインは地図的な案内で、街路図、路線図、施設の平面図などが該当する。これを案内サインと呼ぶのは、すべてのサインの目的が案内であるから紛らわしい。方向系サインは誘導サインと同じで矢印を伴うサインである。識別系サインは記名サインと同じで、名札に等しい。説明系サインは名の示すとおり、機械の操作や各種の手続きなどを伝えるサインである。管理系サインは危険を知らせたり、安全のために注意を促したり、禁止を告げる。このほか目印を計画的に配する場合、それをランドマーク系サインと呼ぶ。目印は場所の記憶や案内の手がかりに重要である。

03　サインシステム

　サインシステムは大きく、ランダムアクセス型、リニアルアクセス型、ヒエラルキー型の3つに分けられる。ランダムアクセス型は空間系のサインを主体にしたシステムで、サインの利用者は地図から自分の位置を確認し、目的の場所を探し、ルートを定めて目的地に向かう。公園やショッピングセンターなど、移動の自由度が高く、しかもある程度囲われた環境に適している。リニアルアクセス型は方向系サインを主体にしたシステムである。矢印に従って効率よく移動ができるが、寄り道や途中の行き先変更などには向かない。空港や病院、高速道路などは、このシステムが基本になっている。ヒエラルキー型は大拠点、中拠点のように、多種類サインの秩序立った配置が特徴である。ランダムとリニアルの中間的なものである。出入口の明確なイベント会場や団地、あるいは駅やバス停を中心に広がる市街地などに適したシステムである。

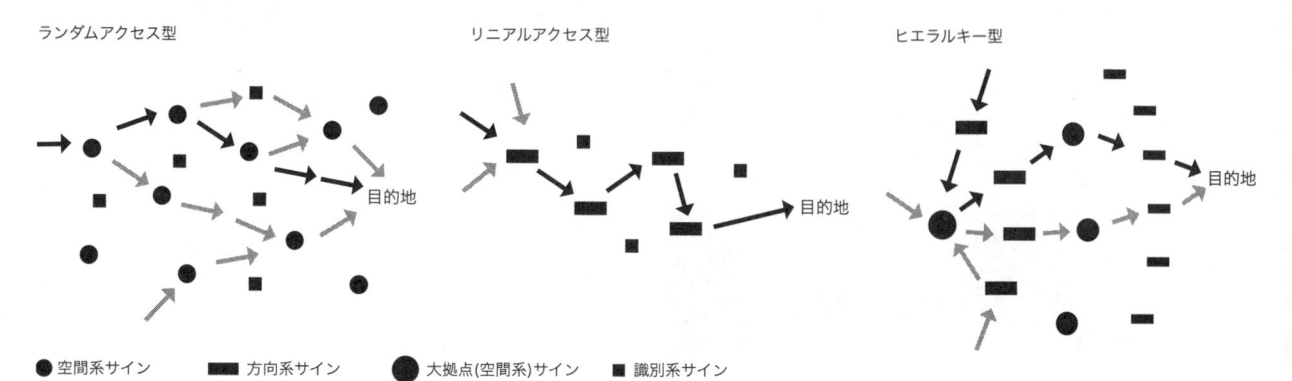

ランダムアクセス型　　　　　　　　　リニアルアクセス型　　　　　　　　　ヒエラルキー型

● 空間系サイン　　■ 方向系サイン　　● 大拠点(空間系)サイン　　■ 識別系サイン

■　サインシステムの3パターン

04 サイン計画の事例

サイン計画の事例は道路標識のように案内する対象がきわめて広いものから、小さな町の図書館のようなものまで、案内する空間の規模で見ることができる。また、交通施設や医療施設のように施設や空間の機能で分けることもできる。また、屋内、屋外でも可能である。ここでは市街地サイン計画の事例をのせておく。

■ 市街地案内　空間系サイン（ニューヨーク）

■ 写真の入った方向系サインで観光名所を案内している（ニューヨーク）

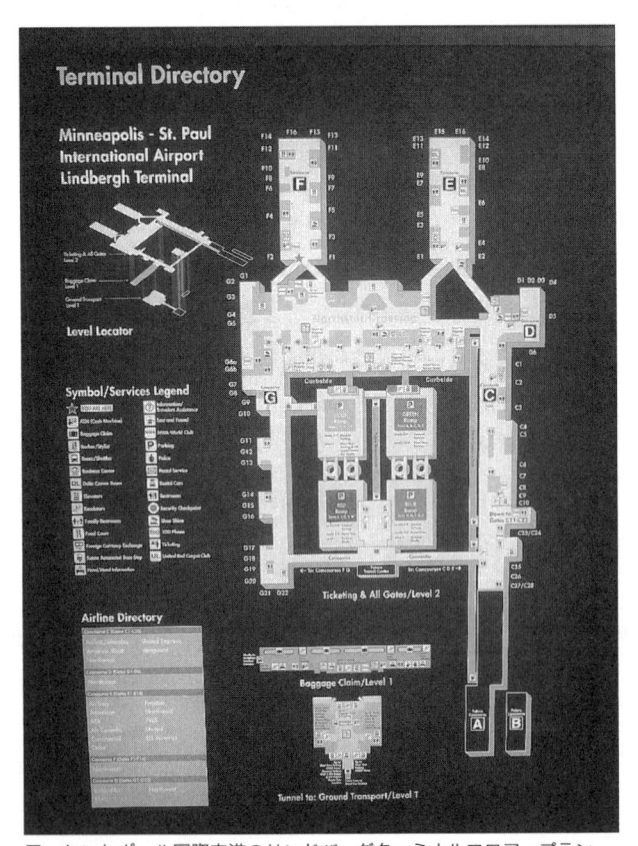

■ セントポール国際空港のリンドバーグターミナルフロアープラン（ミネアポリス）

■ 凝ったデザインの地区案内サイン（ロスアンゼルス）

- つくば市サイン計画。市の中央広場に建てられた総合案内サイン

- TX開通に合わせ初めて建てられたサイン。主要出口前に設置

- つくば国際会議場前に建てられたサイン。地元の石材で構成

- つくば市のペデストリアン南端に建てたサイン。中央はアートポスト

- つくば市ペデ上の歩行者向けサイン。300～500mの間隔で建てられている

- つくば市サイン計画の中で異色なサイン。主要バス停に設置

第5章　屋外広告物のデザイン基礎—09

交通機関とグラフィックデザイン

■　旅客機のグラフィック

01　はじめに

公共交通機関のグラフィックデザインといえば、これまでもっぱらその運営主体のロゴマークを入れることと、路線の特徴や早さ、快適さを感じさせるグラフィックデザインであった。しかし、近年はラッピングバスに代表されるように、公共交通機関の外装に期間を定めて商品や企業の広告を載せる事例が多く見られるようになった。ここではそれらの事例を中心に、交通機関とグラフィックデザイン上の留意点について述べる。

02　旅客機

旅客機のグラフィックは航空会社のCI（コーポレートアイデンティティ）の展開が主である。以前韓国の航空機が、領空侵犯したとして追撃された事件があった。その後すぐにその航空会社は、ロゴマークを機体に大きくいれるなどグラフィックを変えた。したがって、航空機のグラフィックは、国境を越える船舶の旗と同様に、国や所属を表すアイデンティティサインとして特別に重要な機能を負っていることがわかる。1990年代に入って機体全面にグラフィックを施した例が現れる。80年代に広まったスーパーグラフィックの展開と考えることもできるが、当時は宣伝臭は少なかった。

03　バス

バスのラッピング広告を筆者が最初に見たのは1970年半ば、ドイツでのことである。全車両の5％に限定して大胆なグラフィックが施されていた。現在のように頻繁に宣伝ラッピングバスを見るようになったのはそれほど昔からではない。今は景観上マイナスと指摘されるほど派手であったり、デザインレベルの低いものが多く、新たな環境問題となっている。一方、ラッピング技術の一般化は、自治体の運行するミニバスなどのデザインにオリジナルなものを生み出した。いずれにしても、節度を持った表現や色使いが不可欠である。

04　電車

電車もバスと並んでラッピング車両が増えた。特に都市近郊列車や地下鉄に多い。早くはオランダの鉄道で見た記憶があるが、今日では洋の東西を問わず、多数のラッピング電車が走っている。アートに近いものから品

■　明るいデザインのラッピングバス（パリ）

■　市街地を循環するコミュニティバス（つくば市）

■ 地下鉄車両の銀行広告グラフィック（台湾）　　　　■ 映画の広告をつけたタクシー（ロンドン）

がなく、乗り込むことをためらうものまである。一定期間の移動物とはいえ、避けて通れない交通機関であるだけに、デザインのクォリティは高くなくてはならない。

05　その他

　図としてあげたものは船、タクシー、人力車、大型輸送車がある。この船の場合、デッキに新テートギャラリーの広告を掲出している。テームズ川沿いの美術館だけに、橋の上から見られることを計算している。同じくロンドンの定番タクシーにもラッピング広告が見られた。ただし、側面下部に限られている。ユニークなのはドイツでみた人力車の幌の部分に掲げられた広告である。ホイールまで統一したデザインで手前は演劇公演の宣伝である。ニューヨークで見かけた大型トラックは宣伝臭の少ない芸術的なものであった。この他、気球や人間の体を利用したものなど新手が次々と生まれている。もっとも人間に関しては古くからサンドイッチマンやチンドン屋といった形式があり、さらにさかのぼれば様々な物売りは、版画で見る限り動く広告塔そのものである。

■ 江戸末期の浮世絵（役者絵）売り（男性）と櫛笄（くしこうがい）売り（女性）
出典：芳賀芸術叢書『町まちの文字』芳賀書店 1973 p89

■ 演劇の広告をのせた観光客向け人力車（ベルリン）

■ テームズ川の観光船デッキの広告　橋の上からよく見える（ロンドン）

■ 芸術性の高いグラフィック（ニューヨーク）

第5章　屋外広告物のデザイン基礎—10

屋外広告物の諸形式

■　建物のイメージにあわせた屋上利用広告（マドリッド）

01　はじめに

　現代の屋外広告物の形式は基本的には屋上利用広告、壁面利用広告、突出広告、野立広告、ラッピング広告に分類できる。形式を考える上で大切なことは、いうまでもなく、まず法令に違反していないことである。次に安全性と景観性である。その上で宣伝効果を上げる工夫をすることになる。屋外広告物の場合、それらの制約があって、独創的なものは作りにくいが、英国のパブやインのサインのように、英国の風景に無くてはならないものもある。また、米国のハイウェイ沿いの巨大な野立サインもいかにもアメリカらしい。我が国においても、特に歴史的町並みに残る自家広告物などには見るべきものが多い。屋外広告物はその国らしさや文化のレベルを端的に表すものとして、きわめて重要であることを認識したい。

02　屋外広告物の形式

　屋外広告物のガイドラインに見られる形式は、次頁の図のようなものにまとめられよう。この中で都市景観に最も大きな影響を与えるものは屋上利用広告である。できる限り建物との一体感を図る、あるいは壁面利用に変更するなどしたい。また、野立広告もしばしば美しい景観を阻害して問題となる。設置には鉄道や道路から一定の距離をとらなくてはならないため、いきおい規模が大きくなる。自治体が立てている例も多く、考えなくてはならない。さらに、窓の内側に張り紙やフィルムでつけられた広告は、屋外広告物法の適用除外であるが、これもしばしば問題として指摘される。確かに、安全上は問題は少ないが、景観的にはどうであろうか。一定の制限をもうけるなり、方策が必要と思われる。評判の悪いものにのぼり旗もある。のぼり旗は我が国の伝統的形式であり、祭りのときなどに10mもあろうかと思われる巨大なものがみられ、ハレの演出に一役買っている。しかし、これは祭りの間に限られている。この点が重要である。のぼり旗広告もバーゲンや開店時など特別な場合に短期間集中して立てられるのであれば、クレームは出ないだろう。

■　しっかりしたデザインの回転する広告塔（グラナダ）

■　伝統的形式の突出広告（ロンドン）

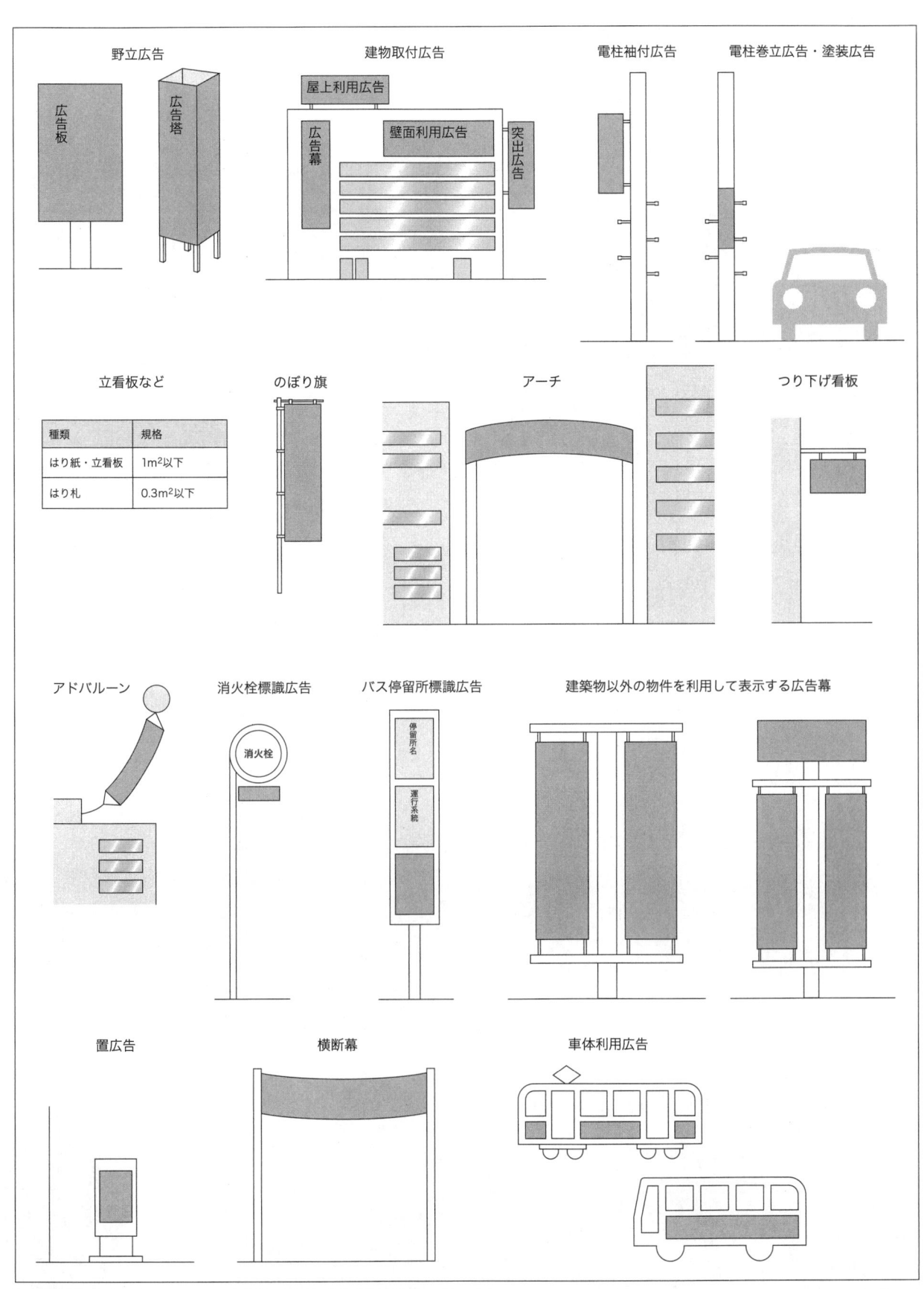

■ 屋外広告物法で定められている広告物の形式と名称（茨城県パンフレット）

■ 安全安心まちづくりキャンペーンのためのバナー広告（つくば市）

■ 工事中の建物を覆う広告幕　短期間だが街の表情を変える（マドリッド）

■ バス停サインにつけられた広告（台湾）

■ 扉裏の看板がみごとな蔵づくりの乾物屋（佐原）

■ ゴッホ美術館の斬新なサイン（アムステルダム）

■ 達筆な団子屋の看板（上海）

■ 欧米のメガネ店の定番（マドリッド）

■ 広場にイベントの装置として設置された置広告（ベルリン）

■ ハイウェイ沿の巨大野立広告（カリフォルニア州）

■ タイムズスクウェア（ニューヨーク）

■ プロジェクション広告　これから屋外でもLEDなどの光広告が増える（東京）

■ 長大なアーケードの天井に現れる動く映像広告（ラスベガス）

■ 道路上のアーチ広告が活気のある街を演出（上海）

- 砂漠の中に立つ大規模なサインは、数キロ遠方からも見える（カリフォルニア）

- 間口一間の本屋。陶板と日除けで十分に格調高い（マドリッド）

- アールヌーボーを思わせる繊細なデザインのポスタースタンド（グラナダ）

- 案内板の支技体に職人の業が光っている（桑名市）

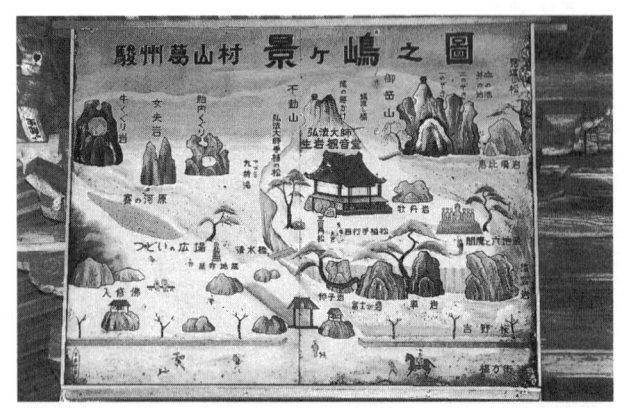

- 現代のポスタースタンド。絵が代わる途中（グラナダ）

- お寺に架っていた地域の観光案内。特徴を把えて分かりやすい（裾野市）

- 外形までラッピングしたバス（ラスベガス）

第6章

広告景観のデザイン

第6章 広告景観のデザイン—01

欧米の優れた広告景観創造の試み

■ 広告をポスタースタンドにまとめ、景観のアクセントにしている（アムステルダム）

01 はじめに

　広告景観の改善が提唱されたのは新しいことではない。昭和5（1930）年に刊行された『現代商業美術全集6：世界各国看板集』（アルス）の解説冒頭で、濱田増治は次のように書いている。「日本今日の看板は都市美を論ぜもれる側からは常に非難を蒙ることが多い。それは建築に対して不調和、その掲出場所の無配慮等々のことから、余り好感を持って見ることは出来ぬのである」と。この言葉から80年近くたった現在も、相変わらず同様な指摘を受け入れざるをえない景観が多い。時代は下がるが、1970年に刊行された『都市環境の演出』（彰国社：伊藤ていじ訳）で著者のL．ハルプリンは同じように無秩序な屋外広告物の氾濫を次のように述べている。都市において「小さな広告から始まりながらサインはますます大きく、耳ざわりでけばけばしいものになる傾向があり、結局のところそれらは当初デザインされた目的を自ら破壊することになってしまう。メイン・ストリートは、事実上相競い合うサインのマスと化しており、視線を移すと次々とより目につきやすく騒々しいものが現れるというありさまで、神経を疲れさす視覚的カオスの集積になりはてている。」と。私たちの身近においても、こうしたカオスは残念ながら今も多数存在する。

02 米国での試み

　ところで、このような好ましからぬ状況に対して、先人はただ手をこまねいていたのだろうか。ここではいくつかの都市の美化に関する取り組みを紹介しておく。まず米国における事例として1893年に開催されたシカゴ博覧会を契機に生まれた「都市美運動／City Beautiful Movement」が挙げられる。19世紀後半の、いわゆる産業革命は急激な都市環境の悪化を招いた。シカゴ博覧会会場はそうしたことへ一石を投じ、ミシガン湖畔に調和のとれた美しい空間を現出させた。この成功によって、各地で類似の博覧会が開かれるようになり、やがて都市美を求める民間の運動が生まれ育っていった。

　連邦政府が都市の美化推進に活動し始めるのは1930年代といわれる。29年の世界恐慌後に弱者救済を掲げて大統領になったフランクリン・ルーズベルトの政策のひとつ、美術計画公共事業（1933〜34）と連邦美術計画（1935〜43）である。名称からわかるように、都市環境における美術作品の設置と芸術家の動員に特徴がある。1,000以上の都市に16,000点以上の作品が制作され、3,600人以上の作家が動員されたという（東京都生活文化局企画部：諸外国における都市美化推進に関する実態調査 1982 p.9）。

　公共空間に芸術作品がおかれることで、周辺環境の特性が顕在化され、人々の目がそこに注がれ、結果として景観の向上が図られたことは想像に難くない。

　屋外広告物に直接関係する事例としては、ボストン市が1955年に「歴史的ビーコンヒル地区」を歴史地区指定したことが挙げられる。これをを契機に、1975年にはボストン・ランドマーク委員会ができ、統合的な改修計画が始まる。サイン・コード（屋外広告物準則）はその目玉の1つである。米国建国200年記念にもちなんだものであるが、きめ細かい規制や改修のためのアクションプランは注目に値する。まさに優れた広告景観創出のための、大胆かつ綿密なプロジェクトとして今もって参考になる。現在進行中の、韓国の清渓川復元事業にあわ

■ どこにでもある田舎の町、建物の個性が生きている（ブライトン）　　■ 巨大な広告が町を特徴づけている（ニューヨーク・ブロードウェイ）

せて実施されている、周辺部の屋外広告物整備事業にもボストンの強い影響が感じられる（144頁参照）。

03　ヨーロッパでの試み

ヨーロッパでも都市の美化に民間組織が大きな役割を果たしている。英国のナショナルトラスト（1894年設立）、シビックトラスト（1957年設立）などはその代表格で我が国でもよく知られた存在である。もっともトラストの活動は歴史的建築や庭園の保存及び自然環境の保全が主である。とはいえ、英国の3分の1以上が国立公園と田園地帯であることから、トラストの活動は実質的に都市の美化にも強い影響を及ぼしている。さらに、国立公園と田園地帯は屋外広告物の特別規制区域に指定されているから、英国は類のない屋外広告物が制御された国としてある。

英国の屋外広告物はほとんどが紙に印刷されたポスターで、我が国のものとややことなるが、その大きさは4シートサイズから16、32、48シートサイズと決められており、管理は行き届いている。実際、町や村を出て次の町や村につくまでのハイウェイ沿道に、いわゆる野立て広告を目にすることは極めて少ない。ちなみに、最初の広告規制法は1907年に制定されている。現在の規制は1947年の都市計画法に基づき、地区計画庁によって実行されている。

美しさや魅力ある都市ランキングで常にトップの座を占めるのはパリである。フランスの美的景観の保存と形成に関する国の施策をみるとそのことが理解される。「史的記念物保護に関する立法」は1913年に制定されたが、その元となった史的記念物委員会は1873年に設置されている。以後、1962年の「フランスの史的美的遺産の保護立法ならびに建造物の修復の実施に関する法」いわゆるマルロー法に引き継がれていく。都市はがらくたの寄せ集めではなく、調和づけられ「再び都市の彫刻家や画家のための固有の領域として確立されるべきである」と言ったのは、先に引用したハルプリンであるが、パリには確かに壁画や各種環境的スケールの優れた造形作品が多い。

屋外広告物についても、19世紀末の法律が生きているといわれ、看板類の面積や設置場所、色彩等が厳しく規制されている。商業地区であっても商店の看板は二階以上には付けず、突き出しサインの形状や大きさも一定の枠に収められ、町並みを形成する建物ファサードそれぞれの個性を大切にしている。色彩についても、シャンゼリーゼ通りにある日本航空事務所の赤い鶴のシンボルが、金色だった例はよく知られている。

04　常識・共有される美的感性

19世紀の法律とは驚きであるが、実態は法律以前の問題であるようだ。フランスに限ったことではないが、欧米の都市の良好な景観は市民が共有するものであり、それを維持し、あるいは改良していくことは自らの努めと感じる＜常識＞が定着しているからとの見方がある。この点が実は我々にもっとも欠けているのではなかろうか。時間と手間を要しても、＜常識＞を育てながら市民をまきこんだ街づくりこそが、優れた景観創造への近道である。

第6章　広告景観のデザイン—02

欧米の屋外広告物
揺籃期

■ 1920年頃のロンドン・フリート通り　大小多数の広告が見える
出典：G. Reid *Streets of London* Nishen 1987 p 7

01　はじめに

　屋外広告物を景観形成におけるマイナス要因と考えるのが残念ながら一般的である。その裏には19世紀中庸から20世紀にかけて洋の東西を問わず、奇をてらった、あるいは多量の屋外広告物がしばしば景観を乱し、物議をかもしてきた事実がある。しかし、その後、業界の組織化と自主規制、行政による指導、市民を巻き込む運動などの経緯を経て、英国やフランス、ドイツなど欧州各国は今日見るような優れた広告景観を実現した。やや時間的に遅れたものの、米国においても同様である。

　ここでは春山行夫著『西洋広告文化史　上下巻』(講談社1981)および高桑末秀著『広告の世界史』(日経広告研究所1994)等を参考に、1800年以降の西欧屋外広告事情をかいつまんで紹介する。

02　ビラの氾濫とその収斂システム

　ビラは＜ bill ＞からきている。広告に関係するところでは、チラシやポスターをさす。容易に安価にできるため、また新聞広告と違って税金もかからなかったため、手書きペイントと並んで18・19世紀をとおして広告メディアの首座を占めた。1722年すでにパリの警視総監に認可されたビラ貼り人の組合があったという。いかがわしいビラが当初より多かったらしく1734年には早くもパリの警視総監がビラの配布を禁じている。英国では1780年頃ビラ貼りが職業として成立、ビラは次第に大型化し、1817年には囲い等の持ち主に許可を得ない貼り紙は禁止する法律ができている。1839年にはロンドンに最初のビラ貼り会社ができる。しかし、状況は改善せず1862年には「王立ビラ貼り人協会」ができ、自主規制をはじめる。当協会は町中ありとあらゆる壁を埋め尽くすビラの氾濫に対し、秩序だった掲出法を提示する。そのせいか、1870年頃のロンドンの駅構内のスケッチのビラは整然と貼られている。

　1855年ドイツのベルリンで印刷業を営むエルンスト・リトファスは市内150箇所に広告塔の設置を申し

■ 1815年ドイツの雑誌に紹介された英国の移動広告塔。中に明りが入る
出典：『現代商業美術全集—6—』p42

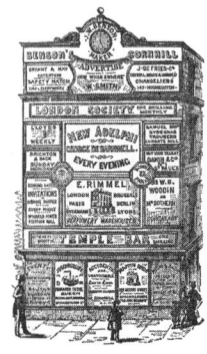

■ ビラ貼り人協会の示したビラの美しい掲出法　1863年ロンドン
出典：『西洋広告文化史　上』p409

■ リトファスの考案した広告塔
出典：『広告の世界史』p157

■ 宝クジの広告をのせた馬車　1826年ロンドン
出典：『西洋広告文化史　上』p419

■ 馬に乗せた移動広告
出典：『広告の世界史』p143

■ 広告塔のごとき乗り合い馬車
（ロンドン地下鉄博物館）

出、無秩序なビラをこの広告塔に収斂させようとの彼のアイディアは当局に認められ、以後ドイツの主要都市に広がった。欧米のポスター掲示システムのさきがけであり、この広告塔は現在も「リトファスの円柱 Litfass Saeule」と呼ばれている（『広告の世界史』p157）。

米国でも1870年頃にはビラ貼りやペイントの場所提供者に使用料を払うようになったと言われる。1900年頃には景観を乱す立て看板等に対し、市民の反対運動がおこり、シカゴではその取り締まり法ができている。1914年には米国のニューイングランドでポスター協会が一定の基準を定めるなど、自主規制がはじまる。さらに1925年になって大手の屋外広告業者が集まりポスター広告連盟、ペンキ屋広告連盟を併せて、屋外広告連盟を結成し、次のような4か条からなる規制要項を定めている。「1）交通に危険を生じせしめる構造物、即ち危険なカーブや交差点の見通しを閉ざすような構造物はつくらない。2）各州の所有するハイウェーの付属地に構造物はつくらない。屋外広告会社の所有ないし契約した土地にかぎる。3）風景美を破壊する場所に、構造物をつくらない。4）純然たる住宅地域には構造物をつくらない。」（『西洋広告文化史　下』p.279）

03　ロックペインター

1850年から60年代に薬や衣料品などの商品名や企業名を塀、壁、道路、そして普通考えられないような場所に文字をペイントして生業としていた人々がいた。6,200フィートの山頂に、ボストンの衣料商は名前を書かせて話題になっているし、さらにナイアガラの滝の危険な岩に「聖ジェイコブの油」という文字が大書された話も残っている。また屋根付きの橋（映画「マディソン群の橋」はこの形式）全体に薬の広告をペイントした事例も現れた。人を驚かすような断崖絶壁などに文字を書いた人はロックペインターと呼ばれた。

04　ラッピング馬車

ラッピングバスならぬラッピング馬車は19世紀前半に英国内を疾走していた。当時の乗り合い馬車は現在の列車であり、バスであった。写真に見るように前から後ろまで、広告で覆われていた。中刷り広告並みに車内にも広告が配されていた。これと同じころ、広告だけを乗せた広告専用馬車も人の集まる地域に出没していたらしい。人目を引こうと巨大な帽子を乗せたり、オベリスクのようなものを乗せたりで、やがてこちらは邪魔者として禁止された（1853年）。

05　奇妙な広告

1826年英国において宝くじの廃止が決まり、最後の宣伝が大々的に繰り広げられた際、その中に馬に乗ったサンドイッチマンがいた。人を隠すように縦長のボードが左右からサンドイッチしている。また、1842年には「イラストレーテッド・ロンドンニューズ」の創刊に合わせて200人のサンドイッチマンが繰り出した。1850年頃には赤い長靴を頭に乗せたり、四角い筒を体にかぶせて回転させながら歩いたり、三角錐の箱から顔だけ出しているサンドイッチマンなど様々いたという。そのほか、奇妙なものでは、広告船がある。テームズ川の名物ボートレース会場に、帆に宣伝文句と商品名を描いた沢山の小舟を走らせたものである。1893年米国シカゴの博覧会で初めて試みられ、ニューヨークでも使われた空中投光器による広告は異彩を放っている。電気という新メディアを用い、雲にメッセージをプロジェクションした。雲がないときはロケットを打ち上げてつくったという。これ以後、白熱球やネオンの広告が現れ世界を席巻してゆく。

こうして見てくると先人の広告への異常なほどの情熱を感じる。しかし、われわれはそれに目を奪われるだけではなく、それらを適度にコントロールし、節度をもった広告景観を築いてきた人や知恵についても見逃さないように心がけたい。

第6章　広告景観のデザイン―03

屋外広告物のサイズと量のコントロール

01　景観にかかわる屋外広告物の定量的な問題

　景観法の制定と施行に代表されるように、日本の都市計画やまちづくりにおける景観の重要性が強く認識され、その保全や創造にむけた積極的な取組みが社会的な要請となりつつある。そのような社会的背景のもとでは、景観に係わる論議の中で、従来は屋外広告物の存在がネガティブな要素として扱われることがほとんどであった。これには、屋外広告物の定量的な側面に係わる2つの問題が作用しているものと考えられる。そのひとつは個々の屋外広告物の規模の問題、今ひとつは、屋外広告物の密度と総量の問題である。

　個々の屋外広告物の規模が大きくなり、景観の中にその存在感が強く認識されるようになった背景には、大きく3つの要因がある。第1の要因は、建築物が大規模化していることである。大規模化した建築物の広大な壁面は屋外広告物の掲出面としても価値をもつ。また高層化することにより、その屋上は遠くからでも視認性の高い大規模な広告物の格好の掲出場所となる。

　第2の要因は、市街地の外延的な拡大である。その結果、いわゆる郊外と呼ばれる地域では建物の密度が拡散

■　建築物の屋上に設置された大規模な屋外広告物

するとともに、主要な幹線道路沿いにおいて広大な土地が商業・業務地として開発され、都心と比較してもはるかに大きなスケールの街並みがうまれている。これらの地域における景観のスケールに適合した屋外広告物の規模は必然的に大きなものとなる。

■　幹線道路沿いの屋外広告物の連続

　第3の要因は、交通手段の高速化である。移動速度の高速化は、高速道路や鉄道の高架化を伴うことが多い。そこでは、景観を認知する主体（人間）の側が高速で移動し、同時に街路レベルとは比較にならないほど広い範囲の景観を目にすることになる。したがって、そこでの広告効果をあげるためには、おのずと屋外広告物の規模は拡大せざるをえない。このことは、たとえば飛行場の滑走路に近接して設置されている屋外広告物に最も顕著にあらわれている。

　都市景観に占める屋外広告物の総量や密度については、地域や地区によって大きな変化がうまれている。たとえば、交通網の結節点である鉄道駅の周辺地区や商業地区とその周辺においては、当然のことながら屋外広告物の集積密度が高く、建築容積の拡大やそこに入居する様々な商業・業務施設の増加に伴って、その総量も増大の一途をたどることとなった。また、前述のように郊外の幹線道路の沿線においても同様の傾向がみられ、こち

らではむしろ線的な集積と総量の増大がすすんできた。一方において、それ以外の地域では条例等による規制や景観問題への意識の高まりを背景として、屋外広告物の総量が目立った増加を示しているとは考えにくい。その結果、ひとくちに都市景観といっても、地域と地区によって屋外広告物の密度と総量は著しい差異が認められるようになっている。

■ 駅前商業地区における高密度な屋外広告物の集積

このような状況のもとでは、屋外広告物の密度や総量のコントロールに関して地域や地区の特性に配慮したキメの細かい対応が必要とされることはいうまでもない。集積の密度や総量が大きくならざるをえない地域や地区においては、たとえば、屋外広告物の掲出に関する協定を締結することや、新たな掲出や更新における手続きなどを明確にするなどの方法によって、適正な密度と総量を維持したうえで、良質な景観形成に寄与することのできるデザインを実現する手だてを追求しなければならない。

02 都市景観と屋外広告物の規模

(1) 街路のスケールとプロポーション

都市景観、特に街路景観を形成する屋外広告物の規模は、道路とその両側に建つ建築のスケールとプロポーションに調和していることが重要である。スケールに関していえば、道路の幅がせまく、両側に低層の建物が並ぶ街路に規模の大きな屋外広告物が掲出されれば、その広告物によって街並みが占拠されてしまうような状況が発生してしまう。一方、比較的幅の広い道路沿いに高層ビルが建ち並ぶ街路に小規模で様々な形の屋外広告物が乱立する状態では、広告物が街並みを攪乱する要素となってしまう。

街路空間のプロポーションは道路の幅（D：Distance 道路を挟んで相対する建物壁面の距離）と建築の高さ（H：Height 建築壁面の高さ）の比 D/H によって表現されることが多い。D/H の値が小さければ、街路が縦長で谷間状の空間となり、街路上にいる人は両側の建築壁面による圧迫感を感じることになる。一方、その値が大きくなるほど、街路は横長で広場状の空間となり、開放感とともに散漫な感覚を得ることになるであろう。いずれにしても、街路に掲出される屋外広告物の規模は、D/H で示されるような街路空間のプロポーションを大きく攪乱することがないことが重要である。

■ 街路のスケールに調和した屋外広告物

(2) 視点からの距離

いうまでもなく、屋外広告物の規模は、それを視認する人の視点からの距離に対して適正なものであることが必要である。想定された視点からの距離が比較的大きな場合、視認性の確保を理由として大規模な屋外広告物が掲出されることがあるが、その広告物の足下では、街並みの連続性が著しく阻害されることが往々にして見受けられる。鉄道や高速道路からの視認性を重視した屋外広告物が、その直下の街並みの景観を攪乱していることなどがその典型的な事例であろう。必要以上に規模の大きな屋外広告物は、都市景観の攪乱要素となるという理由だけではなく、その経済性、安全性、維持管理コストなどの面においても再検討されることが必要である。視点からの距離に対して、適正な規模を確保しつつ、それらが設置されている場所の街並み形成にマイナスに作用しないようなデザインが望まれる。

(3) 建築物や構造物の規模

屋外広告物の規模は、それが設置される建築物や土木

構造物等の規模との間に適正なバランスを維持していることが望ましい。多くの建築物や土木構造物等は、設計の段階において屋外広告物が設置されることを前提にしていることがごくまれであるため、事後に広告物が設置されることによって、当初の景観的配慮が意味をなさなくなることが少なくない。特に建物の屋上に大規模な広告物が設置されることによって、建築のプロポーションやシルエットが大幅に変化してしまうことや、壁面が大面積にわたって広告物によって覆われ、色彩やテクスチュアが改変されてしまうことが懸念される。あるいは、橋などの土木構造物の高欄などが屋外広告物によって覆われ、意図した透過性などを損なうこともよくみかけられる。このような状況を回避するためには、都市景観の中における個々の建築物や土木構造物の占める位置を認識し、それらの本来的な規模、形態、意匠等が大きく改変されることのない範囲において、そこに設置される屋外広告物の規模を検討するべきである。

■ 建築物の規模に調和した屋外広告物

03 都市景観と屋外広告物の密度・総量のコントロール

(1) 密度のコントロール

ある地区の景観における屋外広告物の密度は、たとえば、地区内の主要な視点からみた視覚像の全面積に占める屋外広告物表示面の面積の比率や、地区の単位面積あたりに存在する屋外広告物の数などを指標として把握することが可能である。当然のことながら、それらの指標がある一定の値を超えると、屋外広告物を含む景観が混乱している、あるいは猥雑であるというように受けとられることが予想される。現在までのところ、良好な都市景観の保全や創造を目的として、屋外広告物の集積密度をコントロールするための具体的な方法は確立していないが、ひとつの可能性として、一定範囲の建築物の容積や壁面量に対して掲出可能な屋外広告物の表示面積の比率に制限を設けるなどの方法が検討されてよいであろう。さらには、街路の幅員や建築物や構造物等の高さによってその比率を段階的に設定することや、道路面からの高さのレベルによって、屋外広告物の掲出密度をコントロールするなどの方法も有効であるものと予想される。

(2) 総量のコントロール

屋外広告物の総量は、広告物の表示面積の総和として把握されることが一般的である。しかし、ある空間領域における総量の絶対値そのもの大小は、景観の評価とは直接結びつくとは考えにくい。たとえば、その総量がどのような規模の広告物によって成り立っているのかということは、景観との関係においては重要な要因となる。具体的には、小規模な広告物が大量に集積している場合と大規模なものがかたよった位置に存在している場合では、同じ総量であっても、景観への影響のありかたは大きく異なることが予想される。また、立体的な都市空間の中では、屋外広告物の総量がどのような空間的分布の

■ 面的な密度・総量と線的な密度・総量

パターンをもっているかということも、景観のありかたに大きく影響する。このように、総量のコントロールは、絶対値だけではなく、前述した集積密度のありかたと連携することによってはじめてより現実的かつ有効な手段となる。

(3) 屋外広告マスタープラン

　屋外広告物の総量と密度を適切にコントロールしつつ良好な景観を維持・創造し、なおかつ広告の効果を確保するためには、地域・地区の景観特性をふまえた計画とデザイン戦略を含む屋外広告マスタープランとでも呼ぶことのできるものが必要である。このマスタープランでは、まず屋外広告物の総量を規定したうえで、その総量をどのエリアにどのようなかたち（広告物の形態的な種別）で配分するかについての指針を示すことになるであろう。その指針に基づき、景観に配慮した広告物の分布パターンと集積密度のガイドラインが設定され、それにしたがって広告効果を確保するための具体的なデザインが検討されることが期待できる。これにより、複数の屋外広告物が相互に視認性を相殺し、それを克服するために結果として広告物の総量や密度が必要以上に大きくなっていたような従来の状況を回避することも可能となるであろう。むろん、このようなマスタープランの立案と実施には、地方自治体など公的な団体の主導のもとで、広告主や不動産所有者さらには市民を含めた主体的な取組みが不可欠であることはいうまでもない。

（写真提供：鎌田経世）

リトファスの円柱

　欧米のものはほとんど移入されるのに、これはなぜないのだろうか。本文で触れたが、19世紀中頃、この装置を考案したのはドイツの印刷業者E.リトファスで、現在も〈リトファスの円柱〉と呼ばれているという。写真は最近ベルリンで撮ったものだが、サイズ・形状ともリトファスが最初につくったものにきわめて近い。パリにもそれよりやや遅れて出現したが、発案者は同じく印刷業のモリスで、こちらも〈モリスの円柱〉と呼ばれている。パリのシンボル的存在である。

　わが国で見かけない最大の理由は、空間的余裕がない歩道の狭さだろう。しかし、欧米の旧市街地の道はもっと狭い。が、広場や公園、建物周辺に公的空間があるため、置くことができる。都市構造がちがうのだ。IT時代になぜ広告塔かといえば、それによって掲示物の規格化と一元的管理が期待できるからだ。それが可能になれば、乱雑な小型広告類はここに集約でき、街は確実に美しくできる。広告類のデザインレベルも上がる。形状はともかく、わが国の都市に欲しいものの一つである。（西川潔）

第6章 広告景観のデザイン—04

屋外広告物の設置場所と位置のコントロール

■ 農地の中の野立ての看板（T）

01 景観上の配慮を要する設置場所

　屋外広告物の規模や総量など定量的な側面と同様に、それらがどのような場所や位置に設置されるかという空間的な側面もまた、景観に与える影響として無視できない重要な要素を多く含んでいる。

　屋外広告物とそれらが設置される場所との関係についていえば、まず、規模や意匠の如何にかかわらず、広告物の存在そのものが景観的不調和の主因となる場所があることを前提としなければならない。むろん、それらの場所を含む地域・地区については、たとえば都市計画法の風致地区や自然公園法などの法律をはじめ、地方自治体の景観条例などによって規制がなされている。しかし、近年の景観法の施行は、景観の価値をより広い範囲に認めており、従来は制度的に規制されてこなかったような場所においても、相応の配慮を求めることが社会的な要請となりつつあることを示している。以下には、屋外広告物の設置にあたって、景観上の配慮を必要とする場所の事例をあげてみたい。なお、自然風景地については次節で詳述するので、ここでは省略する。

(1) 農村景観

　農林漁業によって形成されてきた良好な景観をもつ地区では、生産活動や産業のしくみの中に屋外広告物の存在やその効果が位置づけられるという歴史的経緯が希薄である。そのために、大規模な屋外広告物はその存在そのものが景観との不調和を生み出す要因となる場合がほとんどである。広大な農地の中に立てられた野立て看板を鉄道や道路から見た時にはそのことを実感することになるであろう。したがって、良好な農村景観が維持されている場所における屋外広告物の掲出は原則として差し控えることが望ましい。しかし一方においては、こうした地域においても広幅員の道路や集荷施設、港湾など近代的な生産基盤の整備は進みつつあることから、屋外広告物の設置が必要となる場合には、これらの基盤施設と関連するような場所を選択することもひとつの考え方である。

(2) 歴史的景観

　寺社をはじめとする史跡や名勝、歴史的な街並みが現代に継承されている地区では、歴史的にみて屋外広告物に相当するものが存在してこなかったわけではない。寺社の境内とその参道における宗教的な意味をもつ広告物や門前の街並みにおける商業的な広告物には、歴史的に継承されてきたものが含まれる。特に歴史的な街並みの多くでは、商業地として発展した経緯を持つところも少なくない。これらの地区では、屋外広告物も地域の景観を特徴づける重要な要素である。したがって、歴史的景観の中で屋外広告物を掲出する際には、原則として伝統的な広告物が掲出されてきた場所に限定されるべきである。むろん、その規模、意匠、素材等については、歴史的景観に調和したものであることはいうまでもない。

■ 門前町の祭礼を演出する屋外装飾と広告物（K）

■ 歴史的街並みに調和した屋外広告物（K）

(3) 河川、海、湖沼の沿岸

　河川、海、湖沼の沿岸など大規模な水面と陸地が接する部分では、水面側の空間が開放されており、線状に連続する海岸、湖岸、河岸の視認性が極めて高い状態にある。これら地形的なエッジに相当する場所は、いずれの地域においても固有の特徴的な景観を呈している。したがって、その特徴を阻害する可能性の高い屋外広告物は原則として設置することは望ましくない。何らかの回避しがたい状況のもとで設置が必要となる場合には、海岸、湖岸、河岸等にみられる線状の水平的な景観の構造を攪乱する可能性のある垂直的な造形は避けるべきである。

■ 河川沿いの屋外広告物（K）

(4) 丘陵の稜線

　海、湖沼、河川などと並んで、地形的な要因によって景観の特徴が生成される場所として、丘陵地の稜線がある。稜線は、ある視点から見た場合に、丘陵の視覚的なエッジが背景（多くの場合は空）との間につくりだす線を意味する。これはその地域の景観をかたちづくる最も骨格的な構造であり、その線が屋外広告物の存在によって変化することや分断されることは回避されなければならない。丘陵地における屋外広告物の設置は、様々な視点からみて、稜線に干渉することのない場所に限定されるべきである。

　このように、地形的にみて景観のポイントとなる場所は誘目性と視認性が高く、往々にして屋外広告物にとっても好立地となることが少なくない。しかし、これらの景観の価値は多くの市民によって共有されているものであり、特定の目的をもった屋外広告物がその一部に混入するべきではない。また、公共性の高い広告物の設置が必要である場合にも、景観の特徴を阻害することのないように、細心の注意が必要である。

02　掲出位置に関する配慮

　この項で扱う屋外広告物の掲出位置とは、制度的に広告物の設置が許容されている空間的な領域における位置を意味している。景観をある視点からみた3次元的空間の視覚像であるとすれば、屋外広告物の位置は垂直的な位置、水平的な位置、奥行きにおける位置に大別して考えることができるであろう。

　垂直的な位置については、屋外広告物が地面から高い位置に設置されればされるほど、より遠い位置から視認される可能性が高まり、景観に及ぼす影響の範囲が拡大するということを念頭に入れなければならない。しかも、人間の平均的な視力を前提とした場合、想定される視認距離が大きくなることによって、広告物の規模は大きくならざるをえないため、影響はさらに現実的なものとなる。特に建築物やその他の構造物の高層化に伴い、屋外広告物を掲出することのできる垂直的な位置が高くなりつつあるため、安易に高度化、大規模化がすすんでいる傾向がある。垂直的な掲出位置と規模のバランスを

■ 街並みの景観要素に配慮した位置に掲出された屋外広告物（K）

はかりつつ、極力、低い位置に掲出することを前提とした計画をたてることが望ましい。

一方、水平的な位置については、道路や鉄道敷に沿って連続的に配置される屋外広告物の景観的な影響が無視できないことを認識する必要がある。これらの広告物は、前項でも指摘したように自動車や列車で移動する視点を前提としており、瞬時に表示内容が視認される必要があるため、規模が大きくなることや連続して掲出される傾向が強く、人間の自然な視線の位置から見える沿道や沿線の街並みを大きく規定してしまうという結果をもたらしている。このような状況に対しては、総量の規制に加えて、水平的な奥行き方向の掲出位置に変化をつけることによって連続する広告物群を分節し、影響を緩和するなどの工夫が必要である。

■ 幹線道路の沿道に連続する屋外広告物（K）

さらに、屋外広告物を掲出できる空間の奥行き方向の位置については、上述のように多様であるほうが街並の景観への影響は緩和できるものと考えられる。視認性を優先すれば、敷地の接道面に沿って掲出することが最も効果的であるが、接道部からの空間的な奥行きを確保できる場合には、接道面の広告物と奥行きのある位置の広告物を組み合わせる方法を採用することもひとつの有効な代替策であろう。しかし、建築等の壁面線がそろっている街並においては、この方法を採用することが困難であることから、やはり、規模と総量、垂直方向と水平方向の位置に関して、なんらかのルールに基づく規制を行うことも必要である。

03 建物や構造物との造形的な一体化

屋外広告物を掲出する場合の視認性に基づく広告効果は、上記したように垂直的、水平的な位置によって強く規定されると考えるのが一般的である。しかし、この考え方は、広告物が設置される建築物や構造物等を単なる基盤とみなし、それらから切り離された広告物のみの効果に基づいているにすぎない。実際には、位置にもまして、建築物や構造物の造形と一体となった広告物には、全体として高い広告効果を期待することができる。かつての看板建築は、建物ファサード全体を広告物に見立てた意匠となっていたが、そこまで極端な事例でなくとも、建築の外観要素の一部を広告物に置き換える方法によって、部分的な統合が可能であり、その効果は建築全体に及ぶ可能性がある。

このような建築物・構造物と一体化した屋外広告物がもたらす景観形成上の効果は、街並みを形成する要素として広告物を別個に扱うことを特に必要としなくなるという点にある。景観を形成する要素のカテゴリーを整理することができるということは、それだけで景観のコントロールがよりシンプルな方法で可能となること意味するからである。

建築物等の造形と一体となった屋外広告物を実現するためには、建築物等の計画・設計の段階から屋外広告物

■ 建築と広告物が一体化している事例（K）

■ 建築物の造形と一体化した屋外広告物（K）

の位置や規模を想定し、設計内容にもりこんでおくことが必要である。しかしながら、屋外広告業の実践において、こうした取組みを現実のものとすることはかなり困難であることが多い。それは、建築物や構造物の設計段階において、それらに設置される屋外広告物へのニーズを的確に把握することが困難であるためで、建物の施主の側もこの両者の設計段階における統合を積極的に意識していないことが多いことも影響している。今後は、まず、屋外広告物の設置や掲出が予想される場合に、建築物や構造物の設計者が屋外広告物との造形的一体化の効果を積極的にアピールすることが必要であり、広告物のデザインや設計に携わる側もまた、その提案を受容しつつすぐれた広告物景観の創出に取り組むべきである。

04 背景と前景の関係からみた屋外広告物の位置

　ある程度の広がりや奥行きのある景観は、前景（相対的に視点に近い位置にある景観要素）と背景（相対的に視点から遠い位置にある景観要素）の組み合わせによってかたちづくられており、その両者が調和しつつそれぞれの特徴が生かされている状態が最も良好な景観であるといえる。前景と背景の相対的な位置関係についていえば、多くの場合屋外広告物は前景に相当することになるであろう。むろん、屋外広告物を背景とする景観も想定されないわけではないが、その場合には広告物の規模が巨大なものであることが前提となるので、イベント等の仮設的なものはともかくも、恒久的なものとしては現実的ではない。

　さて、景観の前景となる屋外広告物の位置については、まず、主要な視点からの距離に対する配慮が必要になる。ある視点からの視覚像の中に占める背景と前景の割合は、前景となる屋外広告物との距離によって大きく変動するが、その距離が近くなりすぎると、視覚像に占める広告物の面積が増大して背景とのバランスを失し、景観が「広告景観」そのものになってしまう危険をはらむ。したがって、主要な視点からの景観については、前景となる広告物と視点の距離を十分に確保できるような位置に掲出範囲を限定するべきである。

　一方、屋外広告物が設置される垂直的な位置（高さ）については、前景と背景の視覚像としての重なり方に配慮した検討が必要である。具体的には、背景となる景観要素の輪郭の内側に前景である屋外広告物がおさまっていることがのぞましい。たとえば、背景に山や丘陵の稜線が連続する景観では、前景としての屋外広告物によってその稜線が分断されないように、垂直方向の位置を低くおさえることが必要である。あるいは、歴史的な街並みや樹林などが背景に存在する景観においても、前景の屋外広告物が背景のスカイラインを分断することがない位置に限定して掲出を許容することが原則である。これらの景観では、背景の輪郭が前景によって干渉をうけた場合、人は景観が攪乱されているという印象をもつことが、視覚心理学的な研究によって明らかにされている。

（写真提供：(K)＝鎌田経世、(T)＝武山良三）

■ 背景の稜線を切る屋外広告物（T）

第6章　広告景観のデザイン—05

自然景観に調和する屋外広告物

01　自然景観の特徴を理解すること

　景観法の施行に伴い、これまで屋外広告物に関する厳格な規制が行われていた国立・国定公園をはじめとする良好な自然風景地にとどまらず、規制の及ぶことがなかったより広範囲にわたる自然景観の中においても、屋外広告物の掲出には細心の注意と配慮が求められることが考えられる。自然景観に調和する屋外広告物のデザインを行うためには、まず、掲出が計画されている地域の自然景観を構成する要素と、それらによって形成される自然景観の構造をよく理解することが重要な第一歩となる。

(1)　地形

　あらゆる自然景観の基盤をなす地形の特徴を理解することにより、屋外広告物を含む景観の相対的なスケール感や視点からの距離や仰角・俯角、不可視深度など、景観形成に関わる主な要因についての的確な検討が可能となる。特に自然景観の中で誘目性が高くなる地形の変移点における屋外広告物の掲出には注意を要する。

■　自然景観に調和した屋外広告物の事例

(2)　植生

　自然景観を特徴づけるもうひとつの重要な要素として、地表面を被覆する植生がある。特に暖温帯に位置する日本列島では、水面部を除いて自然風景地にはなんらかの植生が存在する。植生の特徴を理解することは、その色彩との調和、季節変化に関する的確な対応などにつながるものと期待される。

(3)　自然光

　自然光の方向や角度と1日の時間帯や季節における変化などを知ることによって、広告の効果を高めることが可能となり、自然景観の中における屋外広告物の総量を抑制することにつながる可能性がある。

(4)　季節変化

　明確な四季がある日本列島では、特に植生と気象条件の変化に伴って自然景観も大きく変化する。特に植生の変化によって、屋外広告物の視認性が変化する一方、それは適度な修景効果をもたらすことも期待できるであろう。場所によっては、どの季節をターゲットとした広告物であるかについての配慮も必要である。

■　自然景観に干渉する屋外広告物の事例

02　掲出位置について配慮

　自然景観の中に設置される屋外広告物の場合、その掲出位置による広告の効果と景観に与える影響のバランスに注意することが重要である。自然景観の中では、遠景における広告効果を期待するような大規模な広告物の掲出は厳に抑制されるべきであることから、多くは近景ないしは中近景のスケールのおけるものになる。これらの場合、屋外広告物とそれを視認する人との距離や位置関係に基づいたデザインや効果的な配置をめざすことはもちろんであるが、同時にそうして配置された広告物がより大きなスケールの自然景観を攪乱する人工的な要素として視認されてしまう、ということが回避されなければ

ならない。そのためには、屋外広告物の位置を、様々なスケールの景観の中で確認する作業を怠らないことが重要である。

03　素材についての配慮

　自然景観の中では屋外広告物に自然素材を用いることが望ましい。このことは広く一般的に認識されている事項であることは論をまたない。むろん自然素材の中でも広告物に使用できるものの選択肢はごく限られており、多くは木質材もしくは石材ということになるであろう。自然素材を用いた広告物は、周辺の景観を構成している要素との材質面での共通性があることから、景観的な調和を期待することができるという面が強調されていることになる。しかし、屋外広告物の素材として木質材や石材を使用することにはいくつかのデメリットも認められる。木質材の場合には、構造的に大きなものになりやすいことや耐候性の点において、石材の場合には、大きさに限度があることや加工方法が限定されることにおいて、それぞれ短所を指摘することができる。このようなマイナス面は、金属やコンクリート、化学的な合成素材を組み合わせて使用することによって十分に克服することが可能である。このように自然素材の使用を絶対視する必要はなく、ケースバイケースで、人工的な素材の使用も検討の範囲に入れて考えるという柔軟な姿勢も必要である。

04　色彩についての配慮

　屋外広告物の視認性のみを確保するために用いられる色彩は、多くの場合、自然景観の基調をなしている色彩とは対照的なものとなってしまう可能性が高い。一方、自然景観の基調色は、様々な要素が渾然一体となったきわめて複雑なものであるだけではなく、季節によって大きく変化することや自然光の状態、大気中の湿度、様々な気象条件によっても著しく変化する。このようにめまぐるしく変化する自然景観の色彩に調和する広告物の色彩を特定することはきわめて困難であるといえる。むろん、自然景観を狭い範囲に限定すれば一般的な色彩調和の原則に則った色を特定することは可能となるであろうが、景観の連続性やスケールの多様性を前提とすれば現実的ではない。したがって、自然景観の中における屋外広告物の色彩は、自然景観の色調に対してそれ自体の存在を強く主張するのではなく同化することを意図し、彩度や明度の低い色調におさめることが無難である。なお、宗教的な意味を含む屋外広告物（社寺仏閣の伝統的なもの）の色彩に関しては、このかぎりではないことを申し添えておきたい。

（写真提供：武山良三）

■　自然景観に配慮した屋外広告物の色彩

■　自然素材を用いた屋外広告物

第6章　広告景観のデザイン—06

光のコントロール

01　光源の演色性・光色

　第3章の「03　光の演出性」の項で屋外広告物に対する照明方式について触れたが、本項では光のコントロールと題し、この屋外広告物の照明方式における注意点や、これらを含めた夜間都市景観全体のイメージ認識に関して述べていくこととする。

　さて、屋外広告物への照明方式については、①自発光式、②反射式、③透過式の3種類に大別されることはすでに述べたが、いずれの照明方式の場合でも、まず適切に光源を選定することが重要となってくる。

　光源は表示面の見え方を左右する重要な要素であり、その為、演色性や光色に注意して最適な光源を選定する必要がある。たとえば、表示面の「色」の見え方を重視するような場合には、平均演色評価数 Ra＝80以上の光源を用いる。加えて、再現される色のイメージを考慮に入れて光源の光色を決定する。たとえば、暖かみのある雰囲気で赤をはっきりとさせたい場合は、相関色温度3300K以下の光色の光源を用いると良い。一方、ほとんどの色を忠実に再現しつつ白地をより白くさせたい場合には、相関色温度3300K以上5300K以下の光源が適している。同様に、ほとんどの色を再現しつつ涼しげな雰囲気を演出したい場合には、相関色温度5300K以上の光源が適している。

　なお「色温度」とは、その照明の発する光の色が、黒体を熱した際にどの温度条件の時の色に近いかで色を表現しようとするもので、単位は絶対温度を示すケルビン（K）となる。一方、その照明で照らされた際の色の見え方を表したものが、「演色性」になる。演色性は、平均演色評価数で評価され、基準となる基準光で照明したときからの色ずれ量を100から差し引いた値で表す。

　このような点を考慮した光源の選定に加えて、反射式照明の場合では、表示面の照度をできるだけ均一にするということも重要となる。

　反射式は、照明器具を看板前面のどの場所に設置するかによって、さらに3種類の照明方法に分類することができる。すなわち照明器具を看板前面に対して、①上部に設置する場合、②下部に設置する場合、③上部・下部の両方に設置する場合、である。いずれの場合であっても、適切に照明器具を設置することで表示面の明るさにむらが生じないようにすることが重要であることに変わりはない。その為、照明器具は通常、看板前面から看板の高さに対して1／4～1／2程度離した位置に設置され、この位置に応じた配光特性を持つ光源が選択される。

02　反射式照明の注意点

　さらに、それぞれの反射式照明における注意点についても述べる。まず上部に照明を設置する方式の場合であるが、この方式では直射・反射グレアが発生しやすいため、グレアを与えないように注意する必要がある。一方、下部から照射する方式の場合では、他の2つの方式と比較して最もグレアの発生が抑えられるが、看板周囲より漏れた光は夜空に拡散するため、光漏れを極力抑える必要がある。上部・下部の両方に設置する方式の場合では表示面の明るさのむらは最も小さくなるが、照明器具が看板上部と下部に多数並ぶので、不快感を与えないように注意する必要がある。

　ところで屋外広告物は、その性質上、誘目性が高いことが望まれる。この誘目性を高める方法としては、どの照明方式の場合においても表示面の輝度を高くするのが最も効果的であると考えられる。しかしながら輝度を高くするということは、広告が目立ちすぎて景観を損なうことになるばかりでなく、グレアの原因にもなる。それ故、輝度については両者のバランスを考えて適切に設定することが大切である。

03　夜間都市景観のための照明設計

　このように屋外広告物に対する照明であっても、光を適切にコントロールすることは極めて重要である。さらに近年では屋外広告物にとどまらず、広告物をも含めた

夜間都市景観全体に対しても、前述のように光の色を巧みに用いた照明設計を行うようになってきた。たとえば街路灯などの街路照明において、これまでの水銀灯に代えて高圧ナトリウム灯を採用するケースが増えてきている。高圧ナトリウム灯を採用する理由としては、水銀灯に比べ発光効率がよく省エネルギーにつながる事などが挙げられるが、一方で寒さの厳しい地域においては暖かい雰囲気の街づくりを目的として採用するケースも多い。さらに、夏には水銀灯を、冬には高圧ナトリウム灯と2種類のランプを使い分けるケースも増えてきている。これらは色彩が我々に与える印象――例えば、赤色に対する「暖かい・陽気な」や、青色に対する「冷たい・陰気な」など――を有効に利用した例と言える。これらのことから、今後は景観照明の場合でも、ライトアップされる空間の「雰囲気」を考慮して照明設計を行っていく必要があると言える。

そこで参考として、照明光源の色相の違いが景観の認識に及ぼす影響について測定した興味深い研究例を以下に紹介する。

実験手順を以下に示す。まず観測用景観サンプルとして、主要な建築物をいくつか選定する。次に、これらをライトアップされた夜景の条件下にて撮影し、さらに計算機上にて照明光源の色を変化させて観測用サンプルを作成する（左写真）。これらを選定した全ての景観サンプルに対して行う。変換した照明光源の色相は、水銀灯をモデルとした『青白色』及び高圧ナトリウム灯をモデルとした『赤色』の2種類である。なお、実際に撮影された景観サンプル（蛍光灯及び白色メタルハライドランプ）の色相については、これは『白色』モデルとする。

被験者のタスクは、プロジェクターにて呈示された各測定用サンプルを観測し、それに対する印象を25の形容詞に対して7段階の評価をとるSD法によりイメージ評価を試行することである。すなわち、被験者はランダムに呈示されたサンプルを1枚ずつ観測し、その後それぞれの印象を次図に示すデータシートに記入するのである。

なお、実験はすべて暗室にて行い、被験者は20才代の学生24名（男子20名、女子4名）である。

結果の一例を次頁の図に示す。これは富山城（a）と

■ 景観サンプル（上：富山城（a）、下：市民プラザ（b））

■ データシート

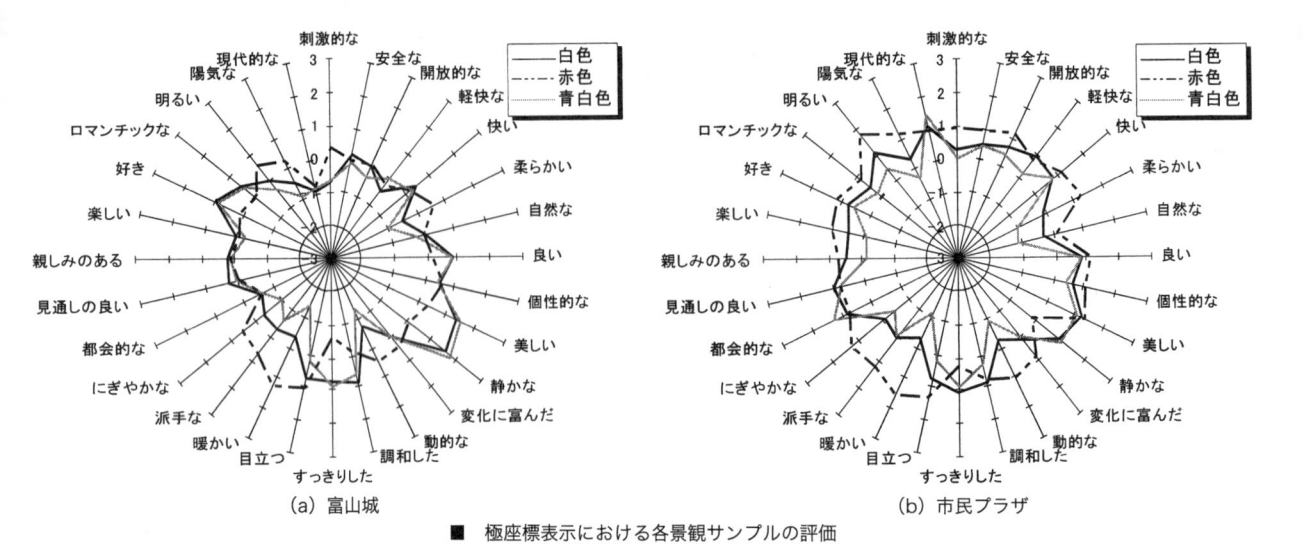

(a) 富山城　　(b) 市民プラザ

■ 極座標表示における各景観サンプルの評価

市民プラザ（b）の景観サンプルに対する、全被験者応答の平均値を極座標表示したものである。円周方向には各形容詞対（ただしポジティブ側のみプロット）、半径方向には原点を−3とした相対評価尺度をとっている。

図より、『赤色』、『白色』、『青白色』の順で閉曲線で囲まれる面積が小さくなっていることが分かる。すなわち、照明光源の色相を『赤色』とした場合のイメージ評価が、他の2色のそれを全体的に上回っていることが示されている。

富山城（a）では、『赤色』の場合において「暖かい」、「派手な」、「にぎやかな」、「明るい」、「陽気な」、「動的な」、「柔らかい」などに形容詞に対するイメージ評価が高いことがわかる。反対に、『青白色』の場合においては、「静かな」、「美しい」、「すっきりとした」、「軽快な」の形容詞のイメージ評価が高くなることも示されている。

また市民プラザ（b）では、『赤色』の場合において、前述の富山城（a）の結果と比較してさらに、「開放的な」、「安全な」、「ロマンチックな」などの形容詞においてもイメージ評価が高いことがわかる。一方、『青白色』の場合は、「現代的な」、「都会的な」の形容詞においてイメージ評価が高くなっていることがわかる。

以上の点より、高圧ナトリウム灯などに代表される『赤色』の光源は、『白色』に比べて、暖かさの演出に効果的であることが示されている。さらに『赤色』においては、「活気のある」、「にぎやかな」などの形容詞のイメージ評価が高いことから、これらの色相は、景観に賑わい・活気を演出する上でも極めて効果的であると言える。一方で、『青白色』光源の場合においては、「現代的な」、「都会的な」などの形容詞のイメージ評価が高いことが示されている。従って、これらの色相のランプは、都市景観に涼しさを演出すると共に、現代的な印象をもたらす上でも効果的であることが示唆される。

参考文献

1）照明学会編：照明ハンドブック（第2版）、オーム社、2003.
2）中嶋芳雄、高松　衛：夜間都市景観照明における演色効果に関する研究、照明学会誌、87、2、pp. 128−132、2003.

第6章　広告景観のデザイン—07

色彩のコントロール

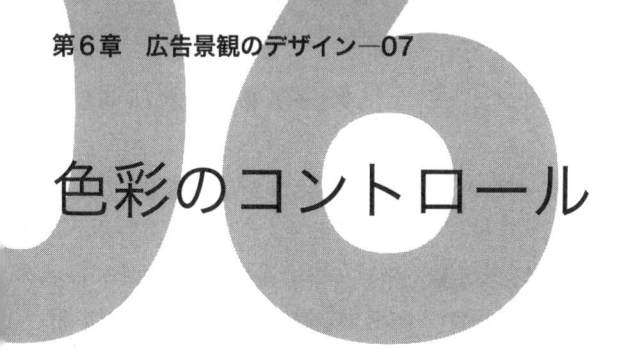

01　ファサードと屋外広告物

"わたしはこんな住い方をしています"と住み手のまちに対するメッセージは、いろいろな所から読み取ることができる。とくにファサードと呼ばれる公道に面した住宅、商工ビルなどの外観は、住み手が街並や社会にどう接していこうかという意思を表す空間である。外観の草花や意匠そして色彩などを見て内なる人の生き方を勝手に思い巡らせてしまうのだから、疎かにすることはできない。ファサードは重要な視覚コミュニケーションの場として位置づけられている。まち中の屋外広告物は、このファサード空間にあって街並を「地」（背景）とし、注目を集める「図」としてその機能を働かせている。

下図はまち中の景観構成要素の色彩を印象として、トーン（明度と彩度）の関係で整理したものである。屋外広告物はサイン・標識類と共に誘目性の高さを誇っている。

この屋外広告物と対極の位置にあるのが、住宅建物外壁である。さらにモノトーンの控えめな色彩でまとまりを見せている伝統的町家でもある。伝統的町家は重要な景観として、また他の文化財と共に後世に伝えるべき宝物として法のもとで景観コントロールが行われている。この伝統のファサードからは随所に魅力的な仕掛けを見ることができる（写真参照）。

上から下へ、屋根は「平入」または「妻入」で、少しばかりの「起り」がある。これは寺社の「反り」と異なり、軒を低く見せ町並みに優しく調和する効果がある。隣家と接する壁を突き出した「うだつ」は防火目的と心理的効果がある。「うだつ」はまた、通りから眺めたときの連続する配列により遠近感が強調され、美観を演出している。壁は白漆喰で「むしこ」窓など意匠化されたものが多く、他の素材とのコントラストを強調している。

ファサード面を上下にバランスのよい割合で分割しているのが「下屋庇」である。雨宿りの場所ともなる。その下の格子は内から外がよく見え、外からは視線を閉ざし、ファサードに繊細な陰影の奥行を見せている。足元は洗い出しなどというように積極的な意匠の工夫が見られる。

一方色彩は積極性は無いものの、実に馴染み深いものがある。ここに使われている色は、肌の色に例えることができる。人の肌色は血液をベースに赤色、血液を取り囲む基底層のメラニン色素に褐色、その上層にカロチンの黄色、そして表層の光沢を持つ角質層が白でそれらが

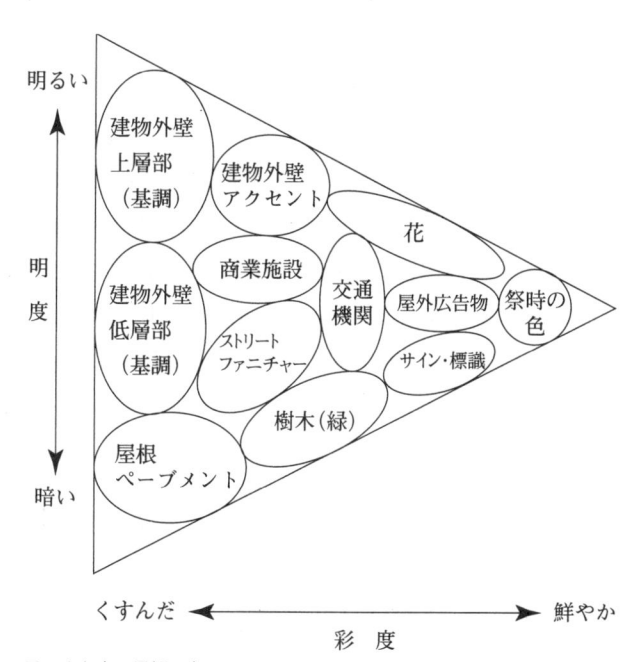

■　まち中の景観の色

混合されて肌色を作り出している。町家は弁柄格子の少しばかりの赤や光沢のいぶし瓦、白漆喰などこの赤、褐色、黄、白とその混合から成り立っており、町家のファサードは人に優しく調和を保っている。

02　公共の色彩規制

　一般の街中に話を転じよう。華美にカラーリングされた店舗や連続する商店街、鮮映色で広告された看板類、強調されたバスやタクシーのボディ、街中を快走する車体広告、周囲から突出した色のマンションや住宅など限りなく不快感を与える色彩公害である。「騒色」と呼ぶ。これらは、周辺住民などから反感を買い住民運動に発展したケースも見られ、この住民意識の盛り上がりを背景として、一種の社会問題を法的に善処、解決すると共に、まちの総合的な景観維持の観点から全国各地で500以上もの景観に関する自主条例、いわゆる「景観条例」などが制定されてきた。

　景観条例などによる色彩コントロールは、建物壁面や屋根、工作物などの色彩について精神的にまた具体的に規制数値をあげて明文化するなど色彩の規制や誘導として行われてきた。兵庫県ではその先駆けとして色彩調査を実施し、大規模建築物等の色彩指導基準を明確に打出している。その外壁の色彩基準の内容は、マンセル色値でR系（10RP〜10R、ただし10RPは含まない）とYR系（10R〜10YR、ただし10Rは含まない）は彩度6以下、またY系（10YR〜10Y、ただし10YRは含まない）は彩度4以下、その他の色相については彩度2以下とする明快な彩度規制の枠組みである。これは自然環境色の中で安定した樹木の緑は彩度6までであり、この彩度以下に外壁色を抑えると緑がいきいきと感じられ、逆に緑の彩度を超えると対比が強調され緑が醸す豊かな色合いが感じられなくなるからと根拠づけている。

　各地方自治体での色彩規制・誘導のタイプには次のものがある。

①精神規定型：例）色彩に配慮する
②シンボルカラー指定型：例）青丹色による統一
③禁止色指定型：例）赤色光の使用禁止
④使用色指定型：例）木部は灰墨入り紅柄仕上げとする
⑤基調色指定型：例）建物は茶系を基調とする
⑥アクセント色指定型：例）茶系を基調とし、ブルーグリーンをアクセント色とする
⑦カラーチャート型：お薦め色またはご遠慮色の色票化
⑧色彩範囲指定型：例）外壁の基調色は色相5YR〜5Y、明度6.5以下、彩度4以下とする

　平成16年6月景観法公布後景観法に基づく景観行政に移行する地方自治体も増え、景観計画において「良好な景観の形成のための行為の制限に関する事項」で建築物や屋外広告物の色彩基準が設けられるなど色彩のコントロールが進められつつある。

　144・145頁の図は兵庫県伊丹市で景観計画（素案）としてパブリックコメントに提出された色彩基準の一部である。重点的に景観形成を図る区域「伊丹郷町地区」の大規模建築物等の基準で色相7.5R〜2.5Yは彩度2以下で明度6以上、その他の色相は彩度1以下で明度6以上に規定され、その範囲を示すカラーチャートである。

　色彩規制が必要とされる意義は、社会の営みが安全にかつ効率良く行われるように色彩のルールづくりにある。また良い景観の維持やまちづくりの理想に向けての色彩活用の取り決めでもある。

03　屋外広告物の色彩の考え方

　景観調和は本来、設置される地域の特性に加え建物や屋外広告物の形態・規模・様式・素材・色彩などを総合的に調整して得られるものであるが、ここでは屋外広告物と色彩という要素に絞り込み一例を紹介する。

　調和の方法は、周辺景観色に類似・融和させて調和を図る方法と、周辺景観色と対比的でしかも調和する色彩を用いる方法がある。「地色」の基本は融和である。

　考え方は、まず地色について遠景に対応した上層部広告物と中景に対応した中層部広告物と近景に対応した下層部に振り分け融和の手法で調和色を選定する。振り分けは人の目の高さを中心に、その見え方を建物の高さを基準とした垂直レベル（縦方向）で区分する（次頁図）。郊外の野立て広告物等は背景の広がりから遠景対応と考えて良い。

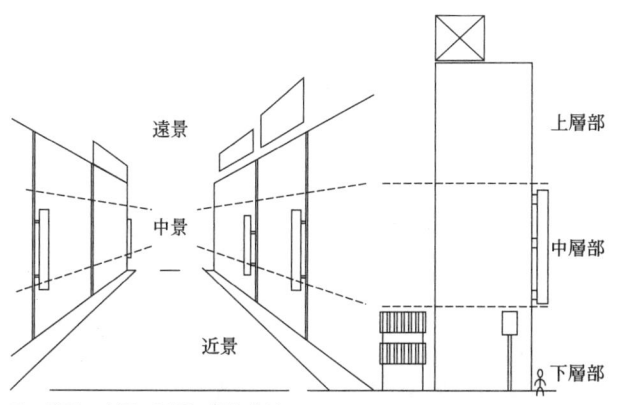

■ 遠景・中景・近景の振り分け

調和する色彩は次のように考える。
　①上層〜中層部の広告物は、
　　a）「地色」に周辺景観の基調色を用いる。
　　b）「地色」の明度を周辺景観の基調色の明度に合わせる。
　　c）「地色」の彩度を落とす。

※「周辺景観の基調色」とは周辺景観の中で最も面積を占めるか、さまざまな色を平均化した中庸の色をいう。
　②低層〜中層部の広告物は、
　　a）「地色」を建物の基調色（壁面色等）に類似させる。
　　b）「地色」に建物の基調色と同程度の明度で、類似色相の低彩度色を用いる。
　③地域特性（商店街等）や低層〜中層部における賑わいや活気の演出を考える場合は類似調和に対比調和を加えてもよい。

　ここでは一例をあげたが、屋外広告物の色彩は送り手の嗜好によって選ばれるものではない。色彩は歓迎を受ける手段にもなり、反感を買う道具にもなる。色の持つ意味、働きをよく知り、場所や背景、目的に応じて適切に使用することが大切である。

伊丹市景観形成色彩基準　　伊丹郷町地区における基準

※㈳日本塗料工業会塗料用標準色を用い、基準範囲の色彩例を太い実線内で示している。

第6章　広告景観のデザイン—08

屋外広告景観のシミュレーション

01　景観シミュレーションの目的と意義

　屋外広告物の設置やデザインにあたっては、それらの掲出による視覚的効果と地域の景観に及ぼす影響を事前に想定し、両者のバランスを達成するために広告物の景観シミュレーションを行うことが一般的である。特に最近では、パーソナルコンピュータの普及に伴う画像処理技術が飛躍的に向上したことに伴い、以前とは比較にならないほど小さなコストによってシミュレーションが可能となりつつある。また、景観シミュレーションを専門とする技術者も増えており、事例や経験の蓄積を通じて様々な条件下における効果的な検証が可能となっている。

　屋外広告物の景観シミュレーションを効果的に活用するためには、その意義と目的を明確に理解したうえで、もっとも有効な方法とシミュレーション画像を選択することが必要である。それはおおむね、景観への影響の確認とコンセンサスの形成の２点に集約される。景観への影響の確認とは、文字通り屋外広告物による景観への影響を事前に確認することであり、その結果に基づいて、広告物そのもののデザインの修正へとフィードバックが可能となる。また、広告物そのものだけではなく、周辺の修景についても併せて検討の対象とすることができる。一方、コンセンサスの形成とは、シミュレーション画像をプレゼンテーションすることによって、景観への影響の度合いを市民や専門家以外の人々にわかりやすく伝えることが可能となり、屋外広告物の掲出や街並み形成にむけた合意形成を達成するうえで有効な手段となりえるということである。

　しかしながら一方において、現実の景観は季節や時間帯、天候等の自然現象に強い影響をうけることはいうまでもない。ヴァーチャルに再現したシミュレーションによる画像や映像が、実際の景観をどこまで忠実に再現できるかについては限界があることを認識しておく必要がある。

02　シミュレーションにおいて考慮すべき事項

　屋外広告物の景観シミュレーションの方法は、他の人工的な構造物を対象とした景観アセスメントに用いられる手法と基本的には同様である。したがって、具体的な手法の詳細については、専門技術書を参照していただくとして、ここでは屋外広告物を扱う際に配慮すべき固有の基礎的事項について述べることとする。

⑴　広告物の規模、掲載位置、色彩

　屋外広告物の景観シミュレーションを行う場合、最も重要な変数（シミュレーションごとに入れかえる属性）として、屋外広告物の大きさ、掲載位置、色彩がある。これらを変化させながら組み合わせてシミュレーション画像を作成し、評価に付するという方法が一般的である。

⑵　視点の位置と距離

　屋外広告物のシミュレーション画像がどの位置を視点として作成するかということも重要な要素である。当該広告物の視認性が最も高い位置と距離からのシミュレーション画像はもとより、影響が懸念される位置からの画像も重要な検討材料としなければならない。

⑶　広告物の背景

　屋外広告物はその背景と一体となって認知されるものである以上、背景にどのような景観要素を想定するかによって、評価に差が表れる可能性がある。適正なシミュレーションを実施するうえでは、当該の視点から視界にはいる背景を用いることを原則とする必要がある。

⑷　夜間の発光・照明

　夜間の視認性を確保するために発光装置や照明施設等を設置する屋外広告物の場合には、その照度や輝度、色温度などをできるかぎり詳細に設定した画像を用いることが望ましい。また実際の景観では周辺からの光の影響をうけるため、ベースとなる画像の選択についても注意が必要である。

03 心理実験による検証

　画像や映像による景観シミュレーションの成果ついてより的確な評価を行うためには、複数の被験者による心理実験を行うことが有効な場合がある。最も一般的な手法としては、被験者にシミュレーション画像もしくは映像を提示したうえで、意味微分法（ＳＤ法）等を用いた評価を行い、その結果を数量化理論を用いた多変量解析によって分析、考察することが行われている。特に公共性の高い空間や歴史的な景観、自治体等による景観条例が適用される地域における大規模な屋外広告物の掲出にあたっては、より広範な市民のコンセンサスを得るためにも、景観アセスメントの重要な手法のひとつとして広く被験者を募り、心理実験を実施することが望ましい。その結果に基づいて修正や対応策を講じることができるだけではなく、景観づくりに関する市民の意識を啓発することの効果が期待できる。なお、これらの心理実験ならびに結果の分析・考察の具体的手法に関しては、専門技術書を参照することをおすすめしたい。

■　景観色彩シミュレーション〈現状〉

■　景観シミュレーション〈色かえ後〉

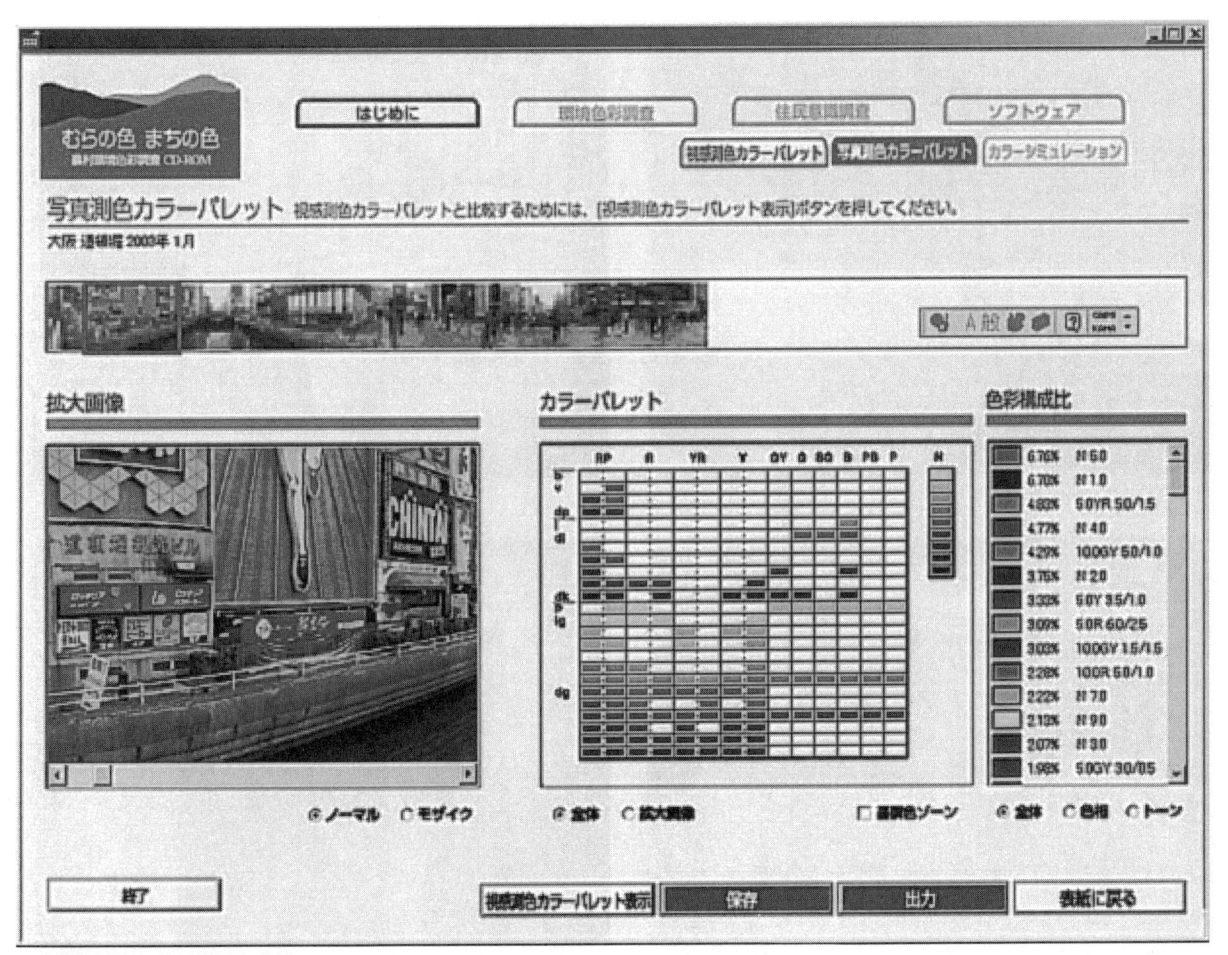

■　色彩分析ソフトを用いた分析

（写真提供：武山良三）

サインに関する本④

『現代商業美術全集―6―世界各国看板集』（編集委員：濱田増治・渡辺素舟・田附興一郎・仲田定之助・宮下孝雄・杉浦非水　アルス社刊　1928〜30年　非売品）

　この全集は24巻・別巻1からなり、昭和3〜5年に刊行された。ほぼB5判、134頁の本である。現在、復刻版で全巻入手が可能だが、揃っていなければ、オリジナルを古本屋で見かけることもある。箱入り、ハードカバーの上製本で、表紙には植物柄の装飾とともにTHE・COMPLETE・COMMERCIAL・ARTISTが金箔押しされている、堂々たる全集である。

　紹介する6巻・世界各国看板集では、図版はじめの2頁に、支那（中国）の鮮やかな看板4点がカラー印刷（原色版）されている。アート紙に刷られた事例写真部分が88頁、講話及び解説が46頁からなる。編集委員には濱田増治を筆頭に、我が国デザイン黎明期のリーダーが顔を揃える。88頁の写真は中国、英国、ドイツ、フランス、アメリカ、オーストリー等諸都市から取材された商店ファサード、看板、ポスタースタンドなど屋外広告が並ぶ。伝統的なサインからロシア構成主義やドイツのバウハウススタイルまで、まさに当時の現代デザインが並ぶ。解説は濱田増治が書いているが、「各国ポスター掲出の情景」やポスターを掲出する装置である「広告塔の歴史について」紙幅をさいている点が興味深い。それは、錯雑たる広告景観は本書刊行後80年以上を経た今も相変わらず課題としてあるが、それを解く一つの鍵は、彼が再三指摘する規格化したポスター形式の、広告掲出装置の効率的かつ美的配置、運用にある。（西川潔）

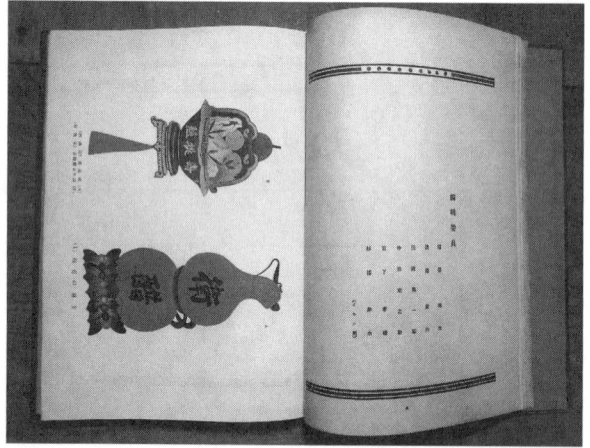

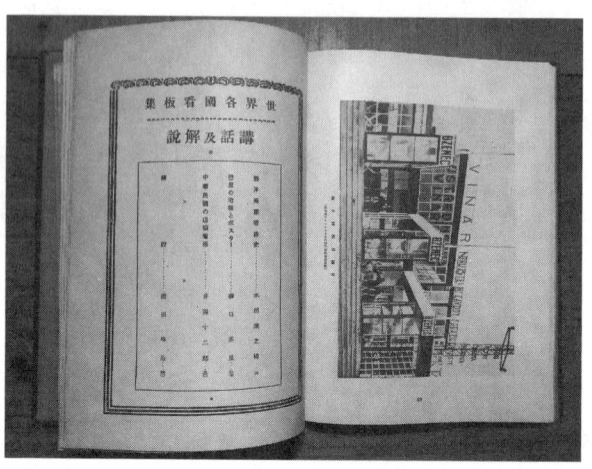

第7章

屋外広告物の製作

デザイン・製作プロセス

第7章 屋外広告物の製作―01

01 事前調査

仕事の話があれば、まずクライアントや依頼案件の事前調査を行う。最近はインターネットなどで会社の事業内容等を公開しているところも多いが、最低限これらの情報には目を通しておく。また、店舗などでは実際にサービスを受け、自分なりの意見を持っておくことが大事だ。現場がわかっている場合は、あらかじめ周辺からの見え方なども確認しておく。

仕事を円滑に進めるには、クライアントの信頼を得て、主体的に進められる状況をつくることが不可欠だ。事前調査は、クライアントの気持ちを掴む第一歩であり、「おまかせ」の状態をつくる鍵になる。初回の打合せには、会社案内はもちろん、実績資料なども必ず持参する。

02 目的の把握

次に与えられたテーマを把握し、仕事の目的を明確にする。クライアントのニーズを正しく理解できるよう、デザイン・製作の担当者もできる限り打合せには同席し、クライアントの声を直接聞くようにする。また、言われることを100％鵜呑みにするのではなく、「果たしてそのサインが本当に効果的か」と疑ってみることも重要だ。「サインについては自分達の方が専門家である」という自負を持って、打合せの段階から積極的に意見を述べるようにする。

03 プロジェクトの立案

目的が把握できたら、プロジェクトの全体像を立案する。目的を達成するための ①作業内容と ②作業日程を設定し、これを元に ③予算を算出する。作業内容、日程ともデザイン作業と製作・施工作業を一体的に捉えて組み立てる。

見積書では、企画・デザインにかかった経費と製作・施工に関する費用を明確に区分する。加えて、設計条件も明記する。特にデジタルデータで作業する場合は、その2次利用などについてもあらかじめ取り決めておく。また、予算規模の大きな案件については、契約書を取り交わしてから着手するようにする。

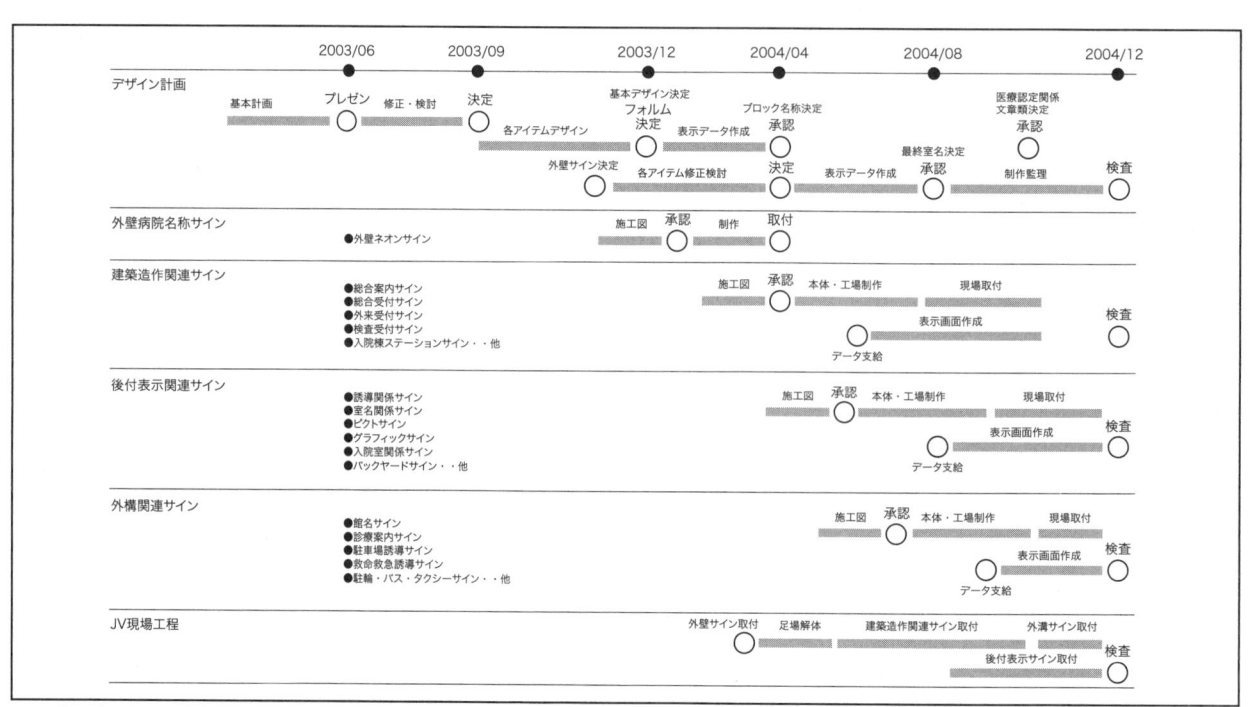

■ プロジェクトの立案：デザインすべき内容を整理し作業日程を構築する。これがなければ予算も算出できない [資料S1]

04　調査・分析

プロジェクトの参考になりそうな事項について調査・分析を行う。

(1) 現場調査：まず、対象となる計画地に出かけて人や車の流れである「動線」を把握し、周辺の状況確認や実測を行う。道路沿いのサイン計画では、実際に何度か車を走行させてみる。方角を確認し、太陽のあたり方や夜間景観についても確認する。計画の初期段階で実態が見えない場合は、類似の施設を用いてイメージすると良い。分析では、平面図や地図に計画施設をマークし、動線にそって現状写真を貼るなどして全体像を掴める資料をつくる。

(2) 参考事例調査：競合店や同種の施設状況を確認しておく。商業サインの場合は、違いが明確に出るような色彩や形状を使うことが求められる。一方、公共サインの場合は、施設のオリジナリティを追求するより、利用者のわかりやすさや使い勝手を優先して標準化できる要素を見出す。

(3) ターゲット調査：メッセージを伝えたい相手について調査する。年齢や性別、ライフスタイルなどを調べ、好ましいイメージや届きやすいことばを分析する。政府刊行物や市販の統計資料、インターネットによる検索などが利用できるが、まちに出て道行く人や売られているものを実際に見る「タウン・ウォッチング法」も重要な調査方法である。

(4) 素材調査：計画に適合するような素材や加工法についても調査を行う。例えば、限られたスペースで求める照度を得るためにはどのような照明器具があるか、内蔵させることが無理であれば投光型ではどのような器具があるかなどさまざまな可能性を調査する。素材や加工法は、設計の根本に関わる場合も多く、調達の可能性も合わせて確認する。また、サンプル類の手配も重要だ。頭だけで考えるのではなく、素材に実際に触れることでイメージを大きく膨らませることができる。素材は、突然探してもすぐに見つけられるものではない。日頃から展示会などで情報収集すると共に、あらかじめ見本帳やサンプルなどを取り寄せておく。ネットで素材のイメージ画像やCADデータの提供を行っているメーカーも増えているので、これらも活用したい。

■　現場調査：道路沿いでは、車を何度も走らせ見え方を確認する

■　素材調査：日頃から展示会などで情報収集しておく

■　最新のサイン素材を紹介するだけでなく購入もできる「資材市場」（http://www.sign-biz-shop.com/）

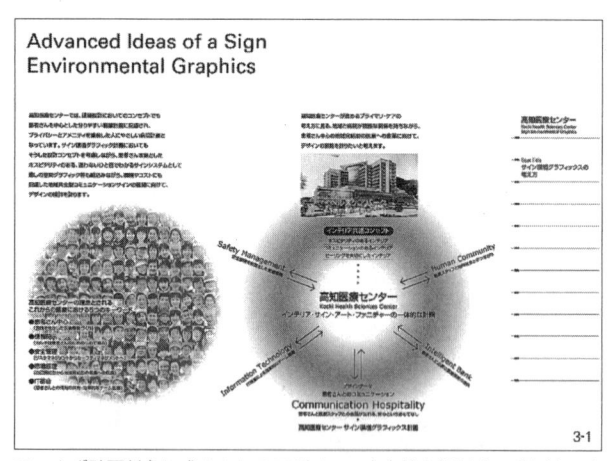

■ まず計画対象に求められるデザインの方向性を検討する［資料 S1］

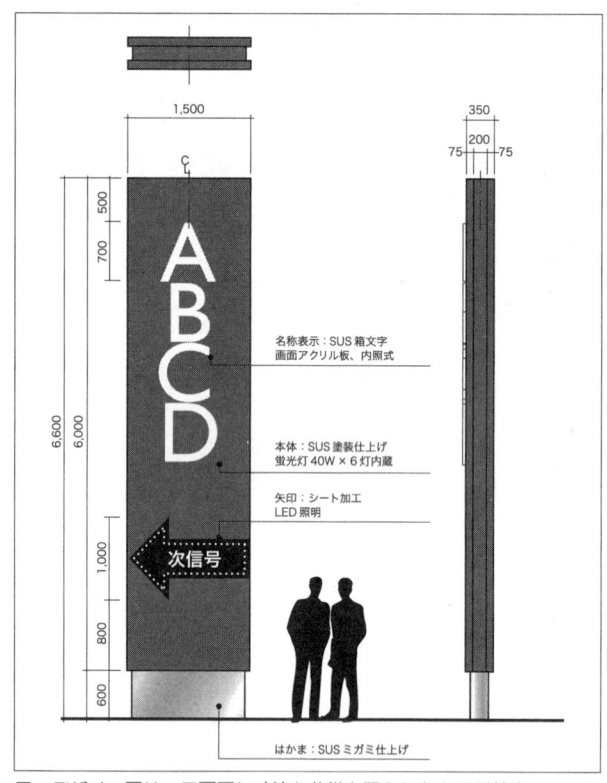

■ デザイン図は、三面図に寸法と仕様を記入したものが基本

■ CG を用いるとデザイン画のはめ込み合成も行える

05　企画（コンセプトづくり）

　デザインというとつい具体的な絵づくりに走りがちだが、大事なことはしっかりとしたコンセプトをつくることだ。通常、商品や施設には企業や建築家の理念がすでにつくられている場合がほとんどである。まずこれを確認し、自ら調査・分析した資料を加えてサインデザインとしてのコンセプトをまとめる。デザインの方向性を示すキーワードを設定するとその後の展開がわかりやすくなる。結論を決めずに自由に意見を出し合う「ブレーンストーミング」などを行うと効果的である。

06　デザイン

　コンセプトからアイデア展開し、まずラフデザインを作成する。ここでは絵の完成度は求めず、できる限り多彩なスケッチを行う。次にコンセプトに照らし合わせ絞り込みを行う。似たようなアイデアをまとめ方向性が明確に違う複数案を立案する。デザイン案の作成では、あまり細かいディテールに囚われないように注意する一方、使用する素材や加工法、それに伴う予算を想定しながら製作・施工が可能な案をつくる。

07　プレゼンテーション

　プレゼンテーションの目的は、クライアントが計画内容を十分にイメージし、あるいはそれを膨らませることができるようにすることである。まずはよく理解してもらうことが重要で、決して型にはめてはいけない。最近はコンピュータ出力を用いる機会が増えているが、例えば素材感にこだわり布製のサインを提案するのであれば、CG だけでなくサンプルを見せて、布の持つ風合いを感じてもらう方が効果的である。あるいは、CG が苦手であれば、手描きのイラストでも模型でも良い。

　リアルな CG を用いると、どうしてもディテールの善し悪しといった各論に陥りやすい。プレゼンテーションでは、あくまで目的を達成するためのデザインとしてどのような方向性があるといった、大きな判断を仰ぐことが大事だ。

　大きなプレゼンテーションでは、参加者全員が説明に集中できるような提示資料と、メモ書きを記入したりできる手持ち資料をつくる。後者は、参加できなかった人でも提案内容が理解できるものとする。

08 実施設計

基本的な方向性が承認されたら具体的なデザインおよび設計作業に入る。

サインの実施設計図として必要な書類には、次のようなものがある。

(1) サイン一覧表：サインの名称、種別やサイズ、照明の有無、台数等が把握できる資料
(2) 付近見取図：サインの設置場所が記入された地図
(3) 現況写真：施工前の状態や周辺状況を撮影した写真
(4) サイン配置図：サインの取付位置を記入した平面図や立面図
(5) サイン意匠図：器具の形状（正面、側面、上面方向の三面図）、大きさ、仕様等を明示した図面
(6) サイン表示画面図：表示画面の記入内容、書体や色指定、加工方法を明示した図面（意匠図に記入できる場合は、併用も可）
(7) サイン構造図：基礎や取付方法を含む図面。構造計算書を添付
(8) 電気配線図：光源や安定器の種別、回路や電気容量を明示
(9) 完成予想図：パースやCGなど

実施設計では、材料や加工方法、器具の安全性や運搬方法についても検討する。また、維持・管理に関する配慮も不可欠だ。清掃や玉替え、表示内容の変更について考慮する。加えて近年は環境への対応も不可欠になっている。素材の選定、消費電力、廃棄時の環境負荷等にも配慮する。

■ 模型を活用して空間のボリューム感をイメージする［資料S1］

■ 建築本体の素材サンプルを参考にサインの仕様を決定［資料S1］

■ CGを用いた完成予想図［資料S1］

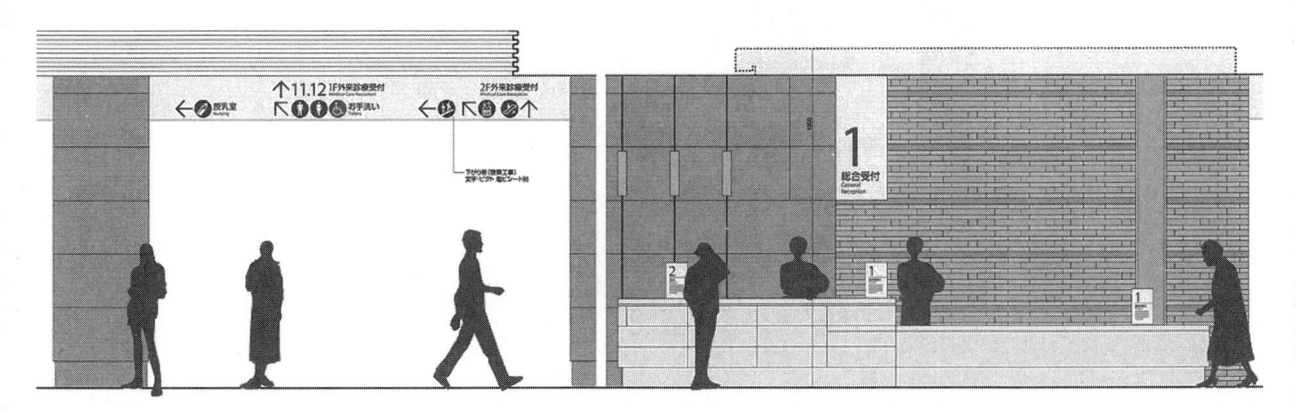

■ デザイン案の作成　展開図の中に落とし込み、案内情報のつながりや、空間での収まりを確かめる［資料S1］

サイン一覧表

記号	名称	寸法（高さ×幅×奥行き／mm）	台数	設置場所	取付方法	種別	電照	備考
A1	屋上広告	5,000×12,000×12,000	1	屋上	自立型	常設	ネオン	文字は南北2面
A2	大型ビジョン	6,000×12,000× 300	1	外壁南面	埋め込み型	常設	LED	画像装置は別工
A3	突き出し広告	12,000× 1,200× 250	1	外壁南面	突き出し型	常設	蛍光灯	
A4	壁面広告	3,000×15,000× 150	1	外壁東面	壁付け型	常設	HID投光	
A5	ポールサイン	10,000× 2,000× 250	1	外構南西角	自立型	常設	蛍光灯	テナント名交換
A6	切り文字	300× 2,500× 20	1	入口東面	貼り付け型	常設	ハロゲン投光	SUSミガキ仕上
A7	ファサードサイン	400× 6,000× 300	1	入口上部	壁付け型	常設	蛍光灯	下部ルーバー
A8	ゲートサイン	4,000× 6,000× 250	1	外構南東角	自立型	常設	LED	
B1	懸垂幕	14,000× 1,500× 100	1	外壁南面	壁付け型	仮設	HID投光	フレーム取付の
B2	POPサイン	3,000× 3,000× 150	1	外壁南面	壁付け型	仮設	無し	取付金具を設置
B3	立看板	3,000× 500× 60	2	入口東側	可動型	仮設	無し	取付金具を設置
B4	ウィンドゥディスプレイ	2,000× 3,000× 1,000	1	入口西側	埋め込み型	仮設	ハロゲン投光	照明は建築工事
		計	13					

■ サイン一覧表は、台数などの確認に用いるほか、製作確認や施工管理にも活用できる。簡単でも姿図を添えると効果的である
　下段イラストは、『サインデザインハンドブック❷サイン用語：基礎用語編』、日本サインデザイン協会、P.31 を一部修正し掲載

■ 現場での原寸確認は、サインデザインの基本 [資料 S2]

実施設計においては、現場での確認作業をこまめに行う。サインにとって器具や文字の大きさは、見え方を左右する要素になるが、不思議なことに同じ大きさでも置かれる環境が異なると違って見えるものである。模造紙に描いた簡単なラフでも良いので、必ず大きさが掴める資料を用意し現場確認を行う。

09　各種手続

図面が整ったら各種申請手続きを行う。基準となる大きさや規制内容は地域によって異なるので、各行政区の屋外広告物管理窓口で確認する。

(1) 屋外広告物許可：地域の規定に従い行政窓口に申請
(2) 工作物確認：高さ4m以上の構造物は、行政窓口に申請
(3) 道路占用許可：道路にはみ出した突き出しサインや工事用仮囲いを設置する場合は、行政窓口に申請
(4) 道路使用許可：道路において工事もしくは作業を行う場合は、所轄の警察に申請

この他、各地で制定される景観条例やまちづくり条例、景観条例に従って必要な申請を行う。また、商業サインで第三者の媒体を使用する場合は、媒体仕様申請の後、賃貸契約書の締結が必要になる。

10　製作

製作は大きく画面と器具に分けることができる。画面の製作は、コンピュータ化が進み、デジタルデータで発注することがほとんどになった。発注の際の主な確認点としては、次のような事項がある。

(1) コンピュータのOS（バージョン）
(2) 使用ソフト（バージョン）および保存形式
(3) 使用可能フォント
(4) 解像度の設定
(5) データの受け渡し方法（使用可能メディア）

印刷物は、使用する画面素材によっても色の再現性が異なる。校正刷りで確認したり、出力作業に立ち会い調整を行う。

器具製作についてもデータ化が進んでいる。切り文字や箱文字は、従来原寸原稿などで発注していたが、これらも現在はデータで処理されている。デザインデータから直接NC旋盤を動かすCAD/CAMも使われる機会が増えているが、こちらも抜け勾配の設定など製作担当者と事前に詳細を確認しておく。

11　施工

施工でまず考えるべきことは、建築本体工事との取付方法や日程などの調整である。ビルの上層階外壁に取りつける場合は、足場がある間に完了しておかなければならない。また、外構サインでは、基礎工事の間にアンカーボルトや電気配管を手配しておく。他の施工業者との調整のなかで仕事を進めなければならないので、建築本体工事の施工管理者とは十分に連絡・報告・相談（俗に言う「ほうれんそう」）を行う。

12　竣工～プロジェクトの総括

施工が完了したら関係する責任者立ち会いのもと竣工検査を行う。大きな物件では竣工式を開催する場合もある。セレモニーを終えると解放された気分になるが、これがサイン計画の終わりではない。速やかに竣工写真や図面を作成しクライアントへ提出する。これらの資料は、事業実績として次の営業行為にも活用できる。

13　管理

サインは長期に渡って、しかも屋外で使用されることが多い。したがって、チェックシートなどをつくり定期的に清掃するなど美しく保つように努める。また、表示内容の変更に迅速に対応できるよう書体や色指定のナンバー、素材品番などを整理しておく。

図版［資料S1］は、高知医療センターサイン計画より、
　［資料S2］は、八尾市立病院サイン計画より
共に島津環境グラフィックス有限会社提供

第7章 屋外広告物の製作—02

画面製作

01　塗料

（1）　材料特性：塗料は、色彩の元となる①顔料、主体となる②樹脂、変色を防ぐなど塗料の性能を向上させる③添加物で構成され塗膜をつくる。必要に応じて溶剤やシンナーで濃度などを調整して用いる。樹脂には天然材もあるが、近年は合成樹脂が大半を占めている。サインでは耐候性の良いエポキシ樹脂塗料、ポリウレタン樹脂塗料、アクリル樹脂塗料などが用いられる。

（2）　加工特性：筆、刷毛、ローラーなどを用いた手描きやエアガンによるスプレー塗装（エアブラシ）がある。後者は均一な塗膜をつくることができるため器具の外装にも多用される。また、マスク処理することで細かな図柄を描くこともできる。エアガンを用いる場合は、塗料が飛散するため換気装置を備えた塗装室で行い、作業員はゴーグルや防塵マスクを着用し、火気を禁じるなど健康及び安全管理を徹底する。

（3）　表現特性：かつて看板製作には刷毛塗りレタリングや映画看板に代表されるような絵画的技法が用いられたが、最近では職人も少なくなりこれらが使われる機会も減少した。しかし、職人の個性ある文字や独特の雰囲気を持つ表現であることからレトロな看板に適している。技術さえあれば今でも手早く、安価に制作できる。画面の再利用も可能でエコロジカルな手法でもある。エアブラシは、色のグラデーションやぼかしに強く、空や雲などを表現することに適している。また、ミケランジェロのようにコンピュータ制御の装置を用いることで、シャッターのように凹凸のある壁面にも写真のようなリアルな画像を直接描くことができる。

■ 手書き看板の味をモダンに取り込んだA型サイン。若者向けのファッションや雑貨店で好んで使われる。

■ 磨りガラスのような効果を簡単につくることができるフォグラス。影もデザインだ。資料提供：株式会社中川ケミカル

■ 型紙があれば手作業でも簡単に製作できるシート材。市民参加型のサイン製作でも威力を発揮する。

■ マイクロプリズム反射素子を用いて高い反射輝度を保持するシート材・リフレクトサイト。道路標識や車両サインに活用できる。

02　シート加工

(1)　材料・加工特性：裏面にアクリル系樹脂の粘着材が塗布されたポリ塩化ビニルフィルムを、文字や図柄に切り取って貼り付ける。簡単に製作・施工が行え、コンピュータを用いた自動カットも普及している。透明・半透明・不透明を含め豊富な色数や素材感などのバリエーションがあり、耐候性も高い。

(2)　表現特性：発色が良く、色の均質性が高いので企業のCIなど同じ色のサインを数多く、また継続的に設置する場合に威力を発揮する。1点物から製作できるので、単品やバリエーションを要求される場合に経済的である。加えて曲面にサインを設置できる点も優れている。一方、色数を多く用いる場合や写真表現には適していない。また、貼り付ける板面の表面が平滑でない場合も直接貼り付けることはできない。この場合は一旦アクリル板などの基板に貼り付けてから設置する。

03　シルク印刷

(1)　加工特性：シルクスクリーン印刷はアルミなどの型枠にメッシュ状のスクリーンを貼り印刷する方法である。スクリーンの目をマスキングすることでインクが透過する部分としない部分をつくる。写真製版を使うことで細かな図柄も簡単にマスク処理出来るようになりサイン製作において活用されるようになった。

直接板面に印刷を行うが、インクを変えることでアクリル板や木材、布、金属板などさまざまな素材に印刷することができる。また小型のサインであれば、直接現場のドアなどに印刷することも可能だ。型枠を使うので、一度に印刷出来る大きさは900mm×1,800mm程度を目安とする。

金属板に印刷した場合は、メラミン・クリアを吹き付け、焼き付け処理を行うことで耐久性を向上させることができる。

(2)　表現特性：シルクスクリーン印刷では色数分の版とインクを用いるが、網製版することで4色によるフルカラー印刷も可能である。また、インクをグラデーション状に調合することでぼかし印刷やUVインクを用いて厚盛りの印刷をすることも可能である。

製版に手間とコストがかかるため、1点だけの製作や多色印刷は割高になる。少なくとも数枚以上、出来れば数十枚がまとまると効率的な製作が行える。特色による印刷は発色が美しく、同じ色を幾度も製作する場合などに威力を発揮する。

04　UV印刷

(1)　加工特性：UVとは英語でUltra Violet Ray（紫外線）の略で、紫外線を照射することによって瞬間的にインクを硬化させる印刷方法を指す。特徴としては、紙はもちろん塩ビやPP（ポリプロピレン）、PET（ポリエチレンテレフタレート）、アルミ蒸着紙などに用いることが出来る。速乾性のため作業効率が高くスプレーパウダーを用いないことから、衛生的で環境に優しい印刷方法といわれている。

(2)　表現特性：耐候性が優れているため屋外や長期使用のサインに適している。またメディウムを混ぜることで厚盛り印刷が可能なことから、より強いインパクトのほしい企業ロゴやピクトグラムなどのグラフィックシンボルや点字表現にも適している。

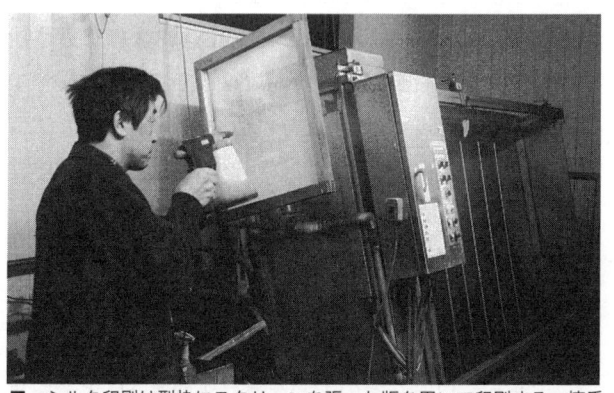

■　シルク印刷は型枠にスクリーンを張った版を用いて印刷する。慎重に進められる製版作業。取材協力：株式会社サイゴ堂

■　シルク印刷でも専用機を用いることでオフセット印刷並みの数量に対応することができる。取材協力：株式会社サイゴ堂

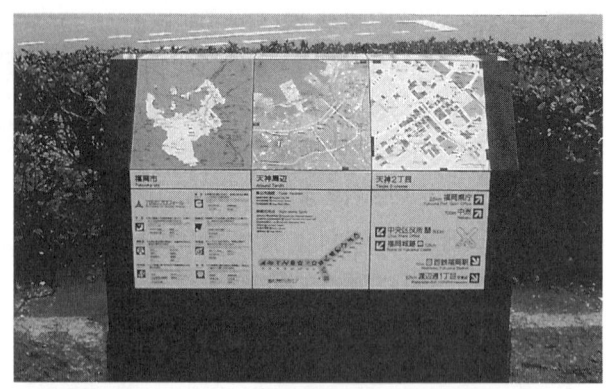

■ 福岡市のタウンサイン。地図は指さされることが多く、表示が部分的に消えてしまうことがあるが陶板ではその心配がない。

■ サンドブラストはさまざまな材料に使うことができるが、ガラスを加工したサインや装飾が代表例。ボルチモア・ハーバープレイス。

■ 銅板のエッチング加工に硫化いぶし処理などを施すと風合いも良く歴史的な事物の説明板などにマッチする。西条市。

■ CAD/CAMを用いて製作した鋳物銘板試作品。エッチングに比べて立体的な表現が行える。

05 陶板印刷

(1) 材料・加工特性：釉薬を用いて高温で焼き付けるセラミック素材であるため、風雨や塩害に強く鋭利な刃物にも傷つかず耐候性に優れている。焼き物でありながらフルカラーの精密な画像表現が可能になってきており、反りや歪みも小さい。

(2) 表現特性：半永久的な耐候性があるため記念碑や公共施設の説明板、海辺の公園の案内板等に適している。点字を用いた表現も出来るので視覚障害者用サインとしても活用出来る。製作には充分な日数を確保し、また表記内容について通常に増して確認する必要がある。

06 サンドブラスト

(1) 加工特性：サンドブラストは、砂（研磨剤）を圧搾空気を用いて吹き付けることによって材料の表面を荒らす加工法である。透明なガラスの一部を磨りガラス状にして文字や図柄を表現しているのが代表例。砂の代わりにレーザー光線を用いてクリスタルブロックの中に画像を加工することもできるようになっている。

(2) 表現特性：材料そのものを加工するため、こすっても図柄ははがれない。ある程度立体的な加工も可能で、ガラスから金属、石材、木材などで使える。製作する際は文字や図柄の清刷があればよい。基本的にグラデーションを避け、どうしても用いたい場合は網版処理を行う。

07 エッチング

(1) 加工特性：エッチングは、ステンレスや真鍮、銅板、アルミニウムなどの表面を薬品処理することで腐食させ、文字や図柄を表現する手法である。凸部は磨き加工し、凹部にはラッカーで着色することで文字などを際立たせることが多い。

(2) 表現特性：金属そのものを加工しているので摩耗に強く、長期利用の銘板や記念碑、施設名称サインなどに使われる。サンドブラストと同様に製作する際は文字や図柄の清刷があればよい。

08 鋳物銘板

(1) 加工特性：エッチングが金属を腐食させてつくるのに対し、鋳物はあらかじめ用意した鋳型に金属を流し

込んで製作する。エッチングよりも大きな凹凸を付けることが出来るが、あまり細かい文字は向いていない。出来れば10mm以下の文字は避けたい。製作にあたっては清刷から木型をつくる。立体的な物については別途専門家による原型製作が必要になる。

(2) 表現特性：厚みをもった加工が可能であることから、エンブレムや肖像などのレリーフを伴った記念碑、立体的なアートなどの製作に向いている。

09　大型出力機

(1) 加工特性：大型出力機は1990年初頭、CAD用のペンプロッターから進化してつくられた。折しもアドビ社のポストスクリプトに対応したグラフィックシステムが普及し、フォトショップによる画像編集がプロレベルで利用されるようになったことから、各社が競って開発を行った。インクジェット方式や静電方式の印字システムに染料系や顔料系インクが組み合わされてさまざまな用途に使われている。

染料系インクを用いたインクジェット方式のプリンターは色再現性が良く管理も容易なことから、印刷業界を中心に普及が進んだが、耐候性に難があることから主に屋内用のポスターに用いられている。ラミネート処理することで耐候性は改善され、短期であれば屋外でも使用することができる。一方、静電式のプリンターはプリント速度が速く、色褪せが少なく耐候性に優れていることから、屋外用サインとして用いられている。しかし、コストが高くまた湿度を一定に保たねばならないなど管理が難しい。

サイン業界では静電方式が優位に立っていたが、最近ではソルベントインクを用いることで色鮮やかで耐久性に優れたインクジェット方式のプリンターが用いられるようになっている。また、大きさに制限があるが、金属板などにダイレクトに印字するダイレクトプリンターも活用が始まっている。

(2) 表現特性：ずばり写真表現や繊細な多色表現のイラストに向いている。印刷する素材や後加工によって新たな用途の開発も進んでいる。逆に企業のCIマークのように同じ色を正確にリピートしなければならない場合や同じ色で大面積を埋める場合には塗りむらに対する注意が必要である。

■ 大型出力機で出力した画像をガラスで挟み込む床材とした事例。JR東京駅銀の鈴広場。

■ 特殊加工を施してつくられた立体的サイン。ビル壁面のタイルも印刷することで効果を高めている。資料提供：株式会社フォトクラフト社

■ シースルーの布材に出力をすることで圧迫感のないサインをつくることができる。屋内利用の場合は防炎材を用いる。

■ JR天王寺駅に設置された横幅72mの恐竜。夜間になると内側に設置された照明が光る。　資料提供：株式会社フォトクラフト社

第7章　屋外広告物の製作—03

器具製作

01　器具の種類

器具形態には次のようなものがある。

(1) 一本柱型：構造が簡易で、設置場所を選ばないため狭い道路上の交通標識や通り名称表示などで用いられる。複数の表示画面をそれぞれの方向に向けて設置できるため誘導表示にも向いている。

(2) 二本柱型：二本の柱で画面を支えるため大きな画面が必要な案内サインや野立広告などに適している。画面を片側にだけ設置する場合は、裏面のデザインに対する配慮も必要である。

(3) 傾斜型：表示画面を斜めに設置する形状。壁型のように圧迫感がなく、また画面を指さして見られるため、細かな地図や時刻表、点字を設けたサインに向いている。また、画面位置が低いため、車椅子利用者にも適している。

(4) 平面型：床面や低い位置に設置し上から画面を見る。地図上の方向とサインの方向を一致させることで施設の位置関係をわかりやすく表示することができる。方位盤にも適している。

(5) 壁型（パネル型）：フラットなパネル状の器具。大きな表示画面を確保できる上、全体のシルエットをすっきり見せることができる。地図や全館案内、利用案内などを総合的に表示する拠点サインや総合サインに適している。

(6) 箱型：壁型に厚みを持たせた箱形は情報を側面にも表示できる。広場の中央など多彩な情報を集約的に表示したい場合には、多角形の柱として多方向に対して情報を表示することもできる。

(7) シンボル型：実物を模した模型や立体的な造形物をシンボリックに用いる。人間や動物、キャラクターを用いた看板などもこれに含む。

器具は画面を適切な位置に設置するための支持材と考えることが出来るが、デザイン上は画面は画面、柱は柱と別個に考えるのではなく一体のデザインとして考えるようにする。加えて取付金具や土台及びその床面などについても合わせて検討する。

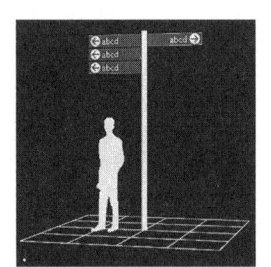

一本柱型 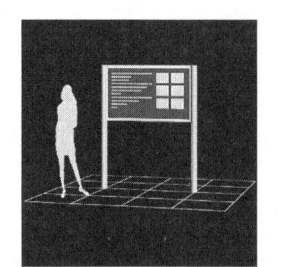　　二本柱型 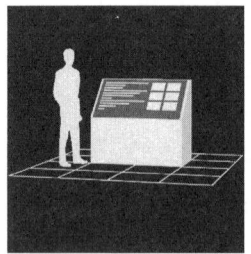　　傾斜型 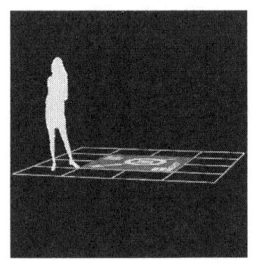　　平面型

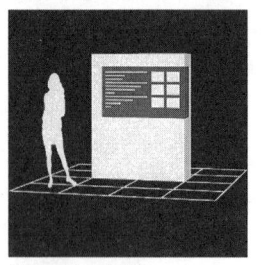

壁型（パネル型） 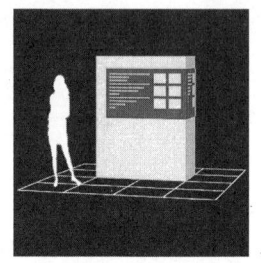　　箱形 　　シンボル型

■　器具形態分類　『サインデザインハンドブック❷サイン用語：基礎用語編』、日本サインデザイン協会、P.21 より

02　金属材

金属材料はサインの構造を支える部材として最もよく用いられる。H形鋼、I形鋼（アイ・ビーム）、溝形鋼（チャンネル）、山形鋼（アングル）を用いる。また、屋内サインなどの比較的規模が小さい器具の構造体としては、リップ溝形鋼、軽溝形鋼、ハット形鋼、鋼管などを用いる。また、画面の押さえ枠として化粧用角パイプや鋼材、平鋼（フラット・バー）などを用いる。

器具の外観や画面用素材としてはステンレス板、ボンデ合板、亜鉛引鉄板、カラートタン、アルミ板、真鍮板、銅板などが用いられるが、屋外では酸化腐食を防ぐ亜鉛メッキを施した亜鉛引鉄板や錆びにくいステンレス材、アルミ材が用いられる。モニュメンタルなサインではより耐候性が高いチタンも使われる。表面処理は磨き処理（ミラー加工）やヘアライン、サンドブラスト、メッキなどがある。また、塗装することで希望の色を着色するとともに、耐候性を高めることが出来る。

ステンレスやスチールは板材を曲げ加工した後、溶接やボルトナットによって組み立てる。アルミは押し出し加工による型材が用いられることが多く、ボルトナットで組み立てていく。大型広告板の画面材としてあらかじめ成型したアルミモールディング（スパンドレル）もよく用いられる。

ヨーロッパの伝統的サインでは叩き出しによる鍛金（たんきん）や型材に金属を流し込んだ鋳物も使われる。鋳物は立体的で装飾性豊かな加工も可能なことから、突き出し看板の持ち出し金物や銅像、重量が必要なベース材として利用される。

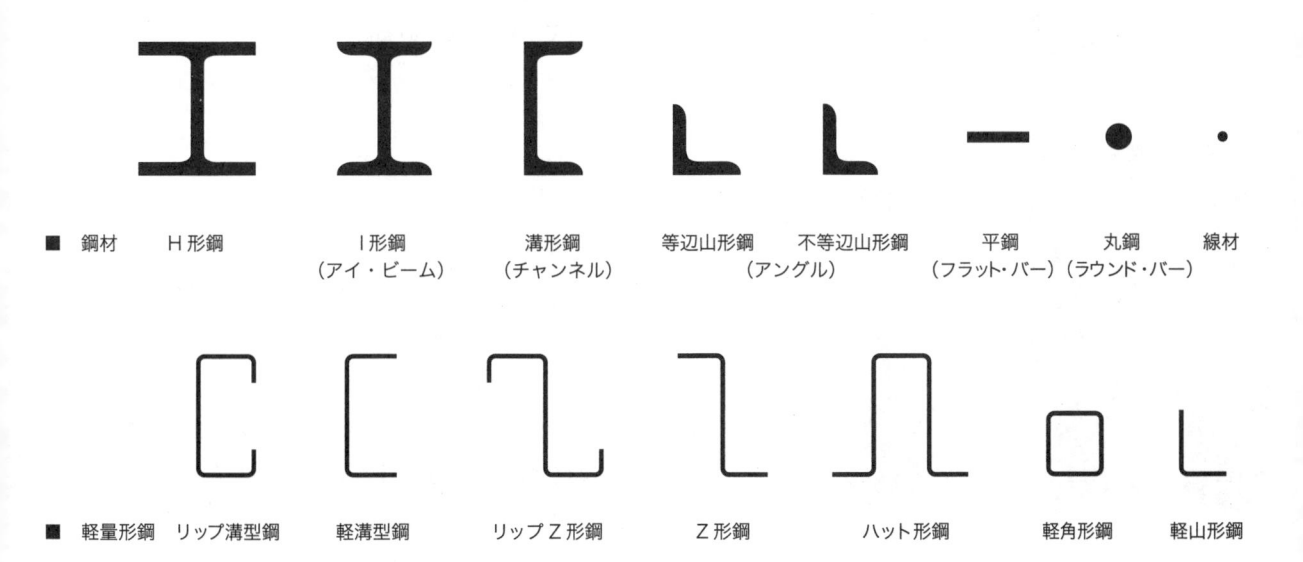

■ 板金とアルミ型材を組み合わせたサイン。内部の照明を意図的に見せるデザインがユニーク。大阪・心斎橋。

■ アルミの押出型材は軽量で耐候性が良く、画面や電装材を組み込みやすいことから内照式のサイン器具として多用される。　資料提供：タテヤマアドバンス株式会社

■　鋼材　　H形鋼　　　I形鋼　　　　溝形鋼　　　等辺山形鋼　不等辺山形鋼　　平鋼　　　丸鋼　　　線材
　　　　　　　　　　（アイ・ビーム）（チャンネル）（アングル）　　　　　　（フラット・バー）（ラウンド・バー）

■　軽量形鋼　リップ溝型鋼　軽溝型鋼　リップZ形鋼　Z形鋼　ハット形鋼　軽角形鋼　軽山形鋼

1. 高温でやわらかくなった樹脂に空気を吹き込み膨らませる
2. 左右の型ではさみ込みチューブにエアーを吹き込む 
3. 冷却後左右の金型を開く 
4. 金型から成型品を取り出す 
5. まわりのバリを丁寧に取り除く 
6. 器具本体のできあがり 
7. 画面をはめ込み完成 

■ ブロー成型によるサイン製作　資料提供：株式会社 ギャラックス

03　プラスチック材

　プラスチック材は熱可塑性樹脂と熱硬化性樹脂があるが、サインでは前者が主に用いられる。画面材としてはアクリル板が多用されている。内部に光源を取り付ける場合は透過性の良い乳半を用いる。アクリル板は熱による収縮があるので大きな画面では画面が垂れないように充分な厚みをもたせるか、裏面に透明のアクリルでリブなどを設けて強度をもたせるようにする。また、静電気が起きやすいので静電防止剤などを塗布し、汚れが付着することを抑えるようにする。

　塩化ビニール樹脂はアクリルに比べて柔軟性があるが、光沢はやや鈍く傷が付きやすい。対薬品性、難燃性、電気絶縁性、耐候性、透明性が優れている。

　ポリカーボネイトは、対衝撃性、耐熱性、耐寒性、透明性が高くキャノピーやフェンスによく使われている。

　ABS樹脂は対衝撃性、耐熱性、成型性が高く切り文字や箱文字のあらたな基材として用いられている。

　ポリエチレンは加工性が良く成型しやすいことからサインの本体材料としても用いられている。

　熱硬化性樹脂ではメラミン樹脂が化粧板などに用いられる。

　ポリウレタンも耐候性が高く、環境にも優しいことからサインへのあらたな材料として用いられるようになっている。

　プラスチック材は板材の他、真空成型や鋳型成型、ブロー成型などによって加工し、簡易なサインの器具材料としても使われている。

04　木材

　木材はサインはもとよりモニュメントや遊具、フェンス、ベンチなどさまざまなものに使われる。耐候性に難があるとされるが木造建築が何百年と使われているように適切に処理することで屋外でも充分に使用できる。何より温もりのある素材感は大きな魅力である。耐久性が高くサインに向いている樹種としては、ヒノキ、ヒバ（アスナロ）、ベイスギ、レッドウッドなどがある。また木彫り看板には桂や朴などが使われる他、最近は集成材の利用も進んでいる。耐候性を高めるには①充分な乾燥を行う　②ヤニの多い樹種は脱脂処理を行う　③機械的に加重をかけて乾燥させ、ねじれや狂いを防止する

④防腐・防蟻の表面処理用薬剤や保護塗料を用いる　などの処置を行う。また、画面に雨避けを設けることで耐候性を高めることが出来る。屋内の利用では金箔を用いたり、漆で仕上げる方法もある。

　コンピュータ加工による木彫り看板の製作も行えるようになっているが、手彫りではより多彩で精緻な表現が可能である。

05　石材

　石材は道標や定礎板、モニュメンタルなサインの他、台座としても用いられる。花崗岩、玄武岩、大理石などがよく用いられる。大理石は酸性雨の影響を受けやすいので屋外での使用は控えた方がいい。表面加工としては荒々しい感じのこぶ出しやびしゃん、ざらざらとした感じはこたたきやジェットバーナー、光沢の出る磨き仕上げなどがある。石の形を活かして用いるほか、板材にして張り石工法を用いると精度の高い造形が可能である。また、コンピュータ制御のウォーターカッターにより文字や図柄の加工も自在に行えるようになっている。

06　コンクリート

　コンクリートはサインの基礎や台座、ペーブメントなどに使われる。サインで使われる場合は、現場で型枠を組み流し込む場合が多い。型枠の素材感がそのまま残る打ちっ放しなどの「素地仕上げ」や洗い出しなどの「装飾材あらわし仕上げ」、左官や塗料で仕上げる「塗り仕上げ」などがある。コンクリートは酸性雨や潮風に弱いため、酸性土壌や海岸地域で用いる場合は、環境条件に対応した材料選択や調合が必要である。

■　石材に文字を彫り込んだ道標　富田林

■　サンドブラスト加工　カツラの凸彫り　資料提供：株式会社安東

■　大胆かつ繊細な井波の木彫り（上下2点）

■　サンドブラスト加工　ベイマツの凸文字　資料提供：株式会社安東

文字製作

第7章 屋外広告物の製作—04

■ 金属板もレーザーカッターなどで綺麗に切り抜くことができる

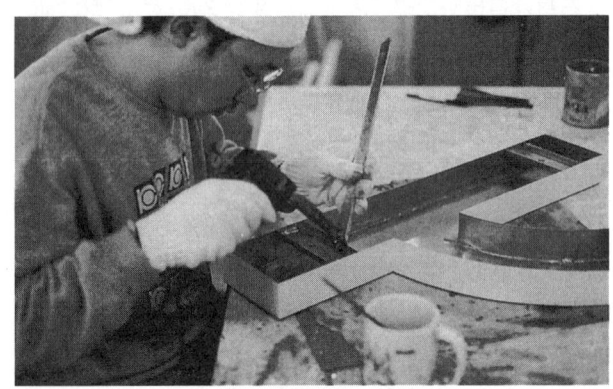

01 切り文字・箱文字

　サインにおいて文字は表現の基礎となるもので、画面を伴わずそれ単独で用いられる場合も多い。また、企業の社名やシンボルマーク、ブランドロゴなどは、事業者の顔となるだけに、表現や品質に対する要求も厳しい。

　印刷ではなく、単独で製作される文字は大きく切り文字と箱文字に分けられる。

　切り文字は、シート材や木材、プラスチック板、金属板などが素材として用いられ、最近はABS樹脂なども利用されている。ほとんどがコンピュータ制御のカッティングマシンで製作されている。ウォーターカッターを用いることで石材の切り文字も製作できる。シート材の場合、かなり小さな文字までカットできるが、施工などを考えると文字高で20mm以下のものは避けたい

　箱文字はチャンネル文字とも呼ばれ、金属などの板材を曲げ加工して製作する。文字の高さがおよそ100mm以上の比較的大きな文字に用いられ、文字の線幅が4～50mm以上あるとネオン管を内蔵できる。最近は光源にLEDを用いることで、かなり細い線にも照明を組み込めるようになっている。

　切り文字も箱文字も厚みとその部分の処理がデザインの決め手になる。一般的には文字高の1割程度を目安に厚みをつける。角をカットしたり、丸めたかまぼこ状にすることでより立体感を強調できるが、その効果は書体の持ち味によって異なる。一方、あまり目立たせたくない場合は、側面を取付壁面と同色にすると良い。

■ 展開図をもとに切り抜いた板材を箱状に加工する

■ 最適の展開図を作成し、折りを加え、箱文字を製作するマシン。アメリカのサイン見本市にて

切文字積層型：表面発光タイプ

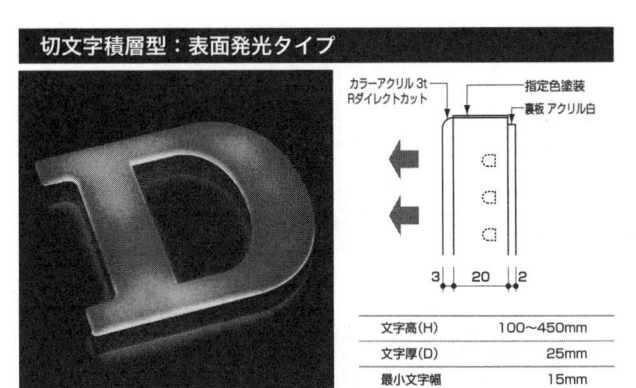

文字高(H)	100〜450mm
文字厚(D)	25mm
最小文字幅	15mm

構成：カラーアクリル 3t Rダイレクトカット／指定色塗装／裏板 アクリル白／3-20-2

箱文字型：表面発光（アルミ製システムチャンネル）タイプ

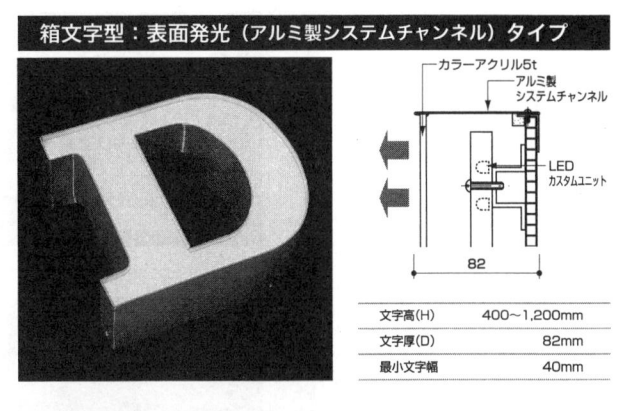

文字高(H)	400〜1,200mm
文字厚(D)	82mm
最小文字幅	40mm

構成：カラーアクリル5t／アルミ製システムチャンネル／LEDカスタムユニット／82

切文字積層型：表面・側面発光タイプ

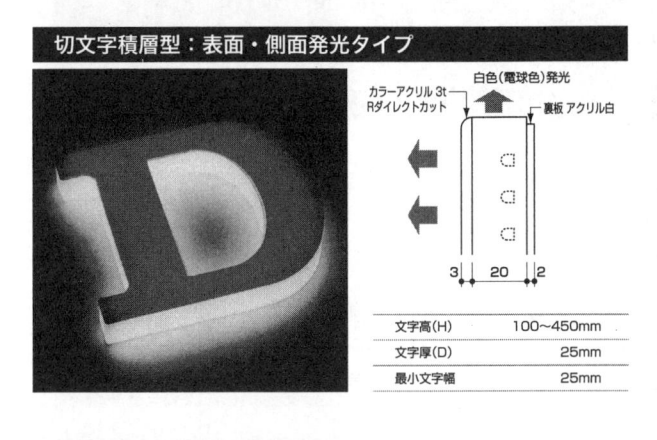

文字高(H)	100〜450mm
文字厚(D)	25mm
最小文字幅	25mm

構成：カラーアクリル 3t Rダイレクトカット／白色（電球色）発光／裏板 アクリル白／3-20-2

箱文字型：（ステンレス製バックライトチャンネル）タイプ

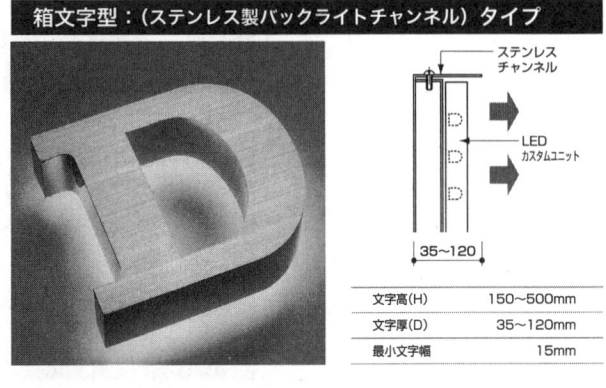

文字高(H)	150〜500mm
文字厚(D)	35〜120mm
最小文字幅	15mm

構成：ステンレスチャンネル／LEDカスタムユニット／35〜120

切文字積層型：側面・裏面発光タイプ

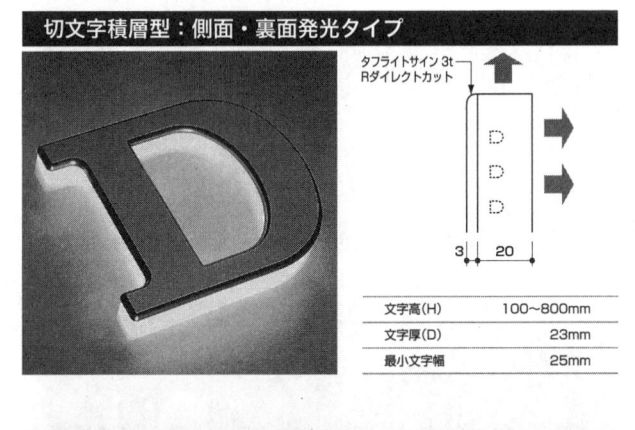

文字高(H)	100〜800mm
文字厚(D)	23mm
最小文字幅	25mm

構成：タフライトサイン 3t Rダイレクトカット／3-20

かまぼこ型：180°全面発光タイプ

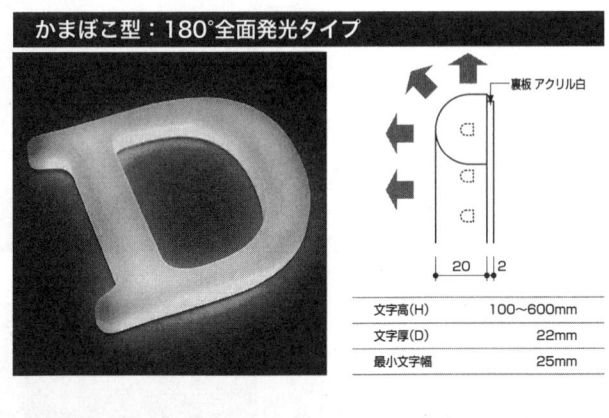

文字高(H)	100〜600mm
文字厚(D)	22mm
最小文字幅	25mm

構成：裏板 アクリル白／20-2

切文字積層型：裏面発光タイプ

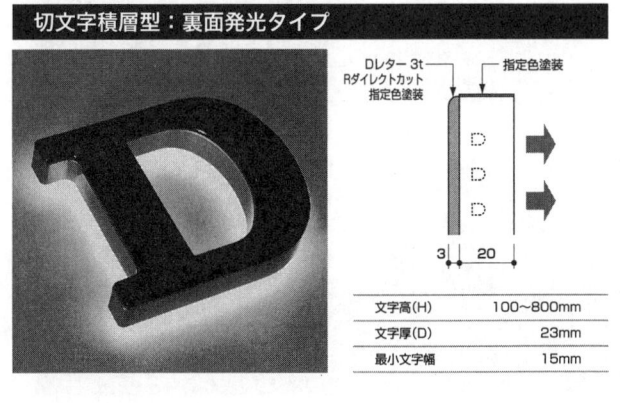

文字高(H)	100〜800mm
文字厚(D)	23mm
最小文字幅	15mm

構成：Dレター 3t Rダイレクトカット 指定色塗装／指定色塗装／3-20

かまぼこ型®：タフライト®・Dレター 積層タイプ

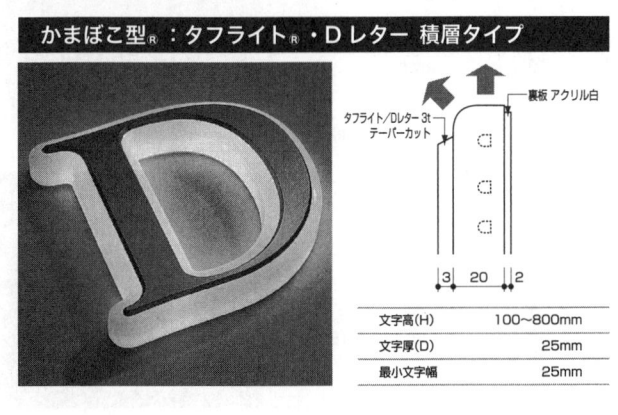

文字高(H)	100〜800mm
文字厚(D)	25mm
最小文字幅	25mm

構成：タフライト/Dレター 3t テーパーカット／裏板 アクリル白／3-20-2

■ 光源を内蔵したさまざまなデザインの箱文字 LUMI LETTER　資料提供：株式会社ダイカン

断面図	仕様	サンプル
	●板 厚 2t・3t・5t・8t・ 10t・15t・20tまで	

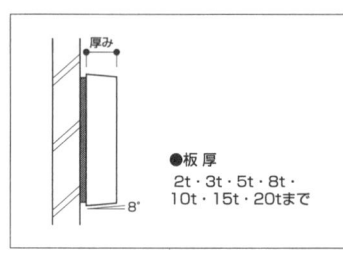

セミ・ストレートカット

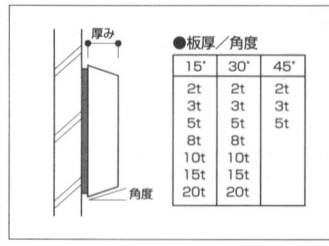

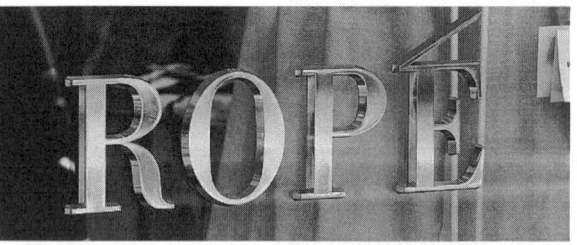

	●板厚／角度	
	15° / 30° / 45° 2t / 2t / 2t 3t / 3t / 3t 5t / 5t / 5t 8t / 8t 10t / 10t 15t / 15t 20t / 20t	

テーパーカット

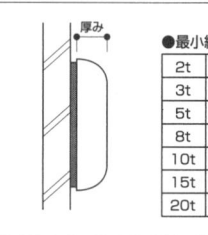

	●最小線幅	
	2t / 3.8mm以上 3t / 5.0mm以上 5t / 8.3mm以上 8t / 16mm以上 10t / 20mm以上 15t / 30mm以上 20t / 40mm以上	

R ダイレクトカット

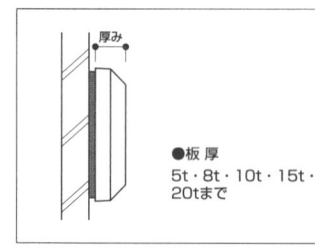

●板 厚
5t・8t・10t・15t・20tまで

C 面取り + セミ・ストレートカット

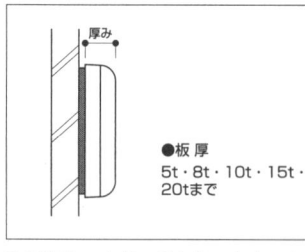

●板 厚
5t・8t・10t・15t・20tまで

R 面取り + セミ・ストレートカット

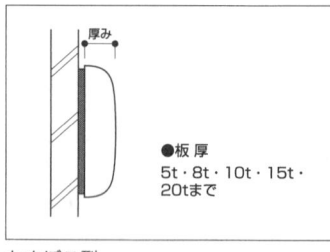

●板 厚
5t・8t・10t・15t・20tまで

かまぼこ型

■ 軽量で耐久性も高い ABS 樹脂を基板にした Taff Lite Sign　資料提供：株式会社ダイカン

レトロな器具にモダンなデザイン処理のニューヨークデザインセンター

ニューヨークにあるロバート・インディアナのパブリックアート

古い工場を再開発したサンフランシスコのギラデリ・スクエア

ロンドンにあるサウス・ケンジントンの地下鉄駅

ニューヨーク・ジョンストリート127ビル

ロックフェラーセンタービルではオリジナル書体を使用

ボルチモア・ハーバープレイスのザ・ギャラリー入口

地番表示をエントランスに掲げるニューヨークのビル

■　文字を用いたさまざまなサイン事例

第7章 屋外広告物の製作―05

照明製作

01 照明方式

(1) 発光式：白熱ランプ、ネオンやLEDなど光源そのものが表示物となる。点光源は線状や面状に並べて用いるほか、不規則に配置したランダム・レイアウトと調光を組み合わせて星が瞬くような効果を持たせることもできる。また、光の三原色である赤、緑、青の素子を並べて画面をつくり、これをコンピュータ制御することでフルカラーの大型ビジョンとしても活用できる。ネオンに代表される線光源は、線状や面状に並べるほか、文字や図形の形に曲げて使う。建物の境界部分に設置して量感示すエイジングも商業施設等でよく使われる。

(2) 内照式：行灯など内部の光源で画面を照明する。光源に白熱ランプを用いて陰影がつくるグラデーション効果を用いる場合もあるが、一般的には蛍光灯を用いて画面全体が均一に光るようにする。

(3) 外照式：投光器など外部の光源で画面を照明する。小型のテナントサインや屋内の案内板などでは白熱ランプ、ハロゲンランプなどが用いられる。建築の初期段階で調整しておくと、天井からダウンライトやピンスポットを用いて投光することも可能である。掲示板などでは蛍光灯を用いて照度を取る場合が多い。外部の大型広告板ではHIDランプが使われる。これらの投光照明では、①表示面の大きさ、②表示面から光源までの距離（腕木の長さ）、③光源の間隔、④光源の特性（明るさ、投光角度等）をもとに光源の種類や数を決める。

照明方式と光源はそれぞれの特性がある。組み合わせることによって多様な表現をつくることができる。照明計画においては、夜間の効果はもちろんのこと、点灯されていない昼間の見え方についても配慮する必要がある。

■ 照明方式　左より　発光式、内照式、外照式

■ 時間経過と照明効果　資料提供：株式会社 コンテンツ

■ 発光式のネオンと外照を組み合わせたサイン　オーランド

02 光源の種類

(1) 白熱ランプ：電球には一般家庭でも用いられる洋梨型の電球から投光に効果的なレフランプ、電飾用に用いられる寸丸型のランプなどがある。大きさや明るさはさまざまであるが、寿命はおよそ1,000時間から2,000時間である。点灯時はランプそのものがかなりの高熱になるので注意が必要だ。

(2) ハロゲンランプ：ハロゲンランプは石英ガラスを用いて白熱ランプを小型化したもので、寿命まで一定の明るさを保ち、投光照明用サインとして利用される。トランスを設置する必要があるが、別置きが可能なので器具そのものは小型にデザインすることも可能である。

(3) 蛍光灯：蛍光灯は放電灯の一種であるが、線光源として安定した照度を確保出来ることから内照式サインの光源として用いられている。直管、環形の他、管の細いスリムラインなどがある。蛍光灯には規格により長さが決まっており、サイン製作にあたっては管長に応じた画面サイズの設定が重要である。器具の厚みを充分取れない場合は蛍光灯のイメージが画面に透けて見えてしまうので、背後に反射板を用い、画面と灯具の間に拡散幕などを設けると効果的である。

蛍光灯を用いた薄型サインにエッジライトがある。これはアクリル板の側面方向に光源を設置し、アクリル板全体を光らせる手法である。

(4) ネオン：ネオン管は真空にしたガラス管に小量のネオンガスまたはアルゴンガスと水銀を封入し、高圧の電気をかけて放電させることで発光する。封入するガスの種類や割合によって色を作り出す。ガラス管は6mmから20mm φがあるが、一般的には14mmの太さが使われる。ガラス管を熱することで曲げ、文字や図形に沿わせて形を作る。耐候性に優れ瞬間的な点灯が可能なことから、点滅式の広告塔として一時代を築いた。また、線光源として建物の量感を示すエイジングにも利用されている。独特の風合いがあることから、バーのサインやアート作品としても利用されている。高電圧で小型軽量のインバーターネオントランスが開発されたことから、多彩な色彩と点滅による物語性豊かな表現も可能となっている。

(5) HIDランプ：HIDランプは高輝度放電ランプの総称で水銀灯、メタルハライドランプ、高圧ナトリウム

■ 白熱ランプを彩色した装飾照明。簡素ながらムードがある。フランス、リヨンのレストラン

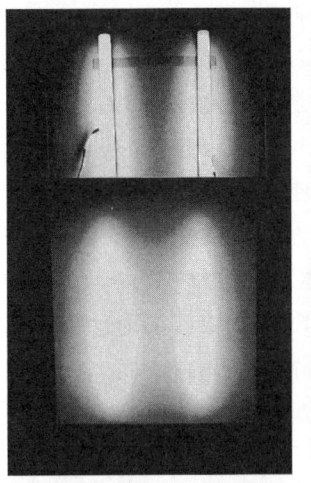

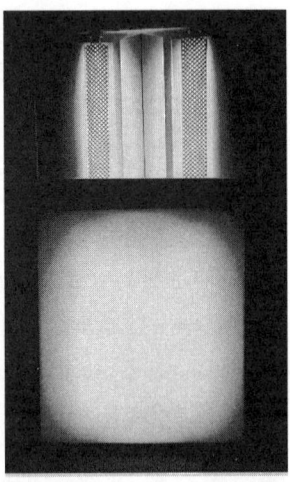

■ 内照式器具ではいかに薄型でありながらむら無く光らせるかが課題になる。器具に反射板を、また、灯具に拡散キャップを取り付けることで同じ厚みでも均一に光らせることができる。（右側が設置時　器具の厚みは共に90mm）　資料提供：古河電工株式会社

■ 遠藤享氏デザインの「オプト・インフィニット・ウェーブ」。一連のシリーズはネオンの新しい表現を開拓した。資料提供：ダイヤモンド株式会社

ランプ、キセノンランプなどがある。いずれも屋外広告物や建築外観の投光照明用として用いられている。

(6) LEDランプ：LEDとは「Light Emitting Diode」の略で、電気を通すと光を出す半導体（ダイオード）のことである。ろうそく、電球、蛍光灯につぐ第四世代の光源として期待されている。コンピュータ制御により、簡単に電光文字を表示できたことからサインにも利用されてきたが、青色ダイオードが開発されたことによりフルカラーの映像など多彩な表現が可能となっている。主な特徴としては、①省電力、②長寿命、③好耐久性、④低発熱、⑤高輝度、⑥小型軽量などがある。サイン業界ではネオンや白熱ランプからの転換が進んでいるが導入にあたってはコストの高さが課題となっている。ネオンと比較して部材だけでも3〜4倍の費用がかかる。耐久性が優れているので長期に使うことで相対的なコストを下げることが出来るが、一方で飽きの来ないデザインやリニューアルに対する配慮が重要である。また、LEDの光はシャープな半面、固い印象がある。調光やシェードの設置、あるいは他の光源との組み合わせについて検討し、魅力的にみせる工夫が必要である。

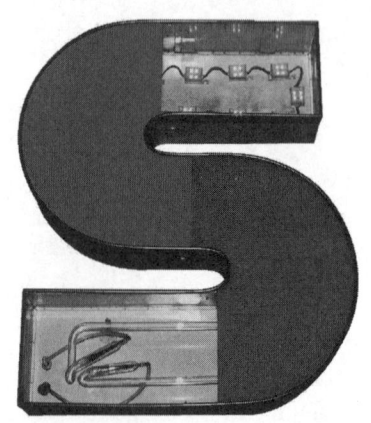

03　演出効果

　照明を用いたサインでは点滅や調光によって表示を効果的に演習することができる。効果を検討する際はサインが設置されている場所における見え方の分析が重要になる。交差点付近であれば信号の変わる周期、沿道であれば視認出来る範囲と歩行者や車から見られる時間をもとに点滅・調光のタイミングを決める。光の動きは注目を集め、それだけで大きな魅力があるが、一方で流されやすく、メッセージが正確に伝わりにくい側面も併せ持っている。表示している情報の中で何が重要であるかを考え、企業名やブランドロゴなどの点滅については慎重に検討する。

　点滅の手法は、①常点、②全点、③全消、④順点順消、⑤走り点滅（1点灯移動）、⑥影送り点滅（流れ点滅）、⑦2方向点滅、⑧ランダム点滅などがある。また、調光は徐々に明るくなるフェードイン（溶明）、徐々に暗くなるフェードアウト（溶暗）がある。

　大型ビジョンなどの映像は音響効果も大きいが、大きな音は騒音になる。見ている人にだけ聞こえるような新たな取り組みも求められる。

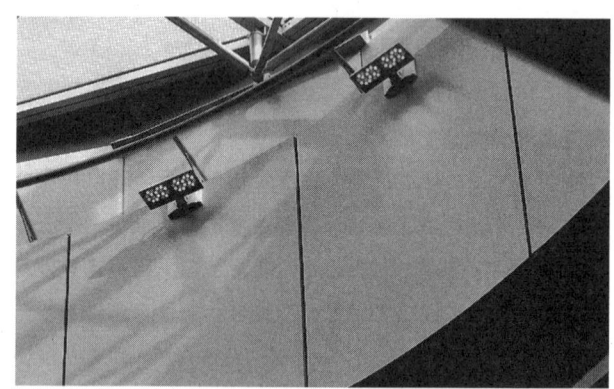

■ 高輝度・省電力のモジュール式発光ダイオード。箱文字にも簡単に組み込め、ネオンと比べて明るく、また色をコントロールすることもできる。　資料提供：桜井株式会社

■ LEDは外照式の光源としても活用されている。

■ シェードを設置しLEDの光をマイルドに演出した事例。

■ 照明の演出効果を考えるときは光の原点である炎やそれがつくりだす陰影の魅力を念頭におく。フランスの教会。

■ 足下だけを変化させる粋な演出。ニューヨーク。  　　　　　　　■ 歩行者の視点や動きが充分に分析された映像。ニューヨーク。

■ 光源の色や強さを変化させてさまざまな表情をつくる。LEDならではの効果。　　資料提供：株式会社 コンテンツ

第7章　屋外広告物の製作—06

新しいメディア

01 時代が求めるメディアを提案する

　経済のグローバル化が進み、日本の製造業や小売業は国際的な競争に晒されるようになった。消費者に魅力的に訴えかけるブランド戦略がマーケティングの基本となり、広告にも高いクォリティが求められるようになっている。また、パソコンやブロードバンドなど90年代に急速に進展した情報通信技術は、テレビCMを代表とするマスメディアにも大きな影響を与え、広告手法全体の再編が進行している。こうした背景にあって屋外広告物もその特性を活かし、価値ある広告メディアとして機能していくことが求められている。加えて、景観法が施行されたことから都市景観において屋外広告物は今までにも増して重い責務を担わなければならなくなっている。屋外広告物業者は屋外広告物を広告、景観の両面から捉え、時代に即した新しいメディアを企画・提案していかなければならない。

02 ラッピング広告

　大型出力機や複雑なボディ形状にも対応できるシート材の活用によって可能になった時代を象徴するメディアのひとつ。都バスが採用して成果を上げたことを契機に全国に普及、路線バスだけでなく観光バスや宣伝用トラック、鉄道車両などにも広がった。車両全体をサインにしてしまう圧倒的な迫力が魅力であるが、一方で景観に与える影響も大きいことから各地の景観審議会等で問題になっている。都バスでは、自主的なデザイン指針や審査機構を設け質的向上を図ったように、デザインに対する配慮が不可欠である。

■ 東京都のラッピングバス。審査委員会やデザインガイドラインを設けることでデザインレベルを向上させている。

■ JR東日本のメディアジャック。開閉するドアに描かれたジッパーのグラフィックは広告素材を充分に活かしたデザイン。

■ パリのバス停シェルター広告。広告の掲出費によってシェルターの設置および管理が行われている。

■ 同上。車両内も統一してデザインされている。

03　シェルター広告

シェルター広告は、バスの停留所に大型の広告物を設置することで、停留所を維持管理するシステムである。フランスで始まったが、民間の資金と経営ノウハウを公共事業に活用するPFI方式のビジネスモデルとして注目されている。スポンサー、サイン業者、行政、利用する市民、それぞれにメリットがあることから世界の主要都市に進出している。日本でも岡山で導入されており、今後の展開が注目される。

04　仮囲いグラフィックス

工事現場に設置された仮設塀の壁面に施されたグラフィックデザインを指す。仮囲いには広告物を掲出することが認められていないが、アート作品や標語、地名は表示することができる。仮設といいながら一定期間まちの表情をつくる要素となるため、注目されているメディアである。商品名は掲載できなくてもインパクトのあるビジュアルによって話題を提供し、結果として知名度を上げることが広告メディアとしてのねらいである。

05　フロアーグラフィック

床面に表示するメディアである。特に階段下などは効果が高く、駅の改札付近で多用されている。フロアーグラフィック用の新しい素材としてポリウレタンを使った「クリーン・ポリカラー」がある。環境に優しく耐候性にも優れたポリウレタンの裏に画像を貼り付けたもので表面をエンボス加工することで、滑り防止も施せる素材になっている。

06　ラウンドイメージ

ロールフィルムに複数の画像を印刷して見せるのがラウンドイメージである。同種のサインとして三角柱のそれぞれの面に広告物を掲載し、回転させることで三種類の画面を表示するトライビジョンがある。トライビジョンは三角柱を並べるため柱の間に隙間が生まれるが、ラウンドイメージはシームレスな表示が可能になっている。複数のロールを意図的にスクロールさせることで注目度を高めると共に多用な表現ができる。

■ ドイツ「100枚の素晴らしいポスター」展の出品作品をアートとして活用したJR東京駅前・丸の内の仮画囲い。

■ エンボス加工（円内）ができる新素材クリーン・ポリカラー。資料提供：株式会社サカイ・シルクスクリーン。

■ 心斎橋そごうの建築現場では建設が進む百貨店に期待するコピーを標語として表示し、道行く人を楽しませた。

■ 中側が見えていたカーテンウォールが一瞬で広告になり、さらに画面を次々と変化させるニューヨークのトイザラス。

07　タウンジャック

　交通広告で一車両すべての媒体を統一的に広告する手法がメディアジャックであるが、これを街の界隈レベルまで拡大したのがタウンジャックである。どこを見ても同じスポンサーの広告となるため、新製品のプロモーションなどに効果を発揮する。代表例として六本木ヒルズを中心に周辺のテレ朝通りやけやき坂に至る媒体を用いたプロモーションがある。面的な展開だけでなく道路沿いのすべてのメディアを統一的に展開する線的な企画も考えられる。

08　大型ビジョン

　フルカラー映像を表示ができるLED方式の大型ビジョンは、低消費電力・長寿命であるうえ、薄型で軽量の器具設計が出来るため、屋外広告の新たなメディアとして注目されている。大都市の駅前等で見かける機会も増えたが、ポスターと異なり、一日中注目されるような映像を流すには高度な制作技術やそれに伴う経費が必要で、計画にあたってはどのようにソフトを供給していくかについての検討が不可欠である。渋谷駅前の大型ビジョンは数少ない成功例のひとつと言われているが、別個に設置された三台の大型ビジョンの映像を同期させて効果的な表現を行っている。

09　パーソナルサイン

　屋外広告物というと商業事業者や行政がクライアントになって設置されてきたが、景観法の施行などで市民参加型の景観づくりが注目される今日、個人がお金を出して製作するサインも重要になってきている。住宅においては塀などをつくらないオープン外構が人気を集めており、表札や郵便受け、照明などを一体化した機能門柱や、その周辺をガーデニングで彩った家も増えている。また、クリスマスシーズンにLEDイルミネーションを競うようにつけている住宅街もある。

10　音サイン

　音サインは、視覚障害者用の案内として信号機や施設入口を表す信号音、ボタンを押すと施設の案内が音声で

■　キャンペーンやイベントには効果的な六本木ヒルズのタウンジャック。　資料提供：株式会社 フォトクラフト社

■　JR渋谷駅前の大型ビジョン。3画面を連携させることで広告効果を高めている。

■　ニューヨークのリーマン・ブラザーズの大型ビジョンはまるで最先端のメディアアートを見るかのようである。

流されるものなどを指す。音サインに対応したICセンサーや音声再生システムが高機能になってきたことから利用者を特定しないユニバーサルデザインとして駅の発車音や観光案内板など活用されている。

11　QRコード

QRコードは従来のバーコードに対して、同じ面積であれば83倍もの情報量を記載できる。カメラ付き携帯電話で読み込めるようになったことから、街角の情報を提供する新たなメディアとして注目されている。タウン情報から商品割引を絡めた店舗案内まで用途は無限である。恒常的な情報はサイン画面に印刷し、催事情報などをQRコードを介して提供する使い方もある。

12　インターネット

90年代から急速に普及したインターネットは、即時性があり大量の情報を流すことができることから広告媒体としても注目されている。しかし、インターネットを用いた犯罪なども多発しており、ネットの情報に不安を感じている消費者も多くいる。一方、屋外広告物はリアリティがあり、日常生活の中で知らず知らずの内に着目し、繰り返しの効果によって深く定着させることができるが、速報性には弱く、大量の情報を掲出することができない。そこでお互いの欠点を補うため、インターネットとサインを連携させた広告計画が注目されている。屋外広告物の画面はできるだけシンプルにすることで美しく記憶に残るものとし、これにホームページアドレスを掲載することで、消費者が街角で見た気になる広告物のより詳しい情報を得ることができるようなしくみをつくる。これを発展させていくと、運転中に見かけた気になる広告をアドレスがわからなくても検索し、必要な情報を提供できるようなシステムも考えられる。

QRコードやインターネットを活用したメディアに象徴されるように、屋外広告物を競争力のあるメディアとして機能させていくには、単独の広告として企画するのではなく、前後関係や他のメディアと連携させることが不可欠である。

■　これからは個人も屋外広告の発注者であり、製作者になる。

■　東京丸の内ユビキタスミュージアムはサイン等に付記したQRコードから情報を引き出すことができる。http://tokyo-dmy.jp/

■　音声サインを用いたお手洗いの案内。福岡地下鉄七隈線。

■　フランスのベビー用品会社の配送車。http://www.natalys.fr/

第7章　屋外広告物の製作—07

環境対策

01　環境問題の現状

地球環境の保全に関して現在懸念されている問題には、次のような事項がある。

(1) 地球温暖化、オゾン層の破壊、酸性雨、大型台風の頻発などの大気や気象に関する問題
(2) 水や食料、石油などの資源に関する問題
(3) 都市生活型公害や廃棄物処理の問題
(4) 有害な化学物質などによる汚染問題
(5) 自然環境の荒廃と野生動物の絶滅などの問題

日本は周囲を海に囲まれた島国で、地球温暖化が進行すると海面の上昇を招き、平野の一部が水没する恐れがあると言われている。また、資源もそのほとんどを輸入に頼っており、それが確保できなくなれば産業だけでなく日々の生活も立ちゆかなくなる。近年の度重なる豪雨やそれに伴う洪水被害などによって、環境問題がいよいよ真剣に対応していかなければならない状況に来ていることが実感される。

02　関連する法律

日本は1997年に国際環境問題の議長国となり、地球温暖化防止のために京都議定書を採択した。これと前後して環境保全につなげるための法律等が数多く施行された。（かっこ内は公布年度）

(1) 資源の有効な利用促進に関する法律（資源有効利用促進法・1991年）
(2) 環境基本法（1993年）
(3) 容器包装に係わる分別収集及び再商品化の促進等に関する法律（容器包装リサイクル法・1995年）
(4) 特定家庭用機器再商品化法（家電リサイクル法・1995年）
(5) 地球温暖化対策の推進に関する法律（1998年）
(6) 循環型社会形成推進基本法（2000年）：廃棄物の抑制と、廃棄されたものの適正な循環的利用（再利用、再生利用、熱回収）を図ることを規定
(7) 建設工事に係わる資材の再資源化等に関する法律（建設リサイクル法・2000年）
(8) 国等による環境物品等の調達の推進等に関する法律（グリーン購入法・2000年）
(9) ポリ塩化ビフェニル廃棄物の適正な処理の推進に関する特別措置法（PCB特措法・2001年）
(10) 使用済み自動車の再資源化等に関する法律（自動車リサイクル法・2002年）

日本は高度経済成長の時代に深刻な公害問題に直面、これを機に、大気汚染防止法（1968年）や水質汚濁防止法（1970年）なども制定されている。

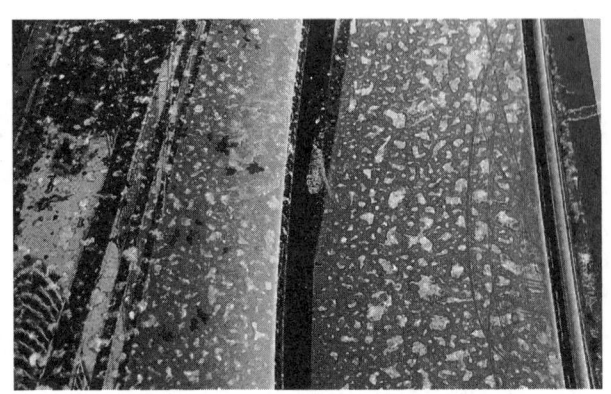

■ 黄砂を含んだ雨で汚れた車。中国大陸の砂漠化が要因のひとつと考えられるが、環境破壊は国を越えた問題である。

■ 「愛・地球博」ではゴミの分別収集が徹底された。環境保全は日常生活にも入り込んでいる。

03　屋外広告が直面する環境課題

　屋外広告物は、建築・土木系資材をはじめ内装材、電装材などさまざまな素材を用いている。中でも石油を原料とする樹脂系のシートや板材、塗料材、インク、接着剤、溶剤などリサイクルが難しい材料が多く使われている。最近では、コンピュータを活用した大型画像出力機を用いて印刷物が手軽に製作できるようになったが、簡単であることを良いことに少しレタッチすれば使える出力を何枚も出し直すことも行われている。

　一方、仕事の主なクライアントである商業事業者も、かつてのように老舗を目指すのではなく、時流に乗ったタイムリーな出店計画を推進しており、スクラップ・アンド・ビルドを繰り返すことが増えている。このような状況からサインの利用サイクルも短くなり、それだけ廃棄物の量も増加している。本来であればいち早く環境対策を講じなければならない業界でありながら、十分な対応が成されていない現状にある。

　今日、日本の企業や小売店は、厳しい競争にさらされている。安くて良い物を供給することは当然のこととして、同時にいかに社会に対して貢献しているかも問われている。環境保全に配慮することは、今や企業の重要な戦略に位置づけられており、国際競争の中で企業は自社製品のリサイクル率だけでなく、仕事を発注している事業所の環境対策まで含めて評価される時代を迎えている。「当店では、環境に配慮したサインを設置しています」という表示が玄関横に成されることが当たり前という時代も目前まで来ている。

04　求められる総合的な対策

　地球温暖化や資源の枯渇、廃棄物の増大など環境問題は相互に密接に関係している。例えば、地球温暖化の要因としてその排出量が問題視されているCO_2は、営業車両の排気ガスから直接的に発生するだけでなく、原材料の加工時に使用する電力からも間接的に発生している。サインの製作に関わらない事務員もオフィスでエアコンを効かしマイカーで通勤していれば、その事業所全体で発生させているCO_2は増加する。重要なことは、この総量であり、環境対策は単にリサイクル素材を使うというのではなく企業活動全体の総合的な取り組みとして考えなければならない。事業所によって、製作しているもの、職場環境などまちまちであるが、以下の代表的対策を参考に、自分達の置かれている条件の中でどのような取り組みが効果的であるかを考え、これを行動計画としてまとめる必要がある。実施内容は、企業の取り組み姿勢としてどしどし公表し、新たな営業ツールとして活用すれば良い。

(1) 節約

　まず、過剰な大きさや台数を避け、必要なものを適切に製作する計画をつくる。器具を構成しているパーツの種類や量の見直しも行いたい。特に灯具に関しては、ピッチを工夫することによって節電効果を得られる。また、無視できないのが調整不足による再製作である。実測間違い、校正ミスなど単純な間違いを防止する体制をつくることで大きな節約ができる。

■　サインはプラスティック材や溶剤、電装品などのリサイクルが困難な廃棄物を出してしまう。

■　材料だけでなく加工時に使うエネルギーや運搬時の梱包材まで含めた環境対策が求められている。

⑵　エコマテリアルの調達

環境に配慮した材料はエコマテリアルと呼ばれ次のようなものがある。

① 自然材料など素材そのものの環境負荷が低いもの。
素材の製造時に大きなエネルギーを使わない、水を汚さない、捨てるものが少ない、もしくは捨てても自然に帰るもの。

② リサイクル製品
資源を再利用してつくられた材料や製品。再生紙はもとより景観材では再生ゴムを利用した舗装材やタイル、廃プラスティックを使ったプランターやベンチ、廃木材を原料としたボードや遊具などがある。

③ グリーン購入
環境に対応した材料や製品の購入に関しては、国等による環境物品等の調達の推進等に関する法律（グリーン購入法）があり、これに対応したグリーン購入が推進されている。環境負荷の少ない商品を優先して購入することにより、それをつくっている企業に継続的改善が可能なように支援する取り組みである。屋外広告物業者はサインを提供する製造者であると同時に部材などを調達する消費者でもある。両者の立場で取り組むことが求められる。

⑶　長期利用可能なデザイン

サインは、グラフィックデザインやディスプレイと異なり、長期に渡って利用されることを義務づけられている。また、屋外での利用が前提になっているため、次のような点に配慮して製作を行う。

① 耐候性の高い素材の使用：合わせてさび止め処理などの耐候性を高める措置を行う
② 耐候性の高い器具設計：雨水を避けられるような画面の高さ設定、庇の取付、水抜きや熱抜き、虫除け網の設置など
③ 増設などを想定した拡張性の高いデザイン
④ 保守管理しやすい部材の使用
⑤ 画面の修正等に対応できる素材や表示方法の採用
⑥ 流行に流されないデザイン

⑷　再利用

サインは計画独自のデザインが用いられることが多い

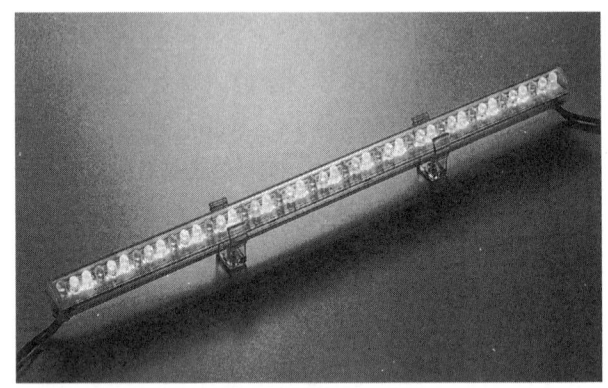

■ およそ6割がリサイクルされるボール紙を使ったポップサイン。コンピュータで自動裁断も可能になっている。サインエキスポ2005

■ 省エネルギーの光源LED。資料提供：株式会社 コンテンツ

■ 再生可能なポリウレタン材を用いたサイン。資料提供：株式会社サカイ・シルクスクリーン

ため再利用は難しいのが現状であるが、次のような対策を講じることである程度の再利用が行える。

① 部品や画面を接着せず分離できるようにしておく
② あらかじめ解体しやすい器具にしておく
③ 素材や大きさの基準を決める
④ 梱包用のパッケージをつくる：例えば画面を毎回大量のエアキャップで包むのではなく、何枚もスライドさせて固定し、運搬できるような枠材をつくることでゴミの量を軽減できる。

⑤ 業務全般の見直し

通勤方法から勤務時間、事務所のエアコン設定や照明の点灯、事務書類の作成方法など業務全体を環境保全の視点から再チェックする。

⑥ ISO14001への挑戦

事業所にさまざまな負担がかかる環境対策を実施し、成果を上げていくためには具体的なメリットに繋がる目標を設定することが効果的であり、そのひとつとして注目されているのがISO14001である。

これは1996年に国際標準化機構（ISO）によって制定された、地球環境保全を推進する「環境マネジメントシステム規格」である。法的拘束力はないが、組織が自ら環境を改善するための目標とそのための実行計画を作成し、運用後、点検及び是正を行い、次のステップを見直すという「PDCAサイクル」と呼ばれる運用方法を用いたプログラムである。企業だけでなく、自治体や学校などの組織でも行える。申請手続きには費用がかかり、職員も具体的な活動をしなければならないが、企業は社会的貢献による信頼性・イメージの向上が図れる。また、省資源・省エネルギーによる経済効果や、組織内の見直しによる職員の自己啓発やモチベーションの向上、ISO取得を条件に攻勢をかける海外競合企業への対策などの効果が挙げられている。日本では外資系のフランチャイズチェーンが増えてきたが、これらの店舗サインに関わるには、ISO14001の認証を受けていることを契約条件にしてくるケースも充分に考えられる。また、屋外広告業の社会的位置づけを向上させることで次代を担う優れた人材の確保にも繋がる。

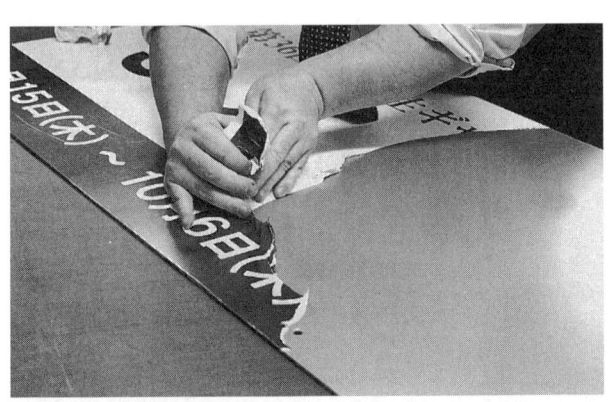

■ シートをはがし板材を再利用する。取材協力：株式会社サイゴ堂

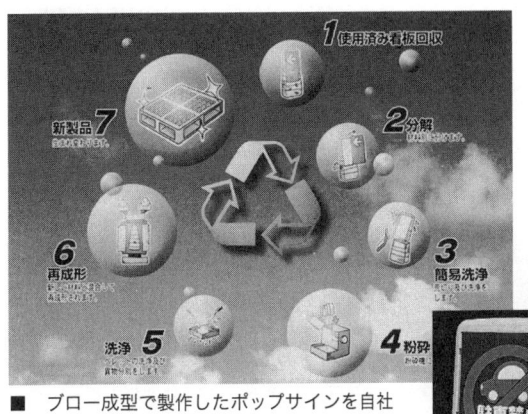

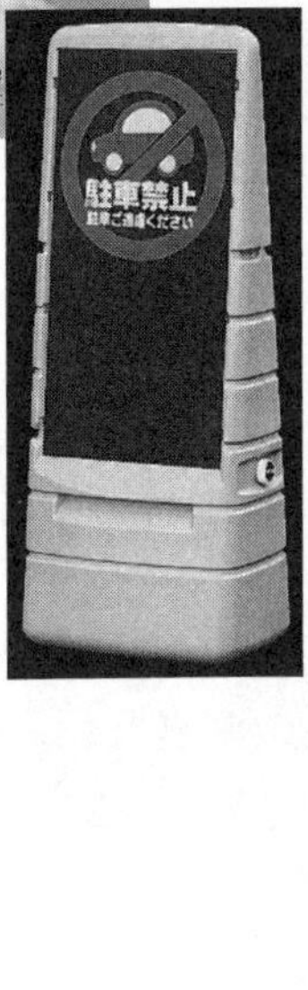

■ ブロー成型で製作したポップサインを自社工場で分解、清掃し、新しい製品に再生する。資料提供：株式会社 ギャラックス

■ ぜんまいを利用した音声案内板。黒部市の魚の駅「生地」

維持管理

01　維持管理は重要な営業行為

　大量生産・大量消費の中で、「使い捨て」の感覚が浸透してしまった現代社会。古くなれば捨てて新しいものを買うことが一般化しているが、屋外広告物は一旦設置されると10年、20年と使い続けなければならない。

　定期的なメンテナンスは、器具が破損しやすい箇所を把握したり、使い勝手に対する利用者の評価を知る貴重な機会になる。加えて、美しく維持することはクライアントの信頼を得ることにも繋がる。サイン制作は竣工をもって完了すると考えられがちであるが、良いサインをつくるためには維持管理が不可欠であり、同時にそのことが次の仕事を獲得する営業行為になる。

02　安全確保

　屋外広告物の維持管理においてまず留意すべき点は、安全の確保であり、落下や倒壊による災害の防止である。設置の段階で充分な強度計算や耐候措置を行っていても長年の使用によって老朽化が進み予想外の事故を引き起こすこともある。特に注意すべきは、屋外の使用による腐食や部材のたわみなどである。金属材料は空気中の酸素や炭酸ガス、水分によって腐食する。特に最近は酸性雨が問題になっており注意が必要だ。また、画面の取付枠や器具接合部の隙間から侵入した水や結露によって、外から見ている限りは問題が無くても内部で腐食が進行している場合もある。器具内部の水分を除去するために排水穴や熱抜きを設けることが一般的であるが、埃などが詰まって機能しなくなる場合もあるため、定期的な検査が必要だ。

■ 係員が道頓堀に常駐し、毎日メンテナンスする体制がつくられているグリコのネオンサイン。資料提供：朝日電装株式会社

■ 老朽化した器具は痛みの進行が早く、強風で画面が飛ばされる危険性も高まる。また、美観上も見苦しく、屋外広告物の評価を下げる。

■ 徹底的なメンテナンス体制を営業戦略に急成長、今や世界の主要都市でサインメディアを確保するJCDecaux社。

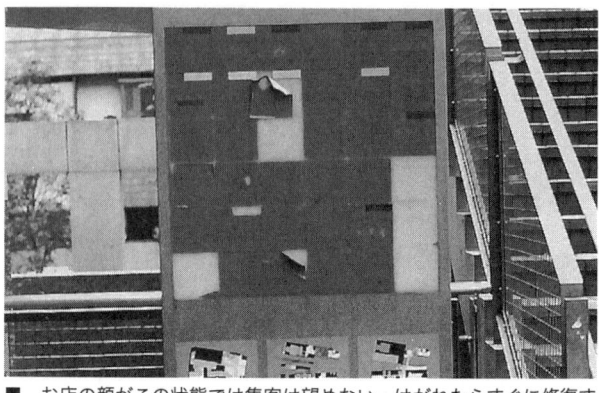

■ お店の顔がこの状態では集客は望めない。はがれたらすぐに修復すると共に、痛みにくい仕様を検討することも必要である。

03　美観保持

　汚れが付着しにくいシート材などが開発されているが、画面は風雨によってどうしても汚れてしまう。特に道路沿いや海辺に設置したサインは排気ガスや潮風によるダメージを受けやすい。また、横方向の目地や桟、持ち出し金物の下部には汚れが溜まりやすい。さらに鳥がサインと壁の間に巣を作り、歩行者の衣服を汚してしまう例もある。

　「のれん分け」という言葉があるように、屋外広告物は商業事業者にとって店主の顔の代替となるもので、汚れた状態で放置されることは単に景観上見苦しいだけでなく商業事業者の信頼を失わせることに繋がる。

　加えて、屋外広告物が景観を阻害する事例として、老朽化したサインの放置がある。事業者が撤退したまま放置されたサインは腐食も著しく、見苦しいだけでなく倒壊の危険もある。店舗等が撤退した場合は原状回復が基本であり、撤去作業に対する契約条件の明記や保険への加入等も検討する必要がある。

04　機能維持

　テナントビルでは店舗の入れ替えがあり、市役所では窓口の移動が行われたりする。こうした事業者の変化に対応しサインが持つ機能をいつも最新の状態に保つことが求められる。テナントサインでは各店舗の表示が独立し、一店舗だけの変更に対しても簡単に対応できるよう配慮しておく。また、市役所の平面案内では平面図と文字を別の板材に印刷するなどして一部変更に対応する。

05　メンテナンス・マニュアル

　サインを常に最適な状態に保つため、どのような維持管理が必要かをまとめた資料を作成しておく。内容としては、①清掃方法　②画面取替（寸法、書体や色番号、素材番号等）　③製作者連絡先　④点検・保守記録（清掃や灯具取替等）などを記入し、担当者が変わっても速やかに対応できるような体制をつくっておく。

06　清掃方法

　器具や画面の清掃は素材によって異なるが、概ね次の手順による。①表面に付着した埃を洗い流す（木材は下記）　②柔らかい布に水を含ませ、傷をつけないように汚れを取り除く　③汚れがひどい場合は中性洗剤を薄めて使う　④乾いた布で水分を拭き取る

　金属材は特に傷が付きやすいので丁寧に扱う。クリア塗料によるトップコートが施されている場合は、乗用車用に市販されている拭き取りの要らないワックスを小量使用することで効果を持続させることが出来る。

　プラスティック材で画面に多用されるアクリル板は、清掃後に耐電防止剤または耐電防止剤入りメタノールを付けた柔らかい布で軽く拭いておく。

　木材は水を使わずハタキや柔らかいブラシを用いる。汚れがひどい場合は中性洗剤を薄めて使うが、すぐ乾いた布で拭き取りを行う。シンナー等の使用は避ける。

　ガラス板は水洗いや市販のガラスミガキを用いた清掃が行えるが、画面に印刷を施したものは膜面を傷つけないようにし、水拭きに留める。

　セラミック陶板も上記手順を基本とし、汚れのひどい箇所には中性洗剤もしくはシンナーで清掃する。

■ 触れば手が真っ黒になり、音声案内のボタンも取れている。高価な機器もメンテナンスされなければ機能しない。

■ 屋外に設置するサインは、雨除けを設けることで汚れを軽減させると共に耐久性も高めることができる。

「熙代勝覧」絵巻に見る江戸看板の諸形式

　1995年ドイツで発見され、現在ベルリン東洋美術館蔵の「熙代勝覧」絵巻は1805年（文化２年）の日本橋通り、神田今川橋から日本橋までの町並みを描いている。縦43cmで長さは12.30mに及ぶ。高札場の札の文字が読めるほど克明で、88の店舗、通行人等1671人が描かれている。商店の名前や業種、その看板、暖簾など見ることができる。そこでその図から、暖簾も含めて様々な看板の形式を拾いだしてみた。なお、1.4倍に拡大されたこの絵巻の模写は現在、東京メトロ三越前駅地下コンコースに解説と共に展示されている。（西川潔）

■熙代勝覧絵巻の一部
本石町二丁目付近の家並。ほとんどの商家の壁は白、瓦は灰色、暖簾は藍染めされた紺。商家識は白抜きとなっている。全体として変化と秩序が調和して美しい

旗標（旗看板）
屋根看板
屋根看板
屋根看板（建て看板）
建て看板
水引暖簾
掛看板（下げ看板）
置き看板
長暖簾
日除け暖簾（太鼓暖簾）
箱看板（行灯看板）

おわりに

　本書は、旧版「屋外広告物の知識　第２編屋外広告物の表示の方法」を下地に、屋外広告物の表示やデザインに関する総合的な見地から全面改訂として取りまとめた前改訂版の更新版である。前回の改訂にあたっては、旧版で展開されてきた広告デザイン論を受け継ぎ、かつ、日進月歩の色彩、意匠、材料等に関する最新のデザイン知識や景観に関する活用手法等、次代の屋外広告物に携わる者にとって必要とされる基本知識やデザイン実務をトータルに示すことを主眼に編集したもので、今回の改訂にあたっては、その後の内容の更新とともに各方面からのご指摘にたいして修正を行ったものである。

　今日、屋外広告物デザインに求められる要件は実にさまざまである。屋外広告物のデザインおよび景観づくりは、個性と魅力にあふれた美しい国土づくり推進の一翼を担うものであろう。国民の多くは日々の疲れから人間性回復のエネルギー充電を目的とするなど各地の観光地を愛で、その光景に癒されるのが実情である。もともと観光の「観」とは見ることを意味する「観音」という語からきているらしい。「音を見る」つまり心で見ること、一方で観光の「光」とは「聴光」で、つまり光を聴くことをいい、引いては光景を聴く。音色という語があるように心を聴くことを意味しているという。この「観音」と「聴光」のうちから「観」と「光」をかりて「観光」としたものときく。音を楽しみ景色を愛でる。そこには人間の本性がもつ感覚を総動員した五感で感じる世界を彷彿とさせるものがある。屋外広告物が扱うデザインや景観における視覚は、全感覚の80％以上を占めるといわれる。他の感覚に対して優位の感覚であればこそ、高位のものの本能的ルールとして、他の感覚へのいたわりと尊敬の念をもつべきであろう。街中で注目度ナンバーワンの屋外広告物に対しての戒めであり、広告行為の規範でもある。

　コミュニケーションの始まりは「もしもし」「あのー」「すみませんが」という会話の始まりの合図が投げかけられるものである。これが無ければ話が始まらない。いわゆる「Attention　Getter」といわれるもので、人と人とをつなぐ初めのドアにあたるものである。広告物は視覚言語を通してコミュニケーションが交わされるものといわれている。視覚による「Attention　Getter」が快く交わされる世界それは、観光地同様に優しくもてなしの心が感じられなければならない。そうでなければ屋外広告物の広告意図は人に伝わらないのではないだろうか。テレビ媒体など多くのマスメディアは時流に対応したスピード感覚をもち、人の心を集めることから屋外広告物もこのスピード感覚に乗り遅れまいと目先だけでとらえるきらいがある。この一面だけで進んでしまった結果が、公道を我がもの顔にと、やや路線を踏み外した屋外広告物であり、これに対する世間の風当たりは相当強いものがある。「人を優しく誘う装置」それが屋外広告物である。景観づくりに10年、風景づくりに100年、風土を感じ取るまでには1000年の時が必要といわれるように、広告景観を形作るためには着実な歩みが必要である。

　見えなければ広告効果は上がらないし、一方で周囲の景観との調和（同調）は見え過ぎては図れない。屋外広告物はこの２面性をもつところが他のメディアやまち中の景観構成要素と大きく異なるところである。そのあたりの解は個々の広告物やそれらが置かれた場所性、目的等により異なってくるであろうが、何れにしても多彩で多様でしかもその価値の上下動が激しい広告物というメディアが、その価値の認識にゆだねる制作者の意思を充分語りえたものとなるためにも、市民と広告主と行政、屋外広告士との協働から生まれる広告景観をかちとるかということに関わっている。本書はそういう手がかりをおのおのの専門家の立場から取りまとめたものである。本書をすなおに読むもよし。斜めから読むもよし。飛び飛びでポイントをついて読むもよし。いろいろな角度からひもとくように各著者が工夫をこらしている。さまざまな方面での活用を期待する。

平成25年５月

（株）日本カラーテクノロジー研究所　所長
澤　一寛

〔執筆者一覧〕

口絵　優れた屋外広告物
　　鎌田経世　　サインズ編集長
　　坂野長美　　デザイン・レポーター

付録　屋外広告物における視知覚の基礎知識
　　澤　一寛　　㈱日本カラーテクノロジー研究所所長

第1章　1～2
　　清水公一　　城西大学大学院経営学研究科教授

第1章　3～6
　　佐藤　優　　九州大学大学院芸術工学研究院教授

第1章　7
　　清水公一　　前掲
　　屋外広告調査フォーラム

第2章
　　澤　一寛　　前掲

第3章
　　中嶋芳雄　　富山大学大学院理工学研究科教授
　　高松　衛　　富山大学大学院理工学研究科准教授

第4章　1～2
　　佐藤　優　　前掲

第4章　3
　　鎌田経世　　前掲

第4章　4～5
　　佐藤　優　　前掲

第5章
　　西川　潔　　筑波大学名誉教授

第6章　1～2
　　西川　潔　　前掲

第6章　3～5
　　宮城俊作　　奈良女子大学生活環境学部教授

第6章　6
　　中嶋芳雄　　前掲
　　高松　衛　　前掲

第6章　7
　　澤　一寛　　前掲

第6章　8
　　宮城俊作　　前掲

第7章
　　武山良三　　富山大学芸術文化学部教授

（平成25年5月現在）

屋外広告の知識　第四次改訂版
デザイン編

平成25年6月10日	第1刷発行
令和6年9月10日	第13刷発行

監　修	西川　潔
編　集	「屋外広告の知識（デザイン）」編集委員会
編集協力	（一社）日本屋外広告業団体連合会
発　行	株式会社ぎょうせい

〒136-8575　東京都江東区新木場1-18-11
URL：https://gyosei.jp

フリーコール　0120-953-431

ぎょうせい　お問い合わせ　検索　https://gyosei.jp/inquiry/

〈検印省略〉

※乱丁，落丁本はお取り替えいたします。　　印刷　㈱ぎょうせいデジタル
©2013 Printed in Japan
ISBN 978-4-324-09638-3
(5107946-00000)
［略号：屋外広告デザイン（四訂）］

屋外広告の知識　デザイン編　事例集

広告景観

まち並み景観における屋外広告のあり方を世界の事例から考える

西川 潔【著】　　B5判・定価3,740円（税込）

内容見本（縮小）

- ●『屋外広告の知識　デザイン編』を監修している著者が、日本のみならず世界中で取材した優れた事例をオールカラーで紹介。
- ●屋外広告物とまち並み景観の好ましい関係に着目し、具体事例をキーワードごとに編集。
- ●道路や施設、土地固有の風土に関連した事例も紹介し、好ましい広告景観づくりの手引書。

株式会社ぎょうせい

フリーコール
TEL：0120-953-431 [平日9～17時]　FAX：0120-953-495

〒136-8575　東京都江東区新木場1-18-11

https://shop.gyosei.jp　ぎょうせいオンラインショップ 検索

基礎知識から実践事例まで〝ここが知りたい〟がわかる!!

3ステップで学ぶ自治体SDGs

千葉商科大学基盤教育機構・教授
笹谷 秀光【著】

四六判・全3巻・**セット定価4,950円**（税込）　電子版 各巻価格1,650円（税込）
各巻定価1,650円（税込）　※電子版は ぎょうせいオンラインショップ 検索 からご注文ください。

SDGsってそもそも何だろう…？
自治体の仕事にどうかかわってくるの??

そんな疑問を「基本」「実践」「事例」の3つのステップでわかりやすく解説！
それぞれの必要に応じて読める3巻構成で、SDGsが手軽に理解できる！

【第1巻】
STEP①基本がわかる Q&A

【第2巻】
STEP②実践に役立つメソッド

【第3巻】
STEP③事例で見るまちづくり

セット購入の お客様が急増中！

著者紹介
笹谷 秀光（ささや・ひでみつ）

千葉商科大学基盤教育機構・教授
CSR／SDGsコンサルタント
1976年東京大学法学部卒業。77年農林省（現農林水産省）入省。中山間地域活性化推進室長等を歴任、2005年環境省大臣官房審議官、06年農林水産省大臣官房審議官、07年関東森林管理局長を経て08年退官。（株）伊藤園取締役、常務執行役員を経て、2020年4月より千葉商科大学基盤教育機構・教授。
企業や自治体等でSDGsに関するコンサルタント、アドバイザー、講演・研修講師として幅広く活躍中。

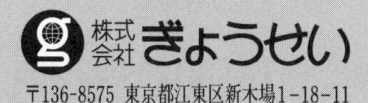

株式会社 **ぎょうせい**
フリーコール **TEL：0120-953-431** [平日9〜17時] **FAX：0120-953-495**
〒136-8575 東京都江東区新木場1-18-11　https://shop.gyosei.jp　ぎょうせいオンラインショップ 検索

自治体空き家対策担当者の『困った』を解決！

事例でわかる！空き家対策実務マニュアル
「財産管理人制度」と「略式代執行」の使い方

川口市都市計画部住宅政策課
松木利史【著】

A5判・定価3,190円（税込）　［電子版］価格3,190円（税込）
※電子版は ぎょうせいオンラインショップ 検索 からご注文ください。

★ 川口市の先進事例を基に、現場担当者が知りたいノウハウが満載！
★ 「関係者との調整」って具体的に何をすればいいの…？手続きに必要な書類はどうやって作成すれば…？などなど、現実的な対応方法がすぐわかる！

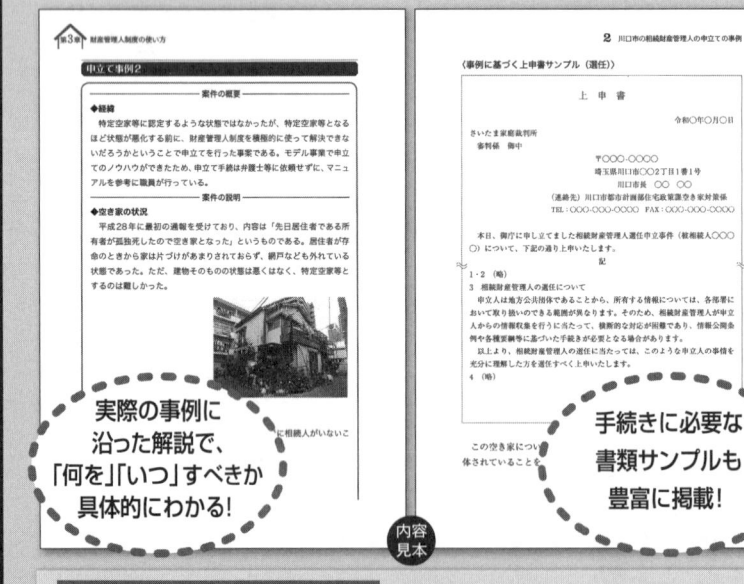

- 実際の事例に沿った解説で、「何を」「いつ」すべきか具体的にわかる！
- 手続きに必要な書類サンプルも豊富に掲載！

詳しくはコチラから！

著者紹介
松木利史（まつき　としのぶ）

平成7年川口市役所入庁。
都市計画部指導課、（財）川口産業振興公社、水道局給水管理課、企画財政部総合政策課、総務部総務課を経て平成29年から都市計画部住宅政策課空き家対策係で、空き家の対策を行う。

株式会社ぎょうせい
〒136-8575 東京都江東区新木場1-18-11

フリーコール TEL：0120-953-431 ［平日9～17時］　FAX：0120-953-495
https://shop.gyosei.jp　ぎょうせいオンラインショップ 検索